Erhard Tietel · Roland Kunkel (Hrsg.)

Reflexiv-strategische Beratung

VS RESEARCH

Erhard Tietel · Roland Kunkel (Hrsg.)

Reflexiv-strategische Beratung

Gewerkschaften und betriebliche
Interessenvertretungen
professionell begleiten

VS RESEARCH

Bibliografische Information der Deutschen Nationalbibliothek
Die Deutsche Nationalbibliothek verzeichnet diese Publikation in der
Deutschen Nationalbibliografie; detaillierte bibliografische Daten sind im Internet über
<http://dnb.d-nb.de> abrufbar.

Gedruckt mit Unterstützung der Hans-Böckler-Stiftung

1. Auflage 2011

Alle Rechte vorbehalten
© VS Verlag für Sozialwissenschaften | Springer Fachmedien Wiesbaden GmbH 2011

Lektorat: Verena Metzger | Britta Göhrisch-Radmacher

VS Verlag für Sozialwissenschaften ist eine Marke von Springer Fachmedien.
Springer Fachmedien ist Teil der Fachverlagsgruppe Springer Science+Business Media.
www.vs-verlag.de

Umschlaggestaltung: KünkelLopka Medienentwicklung, Heidelberg
Gedruckt auf säurefreiem und chlorfrei gebleichtem Papier
Printed in Germany

ISBN 978-3-531-17955-1

Inhaltsverzeichnis

Reflexiv-strategische Beratung in der Interessenvertretung – Eine Einführung

Erhard Tietel und Roland Kunkel-van Kaldenkerken

Die Beratungspraxis für Arbeitnehmervertreter war lange Zeit geprägt von zwei Beratungsformen: der Fachberatung und der Prozessberatung. *Fachberatung* im Sinne von betriebswirtschaftlicher, juristischer, technologischer, arbeitswissenschaftlicher Beratung (mit dem Fokus auf Wissensvermittlung und Anleitung) und *Prozessberatung* im Sinne von Projektmanagement oder Moderation (mit dem Fokus auf Begleitung von Willensbildungs- und Entscheidungsprozessen). In den letzten Jahren wird diese Trennung von Fach- und Prozessberatung jedoch zunehmend problematisch.[1] Vor dem Hintergrund umfassender Reorganisationsprozesse und permanenter Anforderungen zur Krisenbewältigung in vielen Unternehmen und Einrichtungen entstanden neue Herausforderungen an arbeits-(politik-)orientierte Beratung und damit die Notwendigkeit zur Weiterentwicklung bestehender und zur Entwicklung neuer – reflexiv-strategischer – Beratungsformate. Die neuen Anforderungen an reflexiv-strategische Beratung sollen im Folgenden am Beispiel des Wandels der betrieblichen Arbeitsbeziehungen nachgezeichnet werden.

1   Der Wandel der Arbeitsbeziehungen

Die im Zuge von Globalisierung und Individualisierung zunehmende Pluralität und Widersprüchlichkeit in nahezu allen Arbeits- und Lebensbereichen, das Ansteigen von Ambivalenzen und Paradoxien, die Durchmischung bzw. auch Neukonfiguration von gesellschaftlichen Sphären führen zu einer enorm gewachsenen Komplexität (siehe Pongratz im vorliegenden Band) – nicht zuletzt im System der betrieblichen und überbetrieblichen Arbeitsbeziehungen. Auch hier lässt sich eine Auflösung bisher klarer Grenzziehungen und Zuständigkeiten beobachten und damit das Auftauchen neuer institutioneller Formen und neuer

---

[1] Bei genauer Betrachtung fällt auf, dass *gute* Fachberatung oder Prozessberatung im arbeitspolitischen Feld immer schon reflexive und strategische Aspekte enthielt und damit erfahrungsnäher und erfahrungsgesättigter war, als dies in den formulierten Theorien und Konzeptionen ihrer Vertreter zum Ausdruck kam (siehe Kost 2008).

Akteure. Betriebsräte und Gewerkschaften sind in deutlich höherem Maße gefordert, sich proaktiv mit der Bewältigung von krisenhaften Situationen in ihren Unternehmen bzw. ihrem ‚Betreuungsbereich' zu beschäftigen. Hierbei gelingt es ihnen nicht selten, beteiligungsorientierte Krisenbewältigungsformen zu entwickeln und zu institutionalisieren. Beispiele sind die Kurzarbeiterregelungen mit Bundesregierung und Arbeitgeberverbänden im Jahr 2009, die Kampagne der IG Metall „Besser statt Billiger" (Mulitze 2005) mit der ‚Task-Force Krisenintervention'[2] sowie die Initiative „Städte in Not"[3] als gemeinsame Aktion von Ver.di und kommunalpolitischen Vereinigungen. All diese Anlässe erfordern komplexe Dialogstrukturen in den verschiedenen arbeitspolitischen Feldern und damit auch Beratungsansätze, die den sachlichen und strategischen Herausforderungen entlang der zu gestaltenden Prozesse gerecht werden und beständig reflexive Vergewisserungen einbeziehen.

Der Wandel in den Arbeitsbeziehungen mit seiner enorm gestiegenen Komplexität und den gewachsenen reflexiven Anforderungen soll im Folgenden an einem Beispiel vertieft werden: dem seit den 90er Jahren zu beobachtenden Rollenwandel von Betriebsräten. Im Zug der Globalisierung finden in den Unternehmen auf allen Ebenen Prozesse der Entgrenzung von Organisationsstruktur und Arbeitsorganisation statt. Stichworte hierfür sind die Tendenz zur Vermarktlichung innerorganisatorischer Vorgänge und die Dezentralisierung von Unternehmen. Damit einher gehen eine Vielzahl neuer Managementstrategien: neue Produktionskonzepte, Ausgründungen, Gruppenarbeit, Zielvereinbarungen, Flexibilisierungen der Arbeitszeit, leistungsabhängige Entgelte usw. Diese Veränderungen sind für einen Akteur wie den Betriebsrat schwer zu handhaben, der seine Hauptaufgabe lange Zeit darin gesehen hat, mit dem Arbeitgeber möglichst eindeutige und länger geltende Regelungen zu vereinbaren und diese beständig zu kontrollieren. Neu für Betriebsräte ist vor allem die Tatsache, dass sie vermehrt in die Reorganisation ihres Unternehmens einbezogen werden. In vielen Betrieben werden sie in Steuerungs- und Projektgruppen an den betrieblichen Veränderungsprozessen beteiligt und übernehmen damit – zuweilen mehr als ihnen lieb ist – Mitverantwortung am unternehmerischen Geschehen (Drott 2010, Tietel 2009). Der Betriebsrat, so der Bremer Arbeitswissenschaftler Guido Becke, trägt in unternehmensweiten Reorganisationsprozessen dazu bei, „geltende, lebensweltlich anerkannte sozial-moralische Standards zu wahren und fortzuentwickeln, die Interessen diverser Belegschaftsgruppen angemessen in Transfor-

---

[2] Siehe: http://www.igmetall.de/cps/rde/xchg/SID-0A456501-6DE8FB65/internet/style.xsl/
krisenintervention-so-gehts-besser-2502.htm sowie www.einblick.dgb.de/hintergrund/2009/.../flyer_
taskforce.pdf [Letzter Zugriff 7.11.2010]
Siehe: http://gerecht-geht-anders.de/staedte-in-not [Letzter Zugriff 7.11.2010]
[3] Siehe: http://gerecht-geht-anders.de/staedte-in-not [Letzter Zugriff 7.11.2010]

mationsprozessen zu berücksichtigen und miteinander auszutarieren sowie in Verhandlungen mit der Unternehmensleitung zur Geltung zu bringen" (Becke 2005: 36). Betriebsräte, so Becke, sind tendenziell „Garanten und Promotoren einer längerfristig angelegten Unternehmensentwicklung, zumal sie sich an entsprechenden Erfolgsfaktoren (z. B. sozial-moralische Standards (…), Qualifikationsentwicklung der Mitarbeiter, betriebliche Gesundheitsförderung) orientieren und im Vergleich zur Unternehmensleitung auch oftmals eine stärkere personelle Kontinuität verkörpern" (ebenda). Mit der zunehmenden Entwicklung eigener arbeitspolitischer Strategien aufseiten der Arbeitnehmervertreter vollzieht sich „schrittweise eine Verschiebung von der arbeitnehmerschutzorientierten hin zu einer offensiven gestaltungsorientierten Einflussnahme auf betriebliche Entscheidungen. Im Mittelpunkt der Betriebsratsarbeit steht dabei die Ausarbeitung von Konzepten mit dem Ziel, *vorbeugend* gegen den Abbau von Personal und von Arbeitsplätzen vorzugehen" (Heidling u. a. 2004: 367). Detlef Wetzel, stellvertretender Vorsitzender der IG Metall, bringt die veränderten Herausforderungen an Interessenvertretungen wie folgt auf den Punkt: „So wie heute die Gestaltung des fortlaufenden Wandels zum Kerngeschäft des Managements gehört, so sind auch Gewerkschaften und Betriebsräte gefordert, Veränderungsprozesse dauerhaft und kontinuierlich zu beeinflussen. Change Management unter Beteiligung von Mitgliedern und Beschäftigten gehört heute zum Kerngeschäft von Gewerkschaftsarbeit" (Wetzel 2008: 29). Dies wird durchaus auf Arbeitgeberseite wahrgenommen. So konstatiert Niedenhoff, der über viele Jahre im Institut der deutschen Wirtschaft die Entwicklung der betrieblichen Arbeitsbeziehungen in Deutschland kritisch wissenschaftlich begleitet hat, einen deutlichen Wandel im Selbstverständnis der Betriebsräte: „Weg vom defensiven betriebsverfassungsrechtlichen Bewacher und Bewahrer, hin zum konstruktiven Mitgestalter der Unternehmenspolitik" (Niedenhoff 2008: 336). Ein zentraler Stellenwert kommt in diesem Zusammenhang den Leitungsgremien in Betriebsräten (z. B. dem Betriebsausschuss) und auf den lokalen und überregionalen Ebenen der Gewerkschaften zu, da diese besonders gefordert sind, oft überfällige Modernisierungsprozesse zu initiieren und zu steuern. Dazu müssen die entsprechenden Gremien arbeits- und handlungsfähig werden, wozu es hoher strategischer und selbstreflexiver Kompetenzen nicht nur von Einzelnen, sondern vor allem auf Gruppen- bzw. Teamebene bedarf.

Für Betriebsräte (und Beschäftigte) ist es verhängnisvoll, dass sich seit geraumer Zeit aufseiten der Arbeitgeber eine gegenläufige Tendenz abzeichnet. Während sich in der Vergangenheit eine gewisse Umsicht für die betriebliche Sozialwelt auf die Schultern beider betriebspolitischer Akteure verteilte und nicht selten auch bei Eigentümern und Geschäftsleitungen eine Art von „patriarchalischer Fürsorgehaltung" (Schmidt/Trinczek 1999: 103) vorhanden war, wird diese gemeinschaftliche Betriebsorientierung seit den 90er Jahren von einem neuen Typus von Managern, die sich nicht mehr als Mensch an der Spitze eines sozialen Verbundes begreifen, sondern der „Leitidee der profitorientiert vermarktlichten Sozialordnung" (Boes 2004: 10) verschrieben haben, kaum noch mitgetragen. Dies führt in der Tendenz dazu, dass Betriebsräte heutzutage nicht selten die einzige Instanz sind, die den *Betrieb als Ganzes* mit seinen ökonomischen, arbeitspolitischen, lebensweltlichen und persönlichen Dimensionen ins Auge fassen und gegen die Partialinteressen sowohl des Managements und der Shareholder als auch einzelner Belegschaftsgruppen sowie weiterer interner und externer Akteure zu vertreten suchen. Damit einher gehen neue Anerkennungsansprüche von Betriebsräten, die auf die Wertschätzung des Betriebsrats als besonderer Führungskraft zielen, ein Anerkennungsanspruch, der sich in der Formulierung „auf Augenhöhe verhandeln" einen begrifflichen Ausdruck verschafft, mit dem jedoch nicht wenige ihrer Gegenüber auf Managementseite ein Problem haben (Tietel 2006).

Ein Aspekt soll noch angedeutet werden, der im Kontext moderner Managementkonzepte Betriebsräte vor neue sowohl betriebspolitische als auch kulturelle Anforderungen stellt: die Ausbreitung von Verfahren direkter Partizipation. Vor allem in Gestalt des Gruppensprechers, aber auch in Form von Projekten oder Teams entstehen neue Arrangements individualisierter bzw. gruppenbezogener Interessenvertretung und führen zu einer Neugestaltung der betrieblichen Sozialbeziehungen. Durch direkte Partizipation wird ein Element von Diskursivität in den Vordergrund gerückt, das bei der repräsentativen Mitbestimmung auf Betriebsrat und Management beschränkt ist. Von nicht wenigen Betriebsräten werden diese Formen direkter Partizipation als Konkurrenz zur traditionellen kollektiven Interessenvertretung angesehen, vor allem dann, wenn Geschäftsleitungen Betriebsrat und Belegschaft gegeneinander ausspielen bzw. wenn Betriebsräte sich in einer früher ziemlich undenkbaren Konkurrenz mit der Geschäftsleitung um die Gunst der Belegschaft erleben. Auch für die Solidarität innerhalb einer Belegschaft, aber auch zwischen Arbeitnehmern generell, einst das gewichtigste Pfund der Interessenvertretung, gilt heute also, dass diese immer weniger *abrufbar* ist, sondern *produziert* werden muss (Kunkel-van Kaldenkerken 2006: 146).

Verschärft wird dies für Betriebsräte durch die Tendenz zu einer Segmentierung der Belegschaft in Stamm- und Randbelegschaften, in Vollzeit- und Teilzeitbeschäftigte, in niedrig und hoch qualifizierte Arbeitskräfte etc. Dies macht eine einheitliche Interessenvertretung nahezu unmöglich. Hinzu kommt die zunehmende Berufsorientierung in der Interessenvertretung (siehe Ärzte, Fluglotsen, Lokführer etc.), eine Tendenz, die seit der gerichtlichen Aufhebung des Grundsatzes der Tarifeinheit verstärkt auch die Gewerkschaften betrifft. Nicht zuletzt schlägt die Individualisierung und „Subjektivierung" der Arbeit auf die betriebliche Wirklichkeit durch: flexible Arbeitszeiten bis hin zur Vertrauensarbeitszeit, individuelle Zielvereinbarungen usw. führen dazu, dass jedem einzelnen Beschäftigten größere Aufmerksamkeit, aber auch größere Verantwortung zukommt. Im Kontext der ‚Subjektivierung der Arbeit' und der Tendenz zum sog. „Arbeitskraftunternehmer" (Voß/Egbringhoff 2004) berichten Betriebsräte, dass Arbeitszeitregelungen von Beschäftigten nicht nur unterlaufen und ignoriert werden, sondern man sich als Betriebsrat obendrein noch Ärger einhandelt, wenn man die Betreffenden wegen ihrer Tendenz zum ‚Arbeiten ohne Ende' zur Rede stellt. Bewährte Formen von Gegenmacht laufen dann ins Leere, wenn die Beschäftigten selber die Regelungen ignorieren, die doch zu ihrem Schutz vereinbart worden sind. Die Beschäftigten sind insgesamt dem Betriebsrat gegenüber selbstbewusster geworden und vertreten offensiver ihre jeweiligen Interessen und Anliegen. Sie lassen sich vom Betriebsrat nicht mehr vorschreiben, was sie wollen sollen. Sie erlauben ihm weniger, sich in ihre Arbeit und in ihre Arbeitskultur einzumischen, sondern erwarten vielmehr, dass der Betriebsrat ein kompetenter Ansprechpartner für ihre Anliegen ist, dass er in seinen eigenen Reihen transparente Strukturen schafft und seine Ziele und Interessen der Belegschaft gegenüber diskursiv begründet.

Zusammenfassend kann man sagen, dass sich die Verortung und damit die Rolle des Betriebsrats in neuer Form darstellt: Betriebsräte befinden sich in der Rolle von „Grenzgängern", die um einen Ort ringen zwischen

- heterogenen Belegschaftsinteressen und -anliegen, die sich teilweise in Gestalt direkter Partizipation Ausdruck verschaffen;
- der Internationalisierung und damit der globalen Marktabhängigkeit des Unternehmens, den Gewinninteressen der Eigentümer und Shareholder, dem steten Unternehmenswandel und neuen Managementstrategien;
- politischen und sozialen Forderungen der Gewerkschaften unter Bedingungen einer zunehmenden Verbetrieblichung und
- ihrer eigenen Identität (als Institution, als Rollenträger, als Personen und nicht zuletzt als Teil eines kulturell heterogen zusammengesetzten Gremiums).

Hin- und hergerissen zwischen der permanenten Abarbeitung von Krisenfolgen und dem Einbezogensein in übergreifende betriebliche Gestaltungsaufgaben, haben es Betriebsräte heute ausgesprochen schwer, ihren betriebspolitischen Ort zu finden und eine angemessene (Rollen-)Identität zu entwickeln.[4] Nicht genug

---

[4] Es soll hier nur darauf hingewiesen werden, dass sich diese Situation in der Praxis und im Erleben hauptamtlicher Gewerkschafter/innen spiegelt, für die jedoch das Spannungsfeld zwischen den von

damit, dass das Erwartungsspektrum von den Polen des ‚konsequenten Interessenvertreters' und des ‚gestaltungsorientierten Co-Managers' markiert wird, die
Anforderungen an Betriebsräte laufen mehr und mehr auf die eines „Allround-
Talents" hinaus, das zumindest im Ansatz Arbeitsrechtler, Tarifexperte, Be-
triebswirt, Arbeitsmediziner, Industriesoziologe, EDV- und Datenschutzexperte,
Moderator, Konfliktlöser, Organisationsentwickler, Prozessbegleiter, Projektma-
nager, Qualitätsspezialist, Verhandlungsexperte und ‚gewiefter Betriebspolitiker'
sein soll, um nur die wesentlichen der gängigen Vorstellungen über den ‚modernen' Betriebsrat zu nennen. Aus Beratungsperspektive ist besonders die Rolle
von Betriebsräten bei der Gestaltung von Veränderungsprozessen zu betonen.

Während früher das richtige politische Bewusstsein, rechtliche Kenntnisse
und machtvolle Durchsetzungsstrategien als die zentralen Erfolgsfaktoren für
Mitbestimmung angesehen werden konnten, ist Interessenvertretung heute zu
einem hohen Anteil ‚Beziehungsarbeit' geworden. Die Akteure benötigen zur
qualifizierten und professionellen Ausübung der Interessenvertretung soziale und
persönliche Fähigkeiten, die längst nicht mehr nur ins Feld von Juristen, Be-
triebswirten und EDV-Spezialisten fallen, sondern genuin psycho-soziale und
interaktive Kompetenzen darstellen wie Selbstreflexion, Kommunikationsvermögen, Kooperations- und Teamfähigkeit sowie konstruktives Konfliktverhalten
– Fähigkeiten, die wir an anderer Stelle als „trianguläre Kompetenz" bezeichnet
haben (Tietel 2006). Unterstützung bei der Entwicklung dieser Kompetenzen
erhalten Arbeitnehmervertreter nicht zuletzt durch die in diesem Band präsentier-
ten reflexiv-strategischen Beratungsverfahren.

2   Was verstehen wir unter reflexiv-strategischer Beratung?

Einer der wenigen, die sich seit geraumer Zeit mit der Frage von Reflexivität,
reflexivem Handeln und reflexiver Beratung im arbeitspolitischen Feld sowohl
theoretisch als auch empirisch beschäftigen, ist der Münchner Soziologe Hans
Pongratz. Handeln ist Pongratz zufolge „dann reflexiv, wenn der bewusste
Rückbezug auf frühere Handlungen (in der Regel aus eigener Erfahrung unter
vergleichbaren Bedingungen) seine Leitlinie bildet. Kennzeichen von Reflexivität ist also das Nachdenken über aktuelle Handlungsanforderungen im systemati-

---

den Betriebsräten repräsentierten betrieblichen Einzelinteressen, dem Interessenausgleich auf Branchenebene und dem gesamtgesellschaftlichen Gemeinwohl im Vordergrund steht. Gewerkschaften
sind damit aufgerufen, Dialog- und Aushandlungsstrukturen auf Branchenebene (zum Teil auf euro-
päischer und Weltmarktebene) zu organisieren. Auch für diese gilt es also, den Gesamtinteressen den
Vorrang vor den jeweiligen einzelwirtschaftlichen Partialinteressen zu verschaffen und überbetrieb-
lich um ‚gute Lösungen' zu ringen (siehe hierzu die DGB-Initiative „Gute Arbeit" unter:
http://www.dgb-index-gute-arbeit.de/).

schen Abgleich mit Voraussetzungen und Folgen vorangegangener Handlungen (Reflexivität als systematische Rückbezüglichkeit des Handelns)" (Pongratz im vorliegenden Band). Reflexives Handeln greift also auf die bisherigen Erfahrungen mit den infrage stehenden Gegenständen, Problemstellungen und Prozessen zurück, fragt, was sich (wie) bewährt hat oder aber nicht, und erlaubt so „die flexible Anpassung von Handlungen im Prozess ihrer Umsetzung" (ebenda). Reflexives Handeln produziert also „perspektivische, prozessorientierte Entscheidungen, die gleichzeitig in die Vergangenheit zurückreichen, auf aktuelle Handlungserfordernisse reagieren und künftige Unabwägbarkeiten des Handelns in Rechnung stellen" (ebenda). Hierzu gehört unseres Erachtens auch die Überprüfung, welche der eigenen Prämissen und Vorannahmen sich bewährt haben und welche nicht – eine Frage, der von den ‚Dialog-Ansätzen' eine hohe Relevanz zugesprochen wird (siehe den Beitrag von Müller und Müller im vorliegenden Band).

In eine ähnliche Richtung, wiewohl mit einer stärkeren Betonung der Anwendung auf den reflexiven Berater selbst, weist die Bestimmung von Reflexivität, reflexivem Handeln und reflexiver Beratung bei Moldaschl. Reflexives Handeln lässt sich Moldaschl zufolge anhand der folgenden drei Merkmale bestimmen: „Erstens, der Handelnde versteht sich als *eingebettet* in einen sozialen Kontext, dem er in seinem Begreifen und Wirken nicht losgelöst und ‚objektiv' gegenübertreten kann. Zweitens befasst er sich daher eingehend auch mit den *nicht-intendierten Wirkungen* seines Handelns im betreffenden Kontext. Und drittens wendet er die Methoden und Theorien, die er auf den Gegenstand anwendet, auch *auf sich selbst* an; er würde z. B. nicht nur in Organisationen mikropolitische Spiele analysieren, sondern auch seine (freiwillige und unfreiwillige) Rolle in denselben" (Moldaschl 2001: 9f.).

Eine besondere Bedeutung für reflexive Beratungsansätze kommt Moldaschl zufolge der *Kontextualisierung* zu: Der reflexive Berater sieht „seine Aufgabe hinsichtlich des Transfers von wissenschaftlichem Wissen oder von Erfahrung aus anderen Betrieben gerade darin (…), dieses Wissen für die *besonderen* Verhältnisse seines *Falles* zu (re-)kontextualisieren" (Moldaschl 2001: 11). Die (Re-)Kontextualisierung und damit das „Lernen am Fall" ist ein wesentliches Merkmal aller supervisorischer und supervisionsnaher Beratungsformen (siehe Busse 2009).

Zum Begriff des *Strategischen*: Etwas sperrig definieren Raschke und Tils in ihrem Lehrbuch zur politischen Strategie diese als ein „erfolgsorientiertes Konstrukt situationsübergreifender Ziel-Mittel-Umwelt-Kalkulationen" (Raschke/Tils 2007: 530). Strategie weist also über die jeweils zur Rede stehende Situation hinaus und führt die Dimension der Zukunft ein. Unter Berücksichtigung relevanter Umweltbedingungen sollen mit rational begründeten Handlungen

(‚einzusetzende Mittel') definierte Ziele mit möglichst hoher Aussicht auf Erfolg (kalkuliert) erreicht werden. Gewerkschaften zählen zu den Organisationen, deren strategische Debatten relativ öffentlich geführt werden. Sie wissen: „Strategie ist zwar in besonderer Weise eine Führungsaufgabe, aber ohne Beteiligung kann Leadership nicht erfolgreich sein. Man muss sich kollektiv für Strategie fähig machen. (…) Wo Führung die Aktiven ganz aus dem Strategieprozess ausschließt, gar Richtung und Strategie ohne Mitwirkung gleichzeitig ändert, entstehen massiv Probleme von Reziprozität, ja Solidarität in Freiwilligenorganisationen" (ebenda, S. 536).

Reflexion und Reflexivität müssen deshalb durch das strategische Moment erweitert und ergänzt werden, weil eine Interessenvertretung, die sich nicht nur abwehrend, sondern gestaltend begreift, die neben Schutz und unmittelbarer Interessendurchsetzung auf Innovation und Change Management setzt, eine *Richtung* braucht und sich über *wünschenswerte Ziele* und *orientierende Werte* verständigen muss. So hat beispielsweise eine Interessenvertretung, die sich nur auf die betriebliche Ebene beschränkt, noch keine Idee zum Umgang mit der Konkurrenz zwischen den Standorten oder zwischen den Belegschaften einer Branche. Gewerkschaftliches Handeln benötigt übergreifende strategisch-gesellschaftliche Orientierungen wie Gerechtigkeit und Nachhaltigkeit, Aspekte, die zunehmend auch in der Beraterszene reflektiert werden (Zeitschrift Supervision 2/2008; Zeitschrift Organisationsentwicklung 4/2010). Auch Konfliktberatung braucht für Interventionen in destruktive Eigendynamiken die Vorstellung von höherwertigen Gemeinsamkeiten: „Hoffnung setzt Visionen von einer positiven konstruktiven Zukunft voraus und nicht die Wiederholung einer traumatischen Vergangenheit" (Galtung 2007: 48).

Da sich Interessenvertreter/innen als politische Menschen verstehen, haben sie eine hohe Aufmerksamkeit für gesellschaftliche Leitbilder und auch für politische Positionen, die von Berater/innen vertreten werden. Wer hier naiv oder uninformiert wirkt, findet nur schwer Anschluss. Berater im arbeitspolitischen Feld sind diesbezüglich – wie Hans Herzer und Jochen Schroth, Mitarbeiter beim Vorstand der IG Metall, im Gespräch mit den Herausgebern formulieren – von Seiten ihrer ‚Kunden' vermehrt mit klaren Anforderungen konfrontiert: Beratung braucht zum einen eine klare Einschätzung der strategischen Ausrichtung des Unternehmens: ‚Was sichert langfristig diesen Standort, was sichert langfristig die Innovationsfähigkeit in diesem Unternehmen, was sichert langfristig die Beschäftigungsfähigkeit der Mitarbeiter in diesem Unternehmen?' Vor diesem Hintergrund kann dann die Strategie der Interessenvertretung geklärt werden: ‚Was sind für uns attraktive, aber auch machbare Ziele? Wo setzen wir Prioritäten? Und wie gestalten wir in diesem Kontext unsere Zusammenarbeit und die Arbeit?' Teamentwicklung, Konfliktbearbeitung, Coaching und Supervision, die dies nicht wenigstens als Kontext berücksichtigen, führen eher zu Desorientierung in der Interessenvertretung.

Die Relevanz der strategischen Dimension für die reflexive Beratung schilderte Hans Herzer in einem Vortrag auf der von den Herausgebern mitorganisierten Tagung „Reflexiv-strategische Beratung in arbeitspolitischen Kontexten"[5] unter Bezug auf die „Theorie-U" von Carl Otto Scharmer (2009): „Wenn ich die Situation, in der wir sind, den Kontext und die Geschichte des Problems betrachte, reflektiere ich eher *analyseorientiert* und *rückwärtsgewandt*. Was aber häufig in Beratungsprozessen fehlt, ist der Blick in die Zukunft: Wo wollen wir überhaupt hin, für was stehen wir, was sind unsere Werte, was sind unsere Schwerpunkte, wo soll die Reise hingehen? Das ist eine *visionäre Reflexion*. Hier werden ganz andere Fähigkeiten gefordert: Nachdenklichkeit, Besinnung, Vordenken. Was treibt dich um, was bewegt dich jetzt gerade? Was sind die Wertemotive, die uns helfen, diese ganzen Konflikte auszuhalten? Scharmer nennt diese Phase ‚*presencing*' im Sinne von sinnlicher Vergegenwärtigung der Zukunft. Wenn ich an die Umsetzung gehe, brauche ich wiederum eine andere Fähigkeit von Reflexivität und von Nachdenklichkeit, weil ich frage: Wie plane ich, was sind sinnvolle Schritte, haben wir alles berücksichtigt, was zum Erfolg beitragen kann? Das ist eine stärker *handlungsorientierte* Reflexion."

Mittlerweile gibt es einen eigenständigen ‚state of art' in der Strategieberatung. Davon zeugt der Diskurs der Zukunftsforschung, aber auch das bereits genannte Lehrbuch ‚Politische Strategie'. Nur vor diesem Hintergrund ist die Reflexion eigener Wertmaßstäbe und Sinnbezüge möglich. Diese Bewertungskriterien sind keinesfalls beliebig oder „gleich gültig". Spätestens an den Konfliktkosten (siehe hierzu den Beitrag von Kunkel-van Kaldenkerken/van Kaldenkerken/Legler im vorliegenden Band) wird spürbar, dass wir in gesellschaftlichen Zusammenhängen leben, in denen vermeintliche Verlierer denen, die scheinbar gewinnen, den Sieg sehr teuer machen können. Gerade Interessenvertretungen vernachlässigen tendenziell die Vergewisserung bzw. Aktualisierung von eigenen Sinn- und Wertebezügen in den Kämpfen des Alltags. Aber ohne den Bezug zu sehr starken inneren Werten sind das Mandat und der damit einhergehende Stress nur schwer zu schultern. Die Debatte über den Einbezug der strategischen Dimension in die (reflexive) Beratung hat erst begonnen, die Texte des vorliegenden Buches zeichnen diesbezüglich ein heterogenes Bild. Es wäre viel gewonnen, wenn wir mit diesem Band dazu beitragen können, unter reflexiv orientierten Beratern die Aufmerksamkeit für die strategische Dimension zu stärken und die Diskussion über die Wechselwirkung und den Zusammenhang

---

[5] Siehe die folgende Fußnote

des Reflexiven mit dem Strategischen im Feld arbeits(politik-)orientierter Beratung anzustoßen.

3 Ansätze reflexiv-strategischer Beratung im arbeitspolitischen Feld

Ausgehend von den geschilderten Veränderungen im arbeitspolitischen Feld geht es bei der reflexiv-strategischen Beratung von Arbeitnehmervertretern im Kern um Beratungskontexte, bei denen sich sowohl die Anzahl der beteiligten Akteure erhöht hat als auch und vor allem, bei denen man auch mit der ‚anderen Seite' – bzw. allen anderen beteiligten Seiten – in den Dialog gehen muss. Für Betriebsräte heißt dies, dass die Begründung des eigenen Interesses und der eigenen Ziele aus dem Betriebsverfassungsgesetz nicht mehr ausreicht, um erfolgreich für die eigene Belegschaft und den eigenen Betrieb Politik zu machen. Sie brauchen die konstruktive Bearbeitung der Differenzen mit den für die jeweilige Themen- oder Problemstellung relevanten Anderen und die Einbeziehung deren Sichtweisen. Mit Bezug auf die Erkenntnis, dass wer sich nicht in den Prozess begibt, darin umkommt, formuliert Dietmar Hexel, Mitglied des geschäftsführenden DGB-Vorstandes, dass der Umgang von Betriebsräten und Gewerkschaftern mit unklaren Zukunftsbildern und Unsicherheiten Beratungsformen erfordert, die eine „innere Stärkung" der arbeitspolitischen Akteure unterstützen und zu Antworten auf die folgenden Fragen beitragen: „Wie mit der steigenden Komplexität umgehen? Wie die eigenen Ängste und Nöte produktiv machen? Wie die unterschiedlichen Meinungen und Handlungsoptionen eines Betriebsrates unter einen Hut bringen? Wie sich wohlfühlen und aktionsfähig bleiben in der Sandwich-Position zwischen Belegschaft und dem Management?" (Hexel 2008: 3). In diesem Zusammenhang, so Hexel, „wächst in Betriebsräten und Gewerkschaften die Nachfrage nach prozessbezogenen und reflexiven Beratungs- und Fortbildungsangeboten, die neben fachlichen Expertisen auch ‚weiche' Fortbildungs- und Beratungsinhalte wie Konflikttraining bzw. Mediation, Organisationsentwicklung, Supervision, Teamentwicklung und Coaching umfassen. Aber auch zur Bewältigung von Aufgabenüberlastungen sowie Überforderungen, (inneren) Drucksituationen, der Entwicklung von (Rollen-)Identität und der Optimierung der Kommunikationsbeziehungen in den Binnenstrukturen sind prozessorientierte und reflexive Fortbildungen für Betriebsräte und Gewerkschaftsbeschäftigte unverzichtbar" (Hexel 2008: 4). Einen entsprechenden Beratungs- und Fortbildungsbedarf formuliert auch Hans Herzer, der im Rahmen der IG Metall einen Projektverbund mit dem Titel „Bildung und Beratung" geleitet hat, in dem in den Bildungsstätten der IG Metall haupt- und ehrenamtliche Mitarbeiter für Prozessbegleitung, Projektmanagement, Teamentwicklung, Konfliktberatung, Supervision und Coaching qualifiziert wurden. In den Worten von Herzer: „Es gibt einen verstärkten Beratungsbedarf betrieblicher Interessenvertreter in Fragen der Organisationsentwicklung der Betriebsrats- und Vertrauenskörper-Gremien, in der Begleitung ihrer Teamentwicklungsprozesse, in der Einzelberatung von Vorsitzenden und Freigestellten sowie in Fragen der Aufgaben- und Rollenklärung" (IG Metall 2000: 11).

Von besonderem Interesse sind hierbei Ansätze, die nicht nur mit Einzelnen (Einzelsupervision oder Einzelcoaching etc.) arbeiten, sondern mit Gruppen, Teams oder vernetzten betrieblichen bzw. gewerkschaftlichen Zusammenhängen. Politische Mitgliedsorganisationen und Solidarzusammenhänge leben von kollektivem Engagement und von Beteiligung. Sie bauen auf die Fähigkeit von haupt- und ehrenamtlichen Akteuren, in wechselnden Gruppenkonstellationen und in jeweils anderen Rollen kooperativ handlungsfähig zu sein. Die beraterische Arbeit in und mit gegebenen gewerkschaftlichen und betrieblichen Team-, Gruppen- und Netzwerkstrukturen erfordert von Beratern hohe beraterische Kompetenz und ein beträchtliches feldspezifisches Handlungswissen, verspricht aber auch eine größere Chance auf Nachhaltigkeit in diesen kollektiven Zusammenhängen, und ist – zumindest im Falle erfolgreicher Beratungsprozesse – effektiver, da die Ressourcen von einer größeren Anzahl von Personen genutzt werden.

Wir porträtieren im Folgenden einige reflexiv-strategische Beratungsformen, die in der Praxis eine große Rolle spielen.[6] Das Gemeinsame an diesen Formen ist, dass sie untereinander anschlussfähig sind, miteinander kombinierbar, in unterschiedlichen Intensitäten genutzt und auch mit Fachberatung kombiniert werden können – sodass sie auch flankierend in Fachberatungsprozessen (z. B. zur Begleitung von Reorganisationsprozessen) eingesetzt werden können. So können für spezifische Anliegen passgenaue und maßgeschneiderte Lösungen entwickelt werden – zu denen zunächst einmal auch die „Beratung über Beratung" gehört. Ein integrierter Prozess von inhaltlicher Auftragsklärung und die

---

[6] Es gibt seit einigen Jahren Angehörige reflexiver Beratungsformen, die in diesem Feld erfolgreich arbeiten. Eine von Carla van Kaldenkerken geleitete Projektgruppe der Deutschen Gesellschaft für Supervision (DGSv) „Supervision und Gewerkschaften" hat 2004 unter dem Titel „Anschlussfähigkeit" eine erste institutionelle Begegnung zwischen Gewerkschaftern und Supervisoren organisiert (siehe Zeitschrift Supervision 1/2008: 51). Daran anknüpfend haben die beiden Autoren (Erhard Tietel und Roland Kunkel-van Kaldenkerken) gemeinsam mit einer Gruppe von Beratern und unterstützt von der Akademie für Arbeit und Politik der Universität Bremen, dem DGB Bildungswerk und der Deutschen Gesellschaft für Supervision (DGSv) im Jahr 2008 zu einer Tagung „Reflexiv-strategische Beratung in arbeitspolitischen Kontexten" eingeladen, bei der freiberufliche Berater und Mitarbeiter aus Bildungsabteilungen und Beratungseinrichtungen verschiedener Gewerkschaften sich über die Erfahrungen mit Supervision, Organisationsberatung, Coaching, Teambildung und Konfliktberatung mit Betriebsräten und Gewerkschaftern ausgetauscht haben. Mit dem Schwerpunktheft 1/2008 hat die Zeitschrift Supervision eine Diskussion zu „Betriebspolitik und Supervision" initiiert.

gemeinsame Entwicklung eines kontext- und situationsangemessenen Beratungsdesigns verändert nicht zuletzt die Art der Kooperation zwischen Beratern sowie zwischen diesen und ihren ,Auftraggebern'.

4   Die Beiträge im vorliegenden Band

Den Einstieg liefert *Jörg Fellermann*, Geschäftsführer der Deutschen Gesellschaft für Supervision e. V. (DGSv) mit *„Strategie und Reflexion – Warum ein Berufsverband von Beraterinnen und Beratern die Arbeit der organisierten Vertretung von Arbeitnehmerinteressen unterstützt".* Er markiert zentrale Etappen der Begegnung zwischen der organisierten Arbeitnehmerschaft und reflexiver Beratung (in der die DGSv von Beraterseite her eine prominente Rolle spielte) und plädiert – wie aus Sicht des DGB Dietmar Hexel (2008) in einem Beitrag in der Zeitschrift Supervision – für die stärkere Einbeziehung arbeitspolitischer und damit interessenorienterter Themen in die supervisorische Profession. Den Titel des vorliegenden Bandes aufgreifend spricht sich Fellermann dafür aus, in Beratungsprozessen die Spannung zwischen "Reflexion" und "Strategie" nicht aufzulösen, sondern Strategien ebenso der Reflexion zu unterziehen wie umgekehrt eine Achtsamkeit für die strategischen Gehalte von Reflexion zu entwickeln.

Im Folgekapitel *„Welche institutionellen Hindernisse stehen einem reflexiven Zugang zu Problemen der Interessenvertretung im Wege?"* unternimmt es *Hans Pongratz*, Grundlinien einer reflexiven Beratung zu formulieren, indem er diese in den Kontext eines allgemeinen Begriffs von reflexivem Handeln stellt und Reflexivität als systematische Rückbezüglichkeit des Handelns ausweist. Reflexive Beratung wird im Anschluss daran bestimmt als Entwicklung von Problemlösungen durch dialogische Aufklärung der eigenen Verwicklungen und Verstrickungen in aktuelle und frühere Handlungskonstellationen und Beziehungsmuster. Die Zunahme komplexer Handlungssituationen in globalisierten Gesellschaften – eine Bedingung, die für das Feld der industriellen Beziehungen und der Arbeitspolitik in besonderem Maße zutrifft – fordert den Akteuren ein hohes Maß an Reflexion und Reflexivität ab und ,ruft' geradezu nach reflexiven Beratungsformen. Mit einer kurzen Skizze zum Wandel von Bildung und Beratung im Umfeld gewerkschaftlicher Interessenvertretung nähert sich Pongratz dem zweiten Schwerpunkt seines Beitrags, der Frage nämlich, welche institutionellen Hindernisse in den Gewerkschaften (aber auch in Unternehmen allgemein) reflexiven Ansätzen im Wege stehen. Als entscheidendes Hindernis weist Pongratz die – nicht unbegründete – Befürchtung auf, dass Reflexivität, indem sie den Interessenpluralismus fördert und die Individuen gegenüber der Organisation stärkt – einer Zersplitterung Vorschub leisten und zu einer weiteren

Schwächung kollektiver Solidarität führen könnte. Dem setzt er im letzten Teil seines Textes allerdings die These entgegen, dass reflexive Handlungsfähigkeit eine wesentliche Voraussetzung für die Revitalisierung der Gewerkschaften und für die Professionalisierung der Arbeit der Betriebsräte darstellt. Sein Fazit: Reflexive Bildung und Beratung eröffnen die Chance, neue Zugänge zu solidarischen Erfahrungen zu erschließen und damit die Basis gewerkschaftlicher Stärke zu erneuern.

Eva Serafin und *Sebastian Pieper* skizzieren in ihrem Beitrag „*Merkmale einer reflexiven Beratung*". Sie gehen von der These aus, dass Menschen, deren Arbeitsergebnis in einem hohen Maße davon abhängig ist, wie sie ihre Beziehungen zu anderen gestalten, einen Raum der Reflexion benötigen. Dies trifft auch für arbeitspolitische Akteure wie Gewerkschafter und Betriebsräte zu, kollidiert jedoch allzu schnell mit dem hohem alltäglichen Aufgabendruck, den Notwendigkeiten gewerkschaftlich-strategischer Zielfindung und vor allem mit der vorherrschenden organisationskulturellen Kommunikationsform: der politischen Debatte. Was also liegt näher, „Reflexionsräume" außerhalb des alltäglichen gewerkschafts- und/oder betriebspolitischen Geschäftes zu schaffen, in denen Haupt- und Ehrenamtliche im geschützten Raum moderierter Workshops ‚Entschleunigung', Perspektivenwechsel und Einfühlung erleben und erproben können, um in dialogischen und kreativen Prozessen über neue ‚Lösungen' nachzudenken. Von der Anlage und Durchführung derartiger Workshops berichtet der vorliegende Beitrag.

Roland Kunkel-van Kaldenkerken, Carla van Kaldenkerken, Susanne Legler beschreiben in ihrem Artikel „*Konfliktfähiger werden – Unterstützung bei Machtkämpfen*" die betriebspolitische Konfliktdynamik exemplarisch anhand eines verdeckten Machtkampfes in einem Gremium. Besonders zwischen der Betriebsratsvorsitzenden und ihrem Stellvertreter ist die Situation stark eskaliert, sodass für die bevorstehende Betriebsratswahl große Befürchtungen bestehen. Im Rahmen eines Teamentwicklungsprozesses wird dieser Konflikt bearbeitet, wobei sowohl die persönliche Konfliktfähigkeit als auch die Konfliktkompetenz des Gremiums gestärkt werden kann. Anschließend an das Fallbeispiel werden die Beratungsinstrumente dargestellt, mit denen gearbeitet wurde.

Ein praktisches Beispiel einer sich mit Hilfe von Beratung entwickelnden regionalen gewerkschaftlichen Einheit präsentiert der Beitrag von *Ute Buggeln* und *Dieter Reinken: „Reflexionen zum partizipativen Organisationsentwicklungsprojekt der IG Metall Verwaltungsstelle Bremen – Ein Praxisbericht"*. Konzipiert und begleitet von Wissenschaftlern/innen des Hattinger Kreises und orientiert am in Skandinavien entwickelten und erprobten Modell des „demokratischen Dialogs" ließ sich die Bremer IG Metall auf einen partizipativen Entwicklungsprozess ein, der nicht nur die Arbeit der Hauptamtlichen und Beschäftigten der Verwaltungsstelle umfasste, sondern vor allem auch die Kooperation mit den ‚Ehrenamtlichen', den Betriebsrätinnen und Betriebsräten bremischer ‚Metall'-Betriebe, intensivieren und auf eine neue wechselseitige Grundlage stellen sollte. Dieter Reinken als erster Bevollmächtigter der IG Metall Bremen und Ute Buggeln als Schlüsselfigur in der Begleitung dieses Prozesses bieten eine kritische Reflexion dieses Prozesses und stellen die Frage nach den Bedingungen und Hemmnissen gewerkschaftlicher Veränderungsprozesse.

Ebenfalls um Dialog geht es im Beitrag von *Traute Müller* und *Wolfram Müller: „Von der wissenden zur „Lernenden" Organisation durch kollegiale Beratung und Dialog"*, hier allerdings ausgehend von dem aus der amerikanischen Organisationsentwicklung stammenden und prominent von Peter Senge vertretenen Konzept einer „Lernenden Organisation". Entsprechend anders ist die Sprache: Die Rede ist nicht vom ‚demokratischen Dialog', sondern von Teamlernen, Persönlichkeitsentwicklung, mentalen Modellen, Visionen und Systemdenken – auf inspirierende Weise ‚heruntergebrochen' auf die Arbeit gewerkschaftlicher und betrieblicher Akteure. In ihrem Beitrag schildern sie ihren Ansatz der Praxisbegleitung von Führungspersonen in Betriebsräten – eine Praxisbegleitung, die Personal- und Organisationsentwicklung mit Coaching und Weiterbildung verbindet und die Führungsaufgaben der Teilnehmer in den Mittelpunkt stellt.

Mit Teambildung von Betriebsratsgremien – indes aus der Perspektive der ‚Abnehmer', sprich: der Betriebsrätinnen und Betriebsräte selbst – beschäftigt sich der Beitrag von *Simone Hocke: „‚Gruppenfindungsdingsbums' – Erfahrungen von Interessenvertretern/innen mit Beratungsprozessen"*. In den im Rahmen ihres Dissertationsprojektes über ‚Konflikte in Betriebsratsgremien' geführten Gruppendiskussionen berichten Interessenvertreter über die Konfliktthemen in ihren Gremien und über Strategien im Umgang mit Konflikten. Simone Hocke geht den Fragen nach, welche Anlässe es für Teambildung in Betriebsratsgremien gibt, welche Barrieren dem entgegenstehen und welche Widerstände dem entgegengebracht werden und wie die Beratungsprozesse und -ergebnisse von den Betreffenden bewertet werden. Überlegungen zur Beratungsforschung im Feld reflexiv-strategischer Beratung runden diesen Beitrag ab.

Ebenfalls um Teambildung geht es im Beitrag von *Erhard Tietel: „Teambildungsworkshops mit Betriebsratsgremien"*. Der Verfasser bietet einen Blick in die Werkstatt der entwicklungsförderlichen Arbeit mit Gremien/Teams. Ausgehend von der Erkenntnis, dass Entwicklungsprozesse von Teams zugleich auf einer strategisch-zielorientierten, einer strukturellen und einer emotionalen und beziehungsorientierten Ebene ablaufen, stellt der Text dar, wie diese drei Ebenen in Teambildungsworkshops miteinander verwoben werden können und welche Seminardramaturgie und Arbeitsschritte sowohl der Professionalisierung als auch der sozio-emotionalen Entwicklung eines Gremiums förderlich sind. Die detaillierte Darstellung des Seminarverlaufs, in die Exkurse zur Spezifik von Betriebsratsgremien eingeflochten sind, lädt Berater wie Betriebsräte dazu ein, sich mutiger der vielschichtigen Dynamik von Gremien zu stellen.

Bernhard Pöters Beitrag *„Coaching-Gruppen für Betriebsratsmitglieder - Zu Anlässen und Arbeitsweisen in der aktuellen Situation von Betriebsräten"* betont die Bedeutung von Gruppenprozessen in der reflexiv-strategischen Beratung. Das Rollen-Coaching in Gruppen für Betriebsratsmitglieder fungiert als ein „geschützter Raum", in dem die situations- und personengerechte Gestaltung und Ausführung der Betriebsratsrolle erarbeitet, erprobt und reflektiert werden kann. Dabei verbindet die von Pöter praktizierte Form des Gruppen-Coaching den professionell gesteuerten Erfahrungsaustausch mit integrierter Weiterbildung (Training) und praktischer Problemlösearbeit, was in besonderer Weise zur Realitäts- und Betriebsnähe und dadurch zur Nachhaltigkeit der Beratung beiträgt. Darüber hinaus gibt die regelmäßige Verarbeitung der betrieblichen Rollenerfahrungen im Gruppenprozess auch Impulse für die Weiterentwicklung der Persönlichkeit der Gruppenmitglieder. Der Beitrag skizziert beispielreich sowohl den Wandel der Beratungsanlässe unter den Bedingungen der „Subjektivierung der Arbeit" als auch das mehrdimensionale methodische Vorgehen.

Die Stärkung der Persönlichkeit, genauer, die Entwicklung von Selbstkompetenzen von Interessenvertretern bildet auch den Fokus des Beitrags *„Sach- und Beziehungsebene sicher steuern. Die Entwicklung von Selbstkompetenz in Coaching und Fortbildung mit Betriebsräten".* Elge Wörner bilanziert hier ihre langjährige Bildungs- und Coachingerfahrung mit Betriebsräten/innen und verdichtet diese zu einem typisierten Entwicklungsmodell individueller Lernprozesse in Fortbildungsgruppen.

Wir möchten uns bei der Hans Böckler-Stiftung, stellvertretend genannt seien Dr. Eike Hebecker und Gunther Begenau, für die ideelle und materielle Förderung des Buchprojektes bedanken, bei Hans Herzer aus der Abteilung Organisation/Organisationsentwicklung der IG Metall und Jochen Schroth, Leiter des Ressorts Arbeit und Innovation des IG Metall Vorstands für ein inspirierendes Gespräch zur Praxis der reflexiv-strategischen Beratung in der IG Metall sowie bei Jochen Ehlers für seine unermüdliche kollegiale Bereitschaft, uns sicher durch die Untiefen der deutschen Sprache zu lotsen und damit erheblich zur Lesbarkeit des vorliegenden Buches beigetragen zu haben.

Literatur

Becke, Guido (2005): Überlebensfähigkeit durch radikalen Unternehmenswandel – Balanceakt zwischen Veränderungsdynamik und reproduktiver Stabilität. Universität Bremen, Forschungszentrum Nachhaltigkeit (artec), artec-paper Nr. 125, August 2005

Boes, Andreas (2004): Die wundersame Neubelebung eines vermeintlichen Auslaufmodells. IT-Beschäftigte und Mitbestimmung nach dem Ende des New Economy-Hypes. München: ISF, Arbeitspapier des Projekts ARB-IT2

Busse, Stefan (2009): Lernen am Fall – Erkenntnis in der Beratung. In: Zeitschrift Supervision, Heft 1, S. 8-16

Drott, Michael (2010): FAIR – Erfahrungen mit dem partizipativen Projekt zur Sanierung einer Klinik aus Sicht des Betriebsrats. In: Zeitschrift Supervision, Heft 1, S. 26-30

Galtung, Johan (2007): Konflikte und Konfliktlösungen. Werder/Havel: Homilius Verlag

Heidling, Eckhard/Deiß, Manfred/Meil, Pamela/Schmierl, Klaus (2004): Restrukturierung nationaler Interessenvertretung. In: Beck, Ulrich/Lau, Christoph (Hrsg.): Entgrenzung und Entscheidung. Frankfurt/M.: Suhrkamp, S. 360-383

Hexel, Dietmar (2008): Ist Supervision in Gewerkschaften und für Betriebsräte notwendig? In: Zeitschrift Supervision, Heft 1, S. 3-5

Huber, Berthold (2010): Kurswechsel für Deutschland. Die Lehren aus der Krise. Frankfurt/New York: Campus Verlag

IG Metall (2000): Bildung und Beratung im Bereich Prozessbegleitung, Projektmanagement, Teamentwicklung, Konfliktberatung, Supervision und Coaching. Hrsg. vom Vorstand der IG Metall, Abteilung Bildung/Bildungspolitik. Redaktion Hans Herzer, Frankfurt

Kost, Klaus (2008): Beratung anders. Consulting für Betriebsräte und Gewerkschaften. Marburg: Schüren-Verlag

Kunkel-van Kaldenkerken, Roland (2006): Betriebsräte und Konfliktpartnerschaft. In: Edding, Cornelia/Kraus, Wolfgang (Hrsg.): Ist der Gruppe noch zu helfen? Gruppendynamik und Individualisierung. Opladen: Budrich Verlag, S. 145-168

Moldaschl, Manfred (2001): Reflexive Beratung. Eine Alternative zu strategischen und systemischen Ansätzen. In: Degele, N.; Münch, T.; Pongratz, H., Saam, N. (Hrsg.): Soziologische Beratungsforschung. Perspektiven für Theorie und Praxis der Organisationsberatung. Opladen: Leske+Budrich, S. 133-157 (zitiert nach dem Manuskript)

Mulitze, Christoph (2005): Selbstbewusste Produzenten. In: Magazin Mitbestimmung, Heft 11, S. 11-15

Niedenhoff, Horst-Udo (2008): Der Betriebsrat als Produktionsfaktor. In: Benthin, Rainer/Brinkmann, Ulrich (Hrsg.) (2008): Unternehmenskultur und Mitbestimmung. Frankfurt/M. u. New York: Campus, S. 329-355

Raschke, Joachim/Tils, Ralf (2007): Politische Strategie eine Grundlegung. Wiesbaden: VS Verlag für Sozialwissenschaften

Scharmer, C. Otto (2009): Theorie U – von der Zukunft her führen. Heidelberg: Carl Auer Verlag

Schmidt, Rudi/Trinczek, Rainer (1999): Der Betriebsrat als Akteur der industriellen Beziehungen. In: Müller-Jentsch, Walther (Hrsg.): Konfliktpartnerschaft. München und Mering: Rainer Hampp, 3. überarb. und erweit. Auflage, S. 103-128

Tietel, Erhard (2006): Konfrontation – Kooperation – Solidarität. Betriebsräte in der sozialen und emotionalen Zwickmühle. Berlin: Edition Sigma (2. Auflage 2008)

Tietel, Erhard (2009): Der Betriebsrat als Partner des Beraters in Reorganisationsprozessen. In: Leithäuser/Thomas/Meyerhuber, Sylke/Schottmayer, Michael (Hrsg.): Sozialpsychologisches Organisationsverstehen. Wiesbaden: VS Verlag für Sozialwissenschaften, S. 265-298

Voß, G. Günter/Egbringhoff, Julia (2004): Der Arbeitskraftunternehmer. Ein neuer Basistypus von Arbeitskraft stellt neue Anforderungen an die Betriebe und an die Beratung. In: Zeitschrift Supervision, Heft 3, S. 19-27

Wetzel, Detlef (2008): Perspektiven der arbeitsorientierten Beratung – Neue Handlungsfelder aus Sicht der Gewerkschaften. In: Kost (2008): 28-47

Zeitschrift Supervision (2008): Themenheft „Betriebspolitik und Supervision", Heft 1

Zeitschrift Supervision (2008): Themenheft Nachhaltigkeit, Heft 2

Zeitschrift Organisationsentwicklung (ZOE) (2010): Themenheft Nachhaltigkeit, Heft 4

Strategie und Reflexion – Warum ein Berufsverband von Beraterinnen und Beratern die Arbeit der organisierten Vertretung von Arbeitnehmerinteressen unterstützt

Jörg Fellermann

Seit 2002 begleitet die Deutsche Gesellschaft für Supervision e. V. (DGSv) verschiedene Initiativen, die mit dazu beitragen sollen, die Entwicklungsherausforderungen der organisierten Vertretungen von Arbeitnehmerinnen- und Arbeitnehmerinteressen durch verbesserte Beratungsangebote zu meistern. Die intensive Diskussion einer Projektgruppe „Supervision und Gewerkschaftsarbeit" (siehe van Kaldenkerken 2004) führte 2004 zu einer ersten Tagung, die interne und externe Beratungsexpert/innen zusammenführte. Ziel der vom Bundesvorstand des Deutschen Gewerkschaftsbundes (DGB), der Hans-Böckler-Stiftung und der DGSv ausgerichteten Tagung war es, die Voraussetzungen, Chancen und Grenzen einer Beratung zu skizzieren, die sich als „prozessorientiert" und „reflexiv" versteht. Die Tagung schaffte Kontaktflächen und Begegnungen, sie warf attraktive und kontroverse Themen auf, ein Anfang war gemacht.[1]

Die fachlichen und berufspolitischen Kontakte, die Beraterinnen und Berater aus Organisationen der Interessenvertretung und Supervisorinnen und Supervisoren in der Folge weiterführten, ergaben nicht nur eine sich verändernde Praxis der Zusammenarbeit, sie waren auch Teil einer an verschiedenen Orten geführten fachlichen Diskussion (siehe Tietel 2006; Zeitschrift Supervision 1/2008; Kost 2008). Schließlich setzte 2008 eine weitere Tagung den begonnenen Diskurs fort und festigte eine Gruppe von Experten/innen, die „reflexiven" Beratungsformen angemessen Platz verschaffen wollten. Neben der DGSv bildeten das Bildungswerk des DGB, die Gewerkschaft ver.di, die IG Metall und die Akademie für Arbeit und Politik der Universität Bremen den Kreis der ausrichtenden Organisationen. Die prägnante Position des Münchner Soziologen Hans Pongratz bildete hierbei eine besondere Herausforderung sowohl für Berater/innen wie für Gewerkschaftsvertreter/innen: „Reflexive Bildung und Beratung eröffnen die Chance, neue Zugänge zu solidarischen Erfahrungen zu er-

---

[1] Zugleich profilierte sich ein reflexives und prozessorientiertes Beratungsverständnis auch gewerkschaftsintern, vgl. z. B. Serafin/van Kaldenkerken (2004).

schließen und damit die Basis gewerkschaftlicher Stärke zu erneuern. (…) Gewerkschaften und Betriebsräte sind auf der Suche nach ihrer Rolle in der neuen historischen Konstellation. Reflexive Bildung und Beratung können diesen Prozess nicht nur unterstützen, sie sind eine unverzichtbare Voraussetzung dafür, weil sie selbst Ausdruck der Entwicklung der gesellschaftlichen Produktivkräfte sind" (Pongratz 2008, S. 8). Dass die Fachdiskussion der Tagung weitergehen muss, zeigte die Berichterstattung: „Aber sie [*die Beraterinnen und Berater, J. F.*] werden noch viel Geduld brauchen, bis ihre Botschaft überall angekommen ist (…)" (Scheytt 2009, S. 44).

Es ist noch nicht immer selbstverständlich, dass Angehörige der Profession Supervision – weder in der Praxis noch in der Konzeptentwicklung – die Rolle der organisierten Interessensvertretung von Arbeitnehmerinnen und Arbeitnehmern im Kontext von Unternehmen und Organisationen berücksichtigen. Ein substanzieller Teil organisierter Arbeitswelt kommt so möglicherweise noch nicht oder noch nicht intensiv genug in das Blickfeld von Supervision als arbeitsweltbezogener Beratung. Die Betrachtung der komplexen Realität von Arbeitsorganisationen – und damit auch des Segments der Interessensvertretung – bietet jedoch besondere Chancen für die Praxis und das Konzept von Supervision. Warum?

Die Einzigartigkeit der Supervision besteht u. a. in ihrer unvoreingenommen, die Komplexität von Realität wertschätzenden und eine offene Reflexion ermöglichenden Position gegenüber den zu beratenden Menschen und ihren Themen. Die Hereinnahme der verschiedenen *Interessen* in Arbeitsorganisationen in die reflexive Beratung von Unternehmen und Organisationen korreliert hervorragend mit diesem „Proprium" von Supervision. Diese Hereinnahme von Interessen – wie sie z. B. bei der Beteiligung von Führungskräften bereits lange üblich ist – kann ganz praktisch in vielen Phasen eines Beratungs- und Entwicklungsprozesses geschehen, wenn z. B. Vertreter/innen von Arbeitnehmerinnen- und Arbeitnehmerinteressen sowie ihre Standpunkte und Erfahrungen in ganz verschiedener Weise hinzugezogen werden·

Etwas anderes: Nicht zufällig entdeckt die Profession Supervision in den letzten Jahren ein weiteres ihrer besonderen Merkmale wieder, wenn sie nachhaltig herauszustellen sucht, dass gute Beratung in der Arbeitswelt immer auch Fragen nach der gesellschaftlichen Mitverantwortung für deren Gestaltung einschließt, Beratung also – scharf gesprochen – nicht unpolitisch sein kann, sondern Grundsätzen und Werten folgen muss, die sie in der Gesellschaft erkennbar macht und positioniert erscheinen lässt.

Arbeitswelt systematisch und komplett in den Blick nehmen und in der Beratung eine gesellschaftspolitische Dimension erkennen[2] – das sollte Grund genug sein, dass ein Berufsverband von Beraterinnen und Beratern, der deren Interessen (sic!) und zudem ein sehr besonderes Konzept vertritt, den Dialog mit Vertreterinnen und Vertretern von Arbeitnehmerinteressen und den dort beschäftigten Beraterinnen und Beratern sucht.

Strategie und Reflexion erscheinen als zwei Begriffe, ohne die gerade die Beratung der organisierten Vertretung von Arbeitnehmerinteressen selbst (also z. B. von Gewerkschaftsorganisationen) kaum denkbar ist, sie finden sich nicht ohne Grund auch im Titel des vorliegenden Bandes. Für den eiligen Leser und die eilige Leserin könnten „Strategie" und „Reflexion" im Kontext von Beratung sich ausschließende Assoziationen auslösen, „Zielplanung" vs. „Ergebnisoffenheit" könnten die Pole dieser Spannung ebenso heißen, aber dann für andere Leserinnen und Leser.

Dabei scheint insbesondere der eine dieser Pole – „Strategie" oder „Zielplanung" – auf den ersten Blick mit dem „offenen" Selbstverständnis des Beratungskonzepts Supervision nicht so schnell vereinbar, und manche Supervisorin und mancher Supervisor wird einer „strategischen" Einbindung seiner oder ihrer Beratung mit einer gewissen Skepsis begegnen. Und das ist auch gut und richtig so, denn das Motto „Wes Brot ich ess, des Lied ich sing" darf eben für das Beratungskonzept Supervision, das seine Unabhängigkeit und seine Interessensensibilität betont, nicht gelten. Andersherum ist aber eine eindeutige Positionierung der Beraterin und des Beraters zu seinem oder ihrem Klienten, dessen Organisation und deren Themen in der heutigen Arbeitswelt notwendiger denn je.

Die verbreitete Suche des Klienten nach Orientierung sowie nach klaren Worten und Positionen darf vonseiten der Beraterin und des Beraters nicht ohne verlässliche Resonanz bleiben. Das Spannungsverhältnis zwischen „Zielplanung" und „Ergebnisoffenheit", zwischen „Reflexion" und „Strategie" darf durch Supervision gerade *nicht* aufgelöst werden, da so die Bezogenheit dieser beiden Variablen aufeinander bestens erörtert werden kann. Etwas vereinfachend gesagt: Jede Reflexion folgt absichtlich oder unabsichtlich einer Strategie, jede Strategie will reflektiert sein, anders wird sie nicht zum Erfolg führen.

Die Auseinandersetzung mit deutlich interessensgeleiteten Kontexten in der Beratung – und wenn hier von *explizit* vorgetragenen Interessen die Rede ist, so darf keinesfalls außer Acht gelassen werden, dass *implizite* Interessen stets eine Rolle in Organisationen spielen – gerade diese Auseinandersetzung also ermög-

---

[2] Die DGSv realisiert diesen Anspruch z. B. mit der Förderung der Studie von Haubl/Voß (2009).

licht Supervisorinnen und Supervisoren, ihr Konzept und ihre Praxis zu profilieren und dabei insbesondere die eigene Positionierung – zu reflektieren.[3]
Stellvertretend für die vielen Beraterinnen und Berater, die sich um eine
Profilierung von zugleich reflexiv und strategisch ausgerichteter Beratung im
Bereich der Vertretung von Arbeitnehmer- und Arbeitnehmerinnen-Interessen
engagieren, ist den Herausgebern dieses Bandes, Erhard Tietel und Roland Kunkel-van Kaldenkerken, besonders für ihre Arbeit zu danken.

Literatur

Haubl, Rolf/Voß, G. Günter (2009): Psychosoziale Kosten turbulenter Veränderungen.
Arbeit und Leben 2008. In: Positionen. Beiträge zur Beratung in der Arbeitswelt,
herausgegeben von Rolf Haubl, Heidi Möller und Christiane Schiersmann, Heft 1,
Kassel: kassel university press

Kost, Klaus (Hrsg.) (2008): Beratung anders. Consulting für Betriebsräte und Gewerkschaften: Gewerkschaften im Umbruch – neue Anforderungen, neue Antworten.
Marburg: Schüren

Pongratz, Hans (2008): Reflexion erwünscht? Dilemmata der Beratung von betrieblichen
Interessenvertretungen. In: Positionen. Beiträge zur Beratung in der Arbeitswelt,
herausgegeben von Rolf Haubl, Heidi Möller und Christiane Schiersmann, Heft 2,
Kassel: kassel university press

Scheytt, Stefan (2009): Wunsch und Wirklichkeit, in: Mitbestimmung. In: Magazin der
Hans-Böckler-Stiftung. Zeitschrift für Arbeitsgestaltung und Betriebspolitik, Heft 4,
S. 42-44

Serafin, Eva/van Kaldenkerken, Carla (2004): Einführung von Supervision, Coaching und
Teamentwicklung bei der vereinten Dienstleistungsgewerkschaft ver.di. In: Zeitschrift Supervision, Heft 3, S. 51-57

Tietel, Erhard (2006): Konfrontation – Kooperation – Solidarität. Betriebsräte in der
sozialen und betrieblichen Zwickmühle. Berlin: Edition Sigma

Zeitschrift Supervision (2008): „Betriebspolitik und Supervision". Weinheim: Beltz,
Heft 1

van Kaldenkerken, Carla (2004): Zwischenbericht der Projektgruppe Supervision und
Gewerkschaften. In: DGSv-aktuell, Informationsdienst der Deutschen Gesellschaft
für Supervision e. V., Heft 2, S. 16-17

---

[3] Eine solch grundsätzliche Überlegung schließt selbstverständlich ein, dass diese Auseinandersetzung nicht nur im „Gewerkschaftsbereich", sondern auch in vergleichbaren Bereichen der Arbeitge-
berorganisationen, der Kirchen, der Politik u. äh. lohnenswert und wichtig ist.

Reflexive Beratung und gewerkschaftliche Interessenvertretung – Hindernisse und Chancen

Hans Pongratz

Ausgangspunkt meiner Überlegungen[1] zum Verhältnis von reflexiver Beratung und Interessenvertretung ist eine *typische Erfahrung von Bildungs- und Beratungsanbietern*: Reflexive Zugänge sind im Umfeld der Gewerkschaften – im Vergleich zu Fachberatung und klassischen Bildungsangeboten – nur schwer zu vermitteln. Die Reaktionen reichen von unverbindlichem Interesse bis zu offener Skepsis, gelegentlich werden solche Angebote ausprobiert, aber selten konsequent weitergeführt. Das ist erstaunlich, weil Betriebsräte wie Gewerkschaften unter hohem Arbeits- und Problemdruck stehen und damit ein erheblicher Beratungsbedarf zu erkennen ist. Die Komplexität und Vielfalt ihrer Aufgaben nimmt weiter zu und ihr ganzes Arbeitsfeld befindet sich in einem massiven Umbruch. Zudem ist in diesem politisch informierten Kreis prinzipiell eine Offenheit für problemorientierte und basisnahe Arbeitsformen zu erwarten. Trotzdem können solche Zugangsschwierigkeiten nicht wirklich überraschen, wenn man bedenkt, dass reflexive Bildungs- und Beratungsformen nicht im Mainstream gewerkschaftlicher Interessenvertretung stehen, da diese wesentlich auf die strategische Bündelung der Kräfte der Arbeitnehmerseite als Gegenmacht zum „Kapital" ausgerichtet ist.

Wir begeben uns in diesem Buch auf die Suche nach Möglichkeiten einer Annäherung von reflexiver Beratung und Interessenvertretung. Ich werde dafür keine Lösungen anbieten, denn darin sehe ich unsere gemeinsame Aufgabe für die weitere Diskussion. Mein Beitrag ist als thematische Einstimmung und als erster analytischer Zugang zur Problematik gedacht (deshalb: institutionelle Hindernisse). Vor welchem fachlichen Hintergrund mache ich das? In erster Linie argumentiere ich als Arbeits- und Organisationssoziologe, der sich forschend und lehrend sowohl mit aktuellen Entwicklungen der Arbeitswelt (Stichwort: Arbeitskraftunternehmer, Pongratz/Voß 2003) als auch mit Problemen der Interessenvertretung (später mehr zu einem Projekt) beschäftigt hat. Zugleich orientiere ich mich an praktischen Erfahrungen, die ich sowohl in der betrieblichen Weiterbildung als Kommunikationstrainer als auch in der gewerkschaftli-

---

[1] Vortrag am 23.10.08 zur Fachtagung „Reflexive Beratungsformen in arbeitspolitischen Kontexten: betriebliche Interessenvertretungen und Gewerkschaften" in Hannover

chen Bildung (zusammen mit Elge Wörner) gemacht habe, wo ich selbst mit reflexivem Anspruch gearbeitet habe.

Ich werde keinen spezifischen reflexiven Beratungsansatz vorschlagen oder diskutieren, denn es gibt viele verschiedene Zugänge, die ihre Berechtigung haben und für arbeitspolitische Kontexte relevant sind. Ich behandle auch nicht die prinzipiell wichtige Frage: Wie lässt sich die Distanz zwischen reflexiver Beratung und Interessenvertretung überbrücken? Wie lassen sich Relevanz und Nutzen reflexiver Angebote wirkungsvoll vermitteln?

Meine Leitfrage lautet stattdessen: Warum haben es reflexive Ansätze so schwer im Bereich der Interessenvertretung? Und im Hintergrund verfolge ich dabei die Frage: Welche prinzipielle Relevanz haben sie für die Bewältigung der anstehenden arbeitspolitischen Herausforderungen? Ich gehe dabei von drei Grundannahmen aus: Erstens bietet der reflexive Zugang in ähnlicher Weise wie für andere Expertengruppen mit selbstständiger Arbeitsorganisation für Mitarbeiter/innen und Mitglieder von Betriebsräten und Gewerkschaften wichtige Unterstützung zur Bewältigung komplexer Problematiken. Zweitens findet Betriebsratsarbeit in einem widersprüchlichen Interessengeflecht statt (vgl. die empirischen Befunde von Erhard Tietel (2006) und sein Konzept der triadischen Kompetenz) und weist damit spezifischen Reflexionsbedarf auf. Und drittens eröffnen reflexive Formen von Bildung und Beratung einen neuen Zugang zu Aufgaben der politischen Willens- und Bewusstseinsbildung – also zu einer Kernaufgabe der Interessenvertretung.

Im Folgenden werde ich mich auf diesen dritten Punkt konzentrieren, weil darin die besondere Relevanz reflexiver Beratung für die Gewerkschaftsarbeit zum Ausdruck kommt. Meine zentrale These ist also: *Reflexive Zugänge können nicht nur dazu beitragen, die Arbeitssituation und die Leistungsfähigkeit der Interessenvertreter/innen zu verbessern, sondern stellen darüber hinaus eine wichtige Voraussetzung zur Klärung ihrer gesellschaftlichen Rolle und zur Sicherung ihrer politischen Basis dar.* Die institutionellen Hindernisse, die ich erörtere, können deshalb auch als generelle Hemmnisse der Weiterentwicklung der Instrumente und Vorgehensweisen der Interessenvertretung verstanden werden.

Ich gehe in vier Schritten vor: (1) Was kennzeichnet einen reflexiven Zugang? (2) Wie haben sich Bildung und Beratung im Bereich gewerkschaftlicher Interessenvertretung gewandelt? (3) Welche institutionellen Hindernisse stehen einem reflexiven Zugang in Organisationen im Wege? (4) Wo liegen die Potenziale reflexiver Bildung und Beratung für die politische Handlungsfähigkeit der Interessenvertretung?

1   Was kennzeichnet den reflexiven Zugang?

Die Begriffe Reflexion und Reflexivität werden in Alltag und Wissenschaft in sehr vielfältiger Weise verwendet. Sie bedürfen deshalb einer genaueren Klärung, zu der ich vorab einige Vorschläge machen will, die noch vorläufigen Charakter haben. Aus soziologischer Sicht erscheint es mir hilfreich, die Eigenart eines reflexiven Zugangs zu Bildungs- und Beratungsprozessen auf der Grundlage eines allgemeinen Begriffs reflexiven Handelns zu bestimmen. Die Bedeutung, die der Fremdwörter-Duden für Reflexion anbietet – „das Nachdenken; Überlegung, Betrachtung, vergleichendes u. prüfendes Denken; Vertiefung in einen Gedankengang" – erscheint dafür zu allgemein gefasst. In der Soziologie hat vor allem Ulrich Beck (1986) das Begriffsverständnis geprägt durch seine Konzeption der „reflexiven Moderne" und dabei (in Analogie zur physikalischen Reflexion als Zurückstrahlen einer Licht- oder Schallwelle) die unbeabsichtigten Rückwirkungen von Maßnahmen im Modernisierungsprozess thematisiert. Das greift für ein reflexives Beratungsverständnis zu kurz, auch wenn ungeplante Nebenwirkungen dafür durchaus relevant sind.

Mein Vorschlag zu einer vorläufigen Definition reflexiven Handelns lautet demgegenüber: Handeln ist dann reflexiv, wenn der bewusste Rückbezug auf frühere Handlungen (in der Regel aus eigener Erfahrung unter vergleichbaren Bedingungen) seine Leitlinie bildet. Kennzeichen von Reflexivität ist also das Nachdenken über aktuelle Handlungsanforderungen im systematischen Abgleich mit Voraussetzungen und Folgen vorangegangener Handlungen (Reflexivität als systematische Rückbezüglichkeit des Handelns).

Dieser Handlungstypus lässt sich (unter Verweis auf die vier Typen sozialen Handelns nach Max Weber (1980, S. 12f.) abgrenzen von

- spontanem, impulsivem Handeln,
- tradiertem Handeln aus Gewohnheit,
- norm- und wertgeleitetem Handeln entlang verbindlicher Richtlinien,
- und zweckrationalem Handeln auf der Grundlage zielgeleiteter, kalkulierender Analyse der Situation.

Ich verstehe Reflexivität als eine ergänzende Handlungsdimension, die mehr oder weniger auf diese vier Handlungstypen Bezug nimmt. Sie stellt Handlungsfähigkeit gerade dadurch her, dass sie diese – unter Anleitung des Rückbezugs auf vergangene Erfahrungen – miteinander verbindet und so zueinander in Beziehung setzt. Reflexivität ist deshalb eine besonders anspruchsvolle Handlungsform, die Zeit und Überlegung und Offenheit voraussetzt. Als Grundlage dient ihr der dialogische Austausch, zum Beispiel als Erfahrungsaustausch in der

Gruppe oder als Aufarbeitung von Erfahrungen unter Anleitung, weil der dialogische Perspektivenwechsel neue Zugänge zur eigenen Handlungserfahrung
eröffnet.

Reflexivität erzeugt eher ein vorläufiges Problemverständnis als eine er-
schöpfende und abschließende Situationsanalyse. Reflexives Handeln hat deshalb tentativen Charakter, d. h. es ist probeweise angelegt und erfolgt unter Vorbehalt: Es folgt einer Hypothese (einer begründeten Annahme über wahrschein-
liche Handlungszusammenhänge), die aus der Reflexion früherer Erfahrungen
hervorgeht und im weiteren Lauf der Dinge überprüft (und bei Bedarf revidiert)
wird. Reflexivität produziert Entscheidungen mit Rückbezug auf Erfahrung und
unter Vorbehalt ihrer Bewährung und erlaubt so die flexible Anpassung von
Handlungen im Prozess ihrer Umsetzung. Es handelt sich um perspektivische,
prozessorientierte Entscheidungen, die gleichzeitig in die Vergangenheit zurückreichen, auf aktuelle Handlungserfordernisse reagieren und künftige Unwägbar-
keiten des Handelns in Rechnung stellen.

Reflexive Bildung und Beratung will ich im Anschluss daran bestimmen als
Entwicklung von Problemlösungen (Beratung) oder von Problemlösungsfähig-
keit (Bildung) durch dialogische Aufklärung der eigenen Verwicklungen und
Verstrickungen in aktuelle und frühere Handlungskonstellationen und Beziehungsmuster (vgl. auch Moldaschl 2007). Reflexive Beratung unterscheidet sich
damit (ohne diese von vorneherein als Beratungselemente auszuschließen)
grundlegend von

- Wissensvermittlung, Schulung und Expertenberatung,
- von normativer Anleitung nach Erfolgsmodellen („best practice"),
- aber auch von Selbsthilfe und informellem Lernen (ohne Begleitung)
- oder vom spontanen, unsystematischen Erfahrungsaustausch.

Als prototypisches Muster reflexiver Beratung bietet sich die Supervision an,
weil sie eine einfache Beratungskonstellation zur Ermöglichung reflexiven Handelns im oben erläuterten Sinne darstellt. Supervision eignet sich auch deshalb in
besonderer Weise als Referenzkonzept, weil sie hinreichend eingeführt, erprobt
und professionalisiert ist, um eine allgemeine Vorstellung von reflexiver Beratung vermitteln zu können. Das schließt nicht aus, dass andere Bildungs- und
Beratungsformen – wie Coaching, Organisationsentwicklung, Dialog, Mediation,
Konfliktberatung oder Teamentwicklung – über ein ähnliches Reflexivitätspo-
tenzial verfügen. Es gibt viele verschiedene Optionen zu einem reflexiven Zugang in Bildungs- und Beratungskontexten, wobei im Einzelfall zu klären bleibt,
wieweit der Reflexionsanspruch tatsächlich reicht. Wenn wir von reflexiver
Bildung und Beratung sprechen, dann sollte das reflexive Handeln im konzeptio-

nellen Mittelpunkt stehen – und nicht bloß zufällig oder am Rande oder ergän-
zend in der Beratungskonzeption auftauchen.

Die Frage, warum überhaupt ein reflexiver Zugang erforderlich ist, will ich
nur kurz mit Verweis auf vielfach belegte und diskutierte Tendenzen des sozialen Wandels beantworten (siehe auch Pongratz 2004). Es ist ein gemeinsamer
Befund unterschiedlicher Gesellschaftsdiagnosen (nicht nur, aber besonders
prominent von Beck 1986), dass die Entwicklung moderner Gesellschaften zu
einer Zunahme komplexer Handlungssituationen geführt hat. Die wachsende
Komplexität ist vor allem zurückzuführen auf:

- die Ausdifferenzierung verschiedener Gesellschaftsbereiche und die
  dadurch bedingte erhöhte Arbeitsteilung, welche die wechselseitige Abhängigkeit steigert;
- die Pluralisierung von Normen und von Wertebezügen, die zu widersprüchlichen Handlungserwartungen und zu Verhaltensunsicherheiten führen
  (Normen bieten zwar weiterhin Orientierung, geben aber keine zweifelsfreie
  Handlungsanleitung mehr);
- die Interessenvielfalt unterschiedlicher Akteure, die auf mannigfache Weise
  miteinander vernetzt und aufeinander angewiesen sind;
- die permanenten Wandlungsanforderungen, die zur Entwertung von Gewohnheiten und bewährten Regeln beitragen und die ständige Bereitschaft
  zur Neuorientierung erfordern.

Diese Bedingungen treffen für das Feld der Industriellen Beziehungen und der
Arbeitspolitik in besonderem Maße zu: Denn hier sind die Interessenkonstellati-
onen von vornherein besonders komplex angelegt: mit vielen Akteuren, die teils
widersprüchliche Interessen verfolgen und es dabei mit ökonomischen, politischen und sozialen Bezügen im Kernbereich der kapitalistischen Entwicklungs-
dynamik zu tun haben.

Reflexivität sichert in komplexen Handlungssituationen und unter hoher
Unsicherheit die Handlungs- und Entscheidungsfähigkeit, weil sie

- die Verarbeitung einer großen Zahl unterschiedlicher Informationen auf
  ressourcenschonende und handlungsnahe Weise ermöglicht,
- die Bewältigung widersprüchlicher Handlungsanforderungen fördert (ohne
  in einfache Lösungsschemata zu verfallen),
- unterschiedliche Handlungsperspektiven offenlegt und verständlich (also
  subjektiv nachvollziehbar) macht,
- ergebnisoffen angelegt ist

▪ und weil sie Entscheidungen produziert, die in ihrer Umsetzung auf unerwartete Ereignisse und ungeplante Nebenwirkungen des Handelns abge-
stimmt werden können.

2   Wandel von Bildung und Beratung im Umfeld gewerkschaftlicher Interessenvertretung?

Mit Blick auf das Verhältnis der Gewerkschaften zu Bildungsfragen ist zunächst
an die historische Vorreiterrolle der Gewerkschaften bei der Etablierung einer
modernen Volksbildung zu erinnern:

▪ Arbeiterbildungsvereine griffen Mitte des 19. Jahrhunderts den Bildungsge-
danken für das neu entstehende Proletariat auf und bildeten eine Keimzelle
der Gewerkschaftsbewegung in Deutschland.
▪ Politische Bildung wurde zu einem Kernbereich der Gewerkschaftsarbeit
und trug maßgeblich zur Entwicklung einer demokratischen Gesellschaft
bei.
▪ In der Nachkriegszeit haben Gewerkschaften den Ausbau und die Qualität
des öffentlichen Bildungssystems vorangetrieben – im Bereich der allge-
meinbildenden Schulen, vor allem aber mit Schwerpunkt auf das Duale System der Berufsausbildung, das zu einem international anerkannten Modell
wurde.
▪ In den letzten Jahrzehnten konnten die gewerkschaftlichen Bildungswerke
mit dazu beitragen, dass auch gesellschaftliche Randgruppen ihre fachlichen
Grundlagen den Anforderungen des Arbeitsmarktes anpassen konnten –
zumindest soweit die staatliche Arbeitsverwaltung das als förderungswürdig
erachtet.
▪ Schließlich gibt es eine lange Tradition der Beratung von Betriebs- und
Personalräten durch gewerkschaftliche Experten, besonders intensiv im
Rahmen der regionalen Betreuung durch Gewerkschaftssekretäre.
▪ Aktuell befindet sich die gewerkschaftliche Bildungs- und Beratungsarbeit
in mehrfacher Hinsicht in einer Phase der Neuorientierung (vgl.
Röder/Dörre 2002):
▪ In einer ausgesprochenen Krise stecken die gewerkschaftlichen Bildungs-
werke, weil in der Folge der Hartz-Gesetze die Förderung der fachlichen
Bildung von Arbeitslosen massiv reduziert wurde und damit dieses Segment
des Bildungsmarktes völlig eingebrochen ist.
▪ Zur Debatte um die allgemeine und die berufliche Bildung liefern die Ge-
werkschaften immer noch wichtige konzeptionelle Beiträge, aber mehr öf-

fentliche Aufmerksamkeit (und vermutlich auch mehr Wirkung) erzielen die aktuellen Forderungen der Bundeskanzlerin nach einer „Bildungsrepublik Deutschland" oder die Klagen der Wirtschaft über den Fachkräftemangel.

- Die politische Bildungsarbeit der Gewerkschaften befindet sich in einer Phase der Umstrukturierung, die verschiedene Auslöser hat: die durch sinkende Mitgliederzahlen verursachten Finanzierungsschwierigkeiten, die veränderten Bildungserwartungen der Teilnehmer/innen und die Konkurrenz privater Bildungsanbieter. Die Richtung der Umstrukturierung bleibt umstritten.

- Und auch die Beratung der Betriebs- und Personalräte durch die Gewerkschaften stößt an neue Grenzen, wenn Rechts- und Fachfragen zu immer mehr Themen gestellt werden und wenn zunehmend Prozessgestaltung erforderlich ist, beispielsweise weil in den Unternehmen immer wieder neue Reorganisationskonzepte umgesetzt werden sollen.

In vielerlei Hinsicht sind Gewerkschaften wie Betriebsräte im Hinblick auf Bildung und Beratung in die Defensive geraten; sie stehen eher am Rande zentraler Debatten und ringen intern um ein neues Bildungs- und Beratungsverständnis. Warum sind dann reflexive Beratungsangebote nicht umso willkommener und werden bereitwillig aufgegriffen?

Die Problematik wird unterstrichen durch die Ergebnisse des Forschungsprojekts „Industrielle Beziehungen als soziales und kulturelles Kapital", das ich von 2002 bis 2005 zusammen mit Rainer Trinczek und Horan Lee an der TU München durchgeführt habe (Lee/Pongratz/Trinczek 2007). Wir haben dabei empirische Fallstudien zu fünf innovativen Bildungsprojekten erstellt, bei denen Betriebsräte und Gewerkschaften mit Unternehmen kooperiert und dabei eine höchst aktive Rolle gespielt haben. Die Fragestellung lautete: Unter welchen Bedingungen lässt sich die Mitgliederbindung der Gewerkschaften durch Weiterbildungsinitiativen verbessern? Oder: Ist Bindung durch Bildung möglich? Konkret: Lassen sich durch innovative Bildungsangebote neue Mitglieder bei den gewerkschaftsfernen Gruppen (Jugend, Frauen, Hochqualifizierte) gewinnen?

Ich möchte hier auf die Bildungsinnovationen im Einzelnen nicht eingehen, sondern sie nur zur Information nennen: (1) der Einsatz des Beratungsinstruments der IG Metall Job-Navigator in einem betrieblichen Qualifizierungspaket, (2) das Weiterbildungsangebot der IG BCE für „Betriebsräte als Weiterbildungsberater", (3) das in Kooperation mit ver.di erarbeitete Weiterbildungsprojekt des Verbunds Strukturwandel für die Verlagsbranche im Raum München, (4) das Ausbildungskonzept der Deutschen Post AG „In der Arbeit leben – IdeAl" und (5) die Bildungsreihe „Organisations- und Personalentwicklung für Betriebsräte" im Feld der politischen Bildung, nämlich als Initiative von Ulrich Kühn und Elge Wörner an der Bildungsstätte Bad Orb der IG Metall (siehe Pongratz 2005; Kühn/Kluba/Wörner 2003).

Im Verlauf dieser Studie ist uns zunächst aufgefallen:

1. Wir hatten große Schwierigkeiten, geeignete Fälle für unsere Studie zu finden. Offenbar gibt es nicht allzu viele innovative Bildungskonzepte, die in aktiver Kooperation von Gewerkschaften und Betriebsräten mit Unternehmen entwickelt werden. Diese Situation hat sich deutlich gebessert, seit in dem (von IG Metall, ver.di und IG BCE mitgetragenen) Projekt Kom-Netz neue Initiativen entwickelt und mit bestehenden Bildungsansätzen vernetzt wurden (siehe Dehnbostel/Elsholz/Gillen 2007). Aber immer noch ist das Feld solcher Bildungsinnovationen recht übersichtlich.

2. Es handelt sich meist um Initiativen von besonders motivierten Einzelpersonen oder kleinen Initiativgruppen, die an eine Bildungskonzeption glauben, sie mit großem Einsatz entwickeln und erproben – und sich von den vielfältigen Widerständen in der Umsetzung nicht abschrecken lassen.

3. Denn die Unterstützung durch die Institutionen – Unternehmen auf der einen, Gewerkschaften auf der anderen Seite – bleibt meist zurückhaltend, vorsichtig abwartend, ohne konsequente Förderung.

4. So können die von uns untersuchten Initiativen zwar beachtliche Erfolge vorweisen, aber bei der längerfristigen Fortführung und der breiteren Anwendung stoßen sie auf erhebliche Hürden – sowohl was ihre Finanzierung als auch was die ideelle Fürsprache betrifft. Ich habe den Eindruck gewonnen, dass man mit einer mutigen Bildungsinitiative im gewerkschaftlichen Umfeld leicht in eine Außenseiterposition gerät – in der man geduldet und vielleicht interessiert beobachtet wird, oft aber auch abgedrängt und ausgegrenzt bleibt.

Das prominenteste Beispiel eines solchen Schicksals ist – daran hat mich Erhard Tietel erinnert – das in „Soziologische Phantasie und exemplarisches Lernen" entwickelte Konzept des erfahrungsgeleiteten Lernens von Oskar Negt (1968). Bereits in den 1960er Jahren entstanden, hat es alles, was man sich von einer gewerkschaftlichen Bildungsinnovation nur wünschen kann: einen engagierten und kompetenten Verfechter, der sich aktiv an Bildungsreformen von schulischer und politischer Bildung beteiligt hat und dadurch für sein Konzept nicht nur viel praktische Erfahrung, sondern auch ein bemerkenswertes theoretisches Fundament mitbringt. Negt hat eine markante Alternative zum vorherrschenden Bildungsverständnis geliefert. Die gewerkschaftliche Bildung hat sich davon wie von keinem anderen Konzept irritieren, und so mancher Teamer sich davon maßgeblich inspirieren lassen. Aber schon die Pilotprojekte der 1970er Jahre haben gezeigt, wie vielfältig die Hindernisse einer konsequenten Umsetzung sind. Gefragt war und ist Negts Erfahrungslernen als ein kreativer konzeptioneller Entwurf, aber zu einer strukturellen Veränderung der gewerkschaftlichen Bildungspraxis führte er nicht. Wird es den reflexiven Bildungs- und Beratungsansätzen ähnlich ergehen?

Unsere Studie hat eine Reihe von Hinweisen auf institutionelle Bedingungen geliefert, die der Fortführung der untersuchten Bildungsinitiativen hinderlich waren (Lee/Pongratz/Trinczek 2007):

- Oft steht nur eine Anschubfinanzierung (z. B. aus öffentlichen Mitteln, EU-Töpfen) zur Verfügung, für eine Fortsetzung fehlen schlicht die finanziellen Ressourcen.

- Der hohe Zeitaufwand für den Entwicklungs- und Implementierungsprozess geht auf Kosten anderer drängender Aufgaben – und kann deshalb nur vorübergehend aufgebracht werden. Viele Betriebsratsmitglieder sind in den letzten Jahren zunehmend mit den tiefgreifenden Auswirkungen von betrieblichen Umstrukturierungen, Leistungsverschärfungen und Personalabbau beschäftigt, die für innovative Gestaltungsansätze im Arbeitsalltag wenig Raum lassen.

- Initiativen vonseiten der Interessenvertretung werden vonseiten des betrieblichen Managements meist nur widerstrebend unterstützt und oft genug behindert – unter anderem, weil sie Bindung an die Gewerkschaft versprechen (und auch weil sie Defizite der Personalarbeit aufdecken).

- In gewisser Weise fehlt beiden Seiten die Erfahrung in der Kooperation bei Bildungsprojekten: Für Gewerkschaften und Betriebsräte ist die betriebliche Bildungsarbeit oft ein ungewohntes Feld, auf dem sie sich noch unsicher fühlen (siehe Zeuner 1997); die Personalentwicklung im Betrieb wiederum betrachtet das als ihr angestammtes Revier, in dem sie die Konkurrenz der Interessenvertretung als Einmischung werten und nur ungern dulden.

- Wesentlich für den Erfolg von Bildungsinnovationen ist ihre Begleitung durch – sehr allgemein formuliert – Vermittlungsinstanzen, die beratend, koordinierend oder steuernd am Umsetzungsprozess mitwirken. Solche Vermittlungsfunktionen können Berater/innen aus den Gewerkschaften, aus der wissenschaftlichen Begleitung oder aus Bildungsinstituten übernehmen. Allerdings ist das meist nur im Rahmen von Pilotprojekten möglich, weil für ein längeres Engagement wiederum die finanziellen Mittel fehlen.

- Hinter den einzelnen Initiativen ist selten eine grundsätzliche programmatische Konzeption oder ein breiter politischer Gestaltungswille auszumachen (im Unterschied zu Negts Erfahrungslernen). Sie werden von den Beschäftigten eher als singuläre Experimente wahrgenommen, deren generelle Bedeutung nicht deutlich wird – weshalb sie kaum konsequente politische Unterstützung mobilisieren können. Unsere (qualitativen) Ergebnisse deuten darauf hin, dass das Bindungspotenzial von Bildungsinitiativen umso höher ausfällt, je deutlicher sie eine generelle arbeits- und bildungspolitische Relevanz erkennen lassen.

Diese Bilanz einiger empirischer Fallstudien kann die Problematik nur schlaglichtartig beleuchten. Ich möchte deshalb noch einen Schritt weitergehen und prinzipielle, eher theoretisch abgeleitete Annahmen zu den institutionellen Hemmnissen im gewerkschaftlichen Umfeld für Bildungsinnovationen im Allgemeinen und für reflexive Bildungs- und Beratungszugänge im Besonderen zur Diskussion stellen.

3   Institutionelle Hindernisse eines reflexiven Zugangs zu Bildung und Beratung in Organisationen

Diese Überlegungen beziehen sich nicht nur auf die Interessenvertretung, sondern auch auf das betriebliche Management, weil es nicht ausschließlich um ein gewerkschaftliches Problem geht. Meine Annahme ist, dass alle gesellschaftlichen Institutionen erhebliche Schwierigkeiten haben, reflexive Bildungs- und Beratungsprozesse zuzulassen. Das gilt nicht zuletzt für Bildungseinrichtungen wie Schulen oder Hochschulen, deren Problembewusstsein und Innovationsbereitschaft nicht etwa – wie man aufgrund ihrer Funktion annehmen sollte – besonders hoch ist, sondern die sich bisher als ausgesprochen strukturkonservativ und veränderungsresistent erweisen – aber das ist ein anderes Thema, das ich hier nicht vertiefen will. Stattdessen will ich den Blick auf die Sozialpartner richten und zunächst nach den Hemmnissen reflexiver Beratung aufseiten der Unternehmen fragen.

3.1 Unternehmen

Gerade im Hinblick auf die berufliche Weiterbildung sind Unternehmen in den letzten drei Jahrzehnten zu den dominierenden Akteuren geworden – sowohl was das finanzielle Engagement als auch was methodisch-didaktische Innovationen betrifft. Vor allem die großen Unternehmen haben beachtliche Weiterbildungsbereiche aufgebaut. Dabei haben sie gezielt neue Entwicklungen im Bereich der Erwachsenenbildung aufgegriffen und teilweise weiterentwickelt: Persönlichkeitsschulungen und Kommunikationstrainings, Moderations- und Großgruppenverfahren, E-Learning und Coaching zählen heute zum Standardrepertoire der betrieblichen Personalentwicklung. In den letzten zwanzig Jahren ist zudem in den größeren Betrieben die Begleitung von Veränderungsprozessen durch externe Beratungsunternehmen und interne Organisationsentwicklungsabteilungen zur Selbstverständlichkeit geworden. Bildung und Beratung werden also von der Privatwirtschaft vorangetrieben.

Aber gilt das auch hinsichtlich reflexiver Bildungs- und Beratungsangebote? Zunächst lässt sich feststellen, dass zunehmend die Grenzen dieses betrieblichen Bildungsengagements zu erkennen sind (vgl. Becker/Hecken 2008):

- Die Investitionen in die betriebliche Weiterbildung stagnieren in den letzten Jahren, obwohl die Wirtschaft gleichzeitig über Fachkräftemangel klagt.
- Die Beteiligung an der Bildung fällt sehr ungleich aus und bestärkt die bestehende Bildungsungleichheit: Während Führungskräfte und der Führungsnachwuchs reichlich bedacht werden, bleiben gering qualifizierte Arbeitnehmer/innen – also Gruppen mit besonders hohem Nachholbedarf – davon weitgehend ausgeschlossen.
- Die Veränderungsprojekte der Unternehmensberatungen produzieren eine Menge von Problemen und lösen beträchtliche Frustrationen aus. Solche Erfahrungen werden nicht systematisch reflektiert und aufgearbeitet, sondern von immer wieder neu ansetzenden Reorganisationsmaßnahmen zugeschüttet (siehe Pongratz 2009).

Für reflexive Ansprüche bleibt in diesem Umfeld wenig Raum; sie eröffnen sich dort, wo einzelne Mitarbeiter/innen oder Führungskräfte entsprechende Initiativen starten, sie treffen aber kaum auf institutionelle Unterstützung.

Die Gründe dafür muss ich wohl nicht lange erörtern. Bildung und Beratung sind in Unternehmen instrumentell auf die Betriebsziele (also vor allem auf Gewinnmaximierung) ausgerichtet: Statt Zeit und Raum für eigendynamische Entwicklungsprozesse zu gewähren, wie sie ein reflexiver Zugang erfordert, werden schnell vorzeigbare Ergebnisse angestrebt. Bildung soll die Verfügbarkeit des Humankapitals steigern – und die zentralisierte Herrschaftsstruktur stärken. Oft dienen Bildungs- und Beratungsprozesse dem Management eher zur Selbstinszenierung als handlungsfähige Machthaber als dazu, Probleme aufzudecken und sie offen zu bearbeiten. Möglichkeiten zur Beteiligung von unten werden nur insoweit (und nur so lange) eingeräumt, als sie diesem Anspruch nicht im Wege stehen.

„Macht", Hierarchie, zentrale Steuerung auf der einen und Reflexion auf der anderen Seite schließen sich nicht aus, sofern die „Macht" bereit ist, sich selbst zum Gegenstand der Reflexion zu machen. Das Management zeigt dazu bislang wenig Neigung.

3.2 Gewerkschaften

Und wie sieht es bei den Gewerkschaften aus? Zunächst stehen sie vor ähnlichen Problemen, wenn auch aus anderen Gründen. Gewerkschaften sind Interessenorganisationen, die eine Bündelung der verstreuten Kräfte ihrer Mitglieder leisten müssen, um die kollektive Handlungsfähigkeit in der Interessendurchsetzung zu sichern. Bildung dient hier klassischerweise dazu, das Bewusstsein für die Notwendigkeit dieser Machtkonzentration zu stärken und deren wirkungsvolle Anwendung in der politischen Auseinandersetzung zu unterstützen.

Auf die historischen Pionierleistungen der Gewerkschaften auf diesem Gebiet habe ich bereits hingewiesen. Aber im Hinblick auf reflexive Bildungs- und Beratungsangebote zeichnen sich auch hier massive Hindernisse ab.

1. Zunächst haben Gewerkschaften – darauf bezieht sich ja schon Robert Michels (1911) klassische Kritik an den Oligarchisierungstendenzen innerhalb der Arbeiterbewegung – zur wirkungsvollen Verfolgung ihrer politischen Zwecke eine zentralisierte Organisationsstruktur aufgebaut. Diese weist – ähnlich wie bei den größeren Unternehmen – Merkmale einer bürokratisierten Herrschaftsorganisation auf, die – wenn sie gut funktioniert – den Raum für Reflexion systematisch beschränkt. Vor dieser Problematik stehen alle modernen Großorganisationen.
2. Hinzu kommt, dass Gewerkschaften – und in noch stärkerem Maße die Betriebsräte – zunehmend unter Druck geraten, sich den in der Privatwirtschaft etablierten Bildungs- und Beratungsformen anzupassen. Um die vielen unterschiedlichen Veränderungsprojekte in den Unternehmen wirkungsvoll mitgestalten zu können, muss das eigene Fach- und Methodenwissen laufend angepasst werden. Die Themen und den Rhythmus dafür gibt das Management vor, für reflexive Bildungs- und Beratungsexperimente scheint da wenig Zeit und Raum zu bleiben.
3. Das wichtigste und letztlich entscheidende Hindernis aber ist: Reflexivität droht die kollektive Handlungsfähigkeit zu beeinträchtigen, weil sie den Interessenpluralismus begünstigt und eine Zersplitterung der Kräfte befürchten lässt. Diese Besorgnis ist nicht ganz unbegründet: Reflexionsprozesse führen auf ureigene Interessen (der Gruppe oder des Individuums) zurück, sie machen deutlich, wo fremde Interessen (wie gut gemeint diese auch immer sein mögen) die eigenen Interessen dominieren, und wie ein neuer Inte-

ressenausgleich gefunden werden kann. Sie stellen gewohnte Normen und Werte infrage und öffnen Perspektiven für neue Wahrnehmungen und Deutungen des persönlichen Handlungsumfelds. Reflexive Bildungs- und Beratungsangebote fördern die Handlungsfähigkeit des Individuums und der Gruppe – und damit auch deren Konfliktfähigkeit gegenüber größeren sozialen Einheiten – gegenüber dem Unternehmen genauso wie gegenüber der Gewerkschaft. Kurz: Reflexivität stärkt das Individuum und die Gruppe gegenüber der Organisation.

Bedeutet das notwendigerweise eine Schwächung der Organisation? Werden Organisationen schwächer, wenn ihre Mitglieder stärker werden? Auf den ersten Blick mag das so erscheinen: Länger schwelende Unstimmigkeiten und Widersprüche brechen auf und sorgen für Verunsicherung und Irritation. Die Kräfte werden auf die Klärung interner Probleme gerichtet, Spannungen treten zutage und binden Energien, die der Interessenvertretung nach außen verlorenzugehen drohen. Reflexive Berater/innen werden darauf antworten, dass das die unvermeidbaren Begleiterscheinungen einer vorübergehenden Klärungsphase sind (die oft als Krise erlebt wird), auf die dann eine umso wirkungsvollere neuerliche Koordinierung der Kräfte folgen kann. Also: kurzfristige Kosten, die sich in langfristigem Nutzen auszahlen.

Die Professionalität reflexiver Beratung vorausgesetzt, mag das im Allgemeinen zutreffen. Aber gilt das auch für die Vertretung der Arbeitnehmerinteressen in einer kapitalistischen Ökonomie, in der zentralisierte, global vernetzte Großunternehmen, die gesellschaftlichen Handlungsspielräume systematisch zu ihren Gunsten verändern? Die aktuelle Finanzkrise demonstriert uns ja gerade, wie gering die politischen Handlungsmöglichkeiten geworden sind, wenn alles, was zum Schutz vor der Verantwortungslosigkeit der Großfinanz offenbar gemacht werden kann, im Eilverfahren beschlossene gigantische Finanzhilfen für eben diese Großfinanz sind. Ist angesichts der Machtverhältnisse im real existierenden Kapitalismus der Wunsch nach Reflexivität in der Interessenvertretung nicht ein wenig naiv? Brauchen wir nicht gerade in dieser Zeit umso mächtigere, strategisch ausgerichtete und zu schnellen und wirkungsvollen Reaktionen fähige Gegenspieler auf der Seite der Interessenvertretung?

4   Potenziale reflexiver Bildung und Beratung für die politische Handlungsfähigkeit

Meine Antwort lautet schlicht: Das Eine schließt das Andere nicht aus. Im Gegenteil, langfristig kann die strategische Gestaltungsmacht nur über reflexive

Handlungsfähigkeit gesichert werden. Diese Antwort will ich in meinem letzten Punkt genauer begründen. Unumstritten ist wohl der Anspruch, reflexive Bildung und Beratung als Ergänzung bestehender Angebote dort zu nutzen, wo sich Freiräume dafür eröffnen. Das alleine aber wäre zu wenig, wenn reflexive Handlungsfähigkeit als eine wesentliche Voraussetzung für die Revitalisierung der Gewerkschaften und für die Professionalisierung der Arbeit der Betriebsräte dienen soll.

Zur Begründung greife ich die eben erörterten drei Hindernisse für reflexive Bildung und Beratung wieder auf:

1. Bürokratisch-hierarchische Struktur der Gewerkschaften?
    Der alte Grundkonflikt ist noch nicht gelöst: Wie viel Machtkonzentration benötigt eine Interessenorganisation, um nach außen schlagkräftig zu sein? Und wie viel Eigeninitiative muss sie zulassen, um die Folgebereitschaft ihrer Mitglieder zu sichern? In der Nachkriegszeit hat sich folgendes Muster bewährt: Die Erfolge einer stark zentralisierten Organisation (in Tarifverhandlungen und im politischen Einfluss) sichern die Unterstützung durch die Mitglieder auch bei wenig Spielraum für Eigeninitiative. Dieses Muster funktioniert offenbar nicht mehr reibungslos: Die Vertretungserfolge lassen an Überzeugungskraft nach – in den letzten Jahren sinken die Reallöhne, während die Arbeitszeiten steigen – und die Mitgliederzahlen gehen zurück. Vor allem gewerkschaftsferne Arbeitnehmergruppen – Jugendliche, Frauen und Hochqualifizierte – scheinen auf diese Weise kaum mobilisierbar.
    Die Revitalisierungsdebatte, die zurzeit geführt wird (vgl. Rehder 2008), enthält viele interessante Ansätze. Ich will hier ergänzend ein organisationstheoretisches Argument anführen: Neuere Entwicklungen zeigen, dass offenbar gleichzeitig eine Zentralisierung im strategischen Kern und eine Dezentralisierung in der operativen Peripherie einer Organisation möglich ist; in Unternehmen erfolgt die Dezentralisierung vor allem über die Ausgliederung von Unternehmenseinheiten und über Projekte, die relativ selbstständig arbeiten, aber über Zielvereinbarungen an den strategischen Kern gebunden sind.
    Die Gewerkschaften sind schon immer durch eine gewisse Parallelität von Zentralisierung und Dezentralisierung geprägt. Reflexive Bildung und Beratung könnte entscheidend zu einer produktiven Ausgestaltung dieses Spannungsverhältnisses beitragen – und sie könnte in der dezentralen Peripherie reichlich Platz für eine dauerhafte Verankerung reflexiver Handlungsfähigkeit finden.
2. Aufgabenhäufung und Anpassungsdruck aufseiten der Betriebsräte?
    Die ökonomische Entwicklungsdynamik bestimmt die Privatwirtschaft –

das ist ein Grundmerkmal kapitalistischer Ökonomie – und wenn Betriebsräte und Gewerkschaften mitgestalten wollen, geraten sie unter erheblichen Anpassungsdruck. Da die Unternehmen auf ihrem ureigenen Feld über mehr Macht und größere finanzielle Ressourcen verfügen, droht den Interessenvertretungen, die mithalten wollen, schnell eine Überforderung mit erheblichem individuellen Leidensdruck. So wird diese Situation zu einem klassischen Einsatzfeld reflexiver Beratung.

Hinzu kommt: Wenn die Interessenvertretung nicht in einem Hase-und-Igel-Rennen permanent das Nachsehen haben will, kann sie nicht ausschließlich auf die Nachahmung betrieblicher Bildungs- und Beratungsangebote setzen, sondern sie muss einen prinzipiell anderen Zugang zur Bewältigung der betrieblichen Veränderungsdynamik finden.

Als Ansatzpunkt dafür bietet sich ein Grundproblem der Managementkonzepte an: Sie liefern immer wieder neue Lösungen, schaffen es aber nicht, reflexiv aufzuarbeiten, warum die vorhergehenden Lösungsversuche nicht zufriedenstellend ausgefallen sind. Reflexive Bildungs- und Beratungsangebote treten dieser Verdrängungsneigung des Managements, die bei den Beschäftigten viel Frustration schafft, entgegen. Denn ohne Reflexionsmöglichkeit werden die Arbeitnehmer/innen mit ihren eigenen Erfahrungen in diesen Prozessen allein gelassen und ihr Wissen um Gestaltungsmöglichkeiten bleibt weitgehend ungenutzt. In diesem Zusammenhang ist reflexive Beratung per se eine Form der Interessenvertretung.

3.   Zersplitterung der Kräfte durch Interessenpluralismus?

Die Bündelung der Kräfte auf der Arbeitnehmerseite gründet auf der Bereitschaft zu solidarischem Handeln. Dieses setzt die Einsicht voraus, dass Unterdrückung und Abhängigkeit der Lohnarbeit im Unternehmen eine kollektive Lage darstellen, und es baut auf der Erfahrung auf, dass gemeinsames Handeln diese Abhängigkeit und ihre Folgen reduzieren kann. Die Grundlagen dafür sind über mehrere Arbeitergenerationen gewachsen, können heute aber nicht mehr selbstverständlich vorausgesetzt werden.

Denn die historischen Bedingungen für solidarisches Handeln haben sich verändert: Erstens haben sich die Arbeits- und Erwerbsbedingungen für verschiedene Arbeitnehmergruppen sehr unterschiedlich entwickelt (z. B. Arbeiter/Angestellte, Männer/Frauen, Hoch-/Geringqualifizierte). Die eigene Abhängigkeit ist für viele Beschäftigte nicht mehr evident oder sie wird nicht als kollektive Lage identifiziert. Zweitens verschärft sich die Konkurrenzsituation unter den Beschäftigten im Wettbewerb um das bessere Arbeitsergebnis, um beruflichen Erfolg oder um den Erhalt des eigenen Arbeitsplatzes. Erfahrungen solidarischen Handelns gibt es weiterhin, aber sie geraten eher in den Hintergrund und werden in ihrer arbeitspolitischen Dimension nicht erkannt. Drittens befindet sich die Gesellschaftstheorie in der Krise, weil sie der Komplexität des sozialen Wandels kaum mehr gerecht wird; nach den fatalen Erfahrungen mit der Wirkung politischer Ideologien im 20. Jahrhundert sind pauschale polit-ökonomische Argumente mehr denn je unter Ideologieverdacht geraten.

Reflexive Bildung und Beratung führt auf individuelle Erfahrungen zurück und ermöglicht, sie in ihrem sozialen Kontext zu verstehen. Das kann dazu führen, dass bisherige kollektive Organisationsformen und Solidaritätsmuster infrage gestellt werden; gleichzeitig eröffnet dieser reflexive Zugang aber die Chance, die besondere Art der eigenen Abhängigkeit neu zu entdecken. Er fördert die Fähigkeit, sich in andere hineinzuversetzen und über diesen Perspektivenwechsel Unterschiede wie Gemeinsamkeiten der sozialen Lage neu zu bestimmen. Gruppensupervision kann selbst zu einer originären solidarischen Erfahrung werden, wenn der/die Eine erlebt, dass andere in der Lage sind, seine/ihre Perspektive nachzuvollziehen. Und auch den Zugang zur Gesellschaftstheorie können wir uns reflexiv auf neue, selbstbestimmte Weise erschließen, nämlich in der Erkenntnis der Bedeutung allgemeiner Annahmen für das Verständnis konkreter Situationen. Das Werk von Karl Marx kann seine lebendige Wirkung weiter entfalten, wenn wir es zulassen, dass der Weg zur Aneignung von Gesellschaftstheorie auf höchst unterschiedliche Art und Weise erfolgen kann.

Mein Fazit aus diesen Überlegungen lautet: Reflexive Bildung und Beratung eröffnen die Chance, neue Zugänge zu solidarischen Erfahrungen zu erschließen und damit die Basis gewerkschaftlicher Stärke zu erneuern. Was reflexive Beratung zu bedrohen scheint – Machtpositionen, Kontrollbedürfnisse, Traditionen – ist nicht durch Reflexivität bedroht, sondern durch die veränderte historische Konstellation. Reflexive Bildung und Beratung kann solche Widersprüche aufdecken, aber sie produziert sie nicht. Sie wird so zu einer Voraussetzung der Neukonstituierung des politischen Bewusstseins.

Die Gewerkschaften (und die Betriebsräte) müssen ihre Rolle für die neue historische Konstellation erst noch finden. Das fällt ihnen auch deshalb so schwer, weil sie in der eben vergangenen Phase des Kapitalismus vor allem in Deutschland so erfolgreich waren. Müsste man auf drastische Misserfolge zurückblicken, gäbe es keine Alternative zu einer Neuorientierung. In der Übergangsphase, in der wir heute leben, geht es für die Gewerkschaften darum, die arbeitspolitische Initiative wieder zurückzugewinnen, die sie in entscheidenden Phasen der industriellen Entwicklung in Deutschland übernehmen konnten. Reflexive Bildung und Beratung kann diesen Prozess nicht nur unterstützen, sie ist eine unverzichtbare Voraussetzung dafür, weil sie selbst Ausdruck der Entwicklung der gesellschaftlichen Produktivkräfte ist.

Um es noch einmal zugespitzt (und nun wirklich abschließend) zu formulieren: Die Entwicklung der Produktivkräfte, da irrte Marx nicht, schreitet im Kapitalismus konsequent voran. Im aktuellen Wandel des Kapitalismus, das konnte Marx kaum voraussehen, wird reflexives Handeln selbst zu einer maßgeblichen, den Fortschritt vorantreibenden Produktivkraft. Die Unternehmen sind gerade dabei, die ökonomische Nutzbarkeit der Produktivkraft reflexiven Handelns aufzuspüren – vor allem im Rahmen dezentralisierter Projektarbeit (Pongratz 2009). Gewerkschaften beziehen ihre Stärke wesentlich daraus, die jeweils fortschrittlichsten Produktivkräfte, die der Kapitalismus weckt und zur Entfaltung bringt, in die Organisation der Arbeitnehmerinteressen zu integrieren. Sie werden auch das solidarische Potenzial der Produktivkraft reflexiven Handelns entdecken und Formen seiner institutionellen Einbindung in die kollektive Interessenvertretung finden. Aber etwas Zeit und Mühe wird das schon kosten!

Literatur

Beck, Ulrich (1986): Risikogesellschaft. Auf dem Weg in eine andere Moderne. Frankfurt a. M.: Suhrkamp

Becker, Rolf/Hecken, Anna (2008): Berufliche Weiterbildung – arbeitsmarktsoziologische Perspektiven und empirische Befunde. In: Abraham, Martin/Hinz, Thomas (Hrsg.): Arbeitsmarktsoziologie. Probleme, Theorien, empirische Befunde. Wiesbaden, VS Verlag, S. 133-168

Dehnbostel, Peter/Elsholz, Uwe/Gillen, Julia (Hg.) (2007): Kompetenzerwerb in der Arbeit. Perspektiven arbeitnehmerorientierter Weiterbildung. Berlin: Edition Sigma

Lee, Horan/Pongratz, Hans J./Trinczek, Rainer (2007): Mitgliederbindung durch Bildungsinnovation? Fallstudien zu gewerkschaftlichen Bildungsinitiativen. In: Moldaschl, Manfred (Hrsg.): Verwertung immaterieller Ressourcen. Nachhaltigkeit von Unternehmensführung und Arbeit III. München u. Mering: Rainer Hampp Verlag, S. 265-320

Kühn, Ulrich/Kluba, Egon/Wörner, Elge (2003): Betriebsräte zwischen Ratlosigkeit und arbeitnehmerorientiertem Management. In: Organisationsentwicklung, Heft 4, S. 76-79

Michels, Robert (1911): Zur Soziologie des Parteiwesens in der modernen Demokratie. Untersuchungen über die oligarchischen Tendenzen des Gruppenlebens. Leipzig: Klinkhardt

Moldaschl, Manfred (2005): Reflexive Beratung – ein Geschäftsmodell? In: Mohe, Michael (Hrsg.): Innovative Beratungskonzepte. Leonberg: Rosenberger, S. 43-68

Negt, Oskar (1968): Soziologische Phantasie und exemplarisches Lernen. Zur Theorie der Arbeiterbildung. Frankfurt a. M.: Europäische Verlagsanstalt

Pongratz, Hans J. (2004): Der Typus „Arbeitskraftunternehmer" und sein Reflexionsbedarf. In: Buer, Ferdinand/Siller, Gertrud (Hrsg.): Die flexible Supervision. Herausforderungen – Konzepte – Perspektiven. Eine kritische Bestandsaufnahme. Wiesbaden: VS-Verlag, S. 17-34

Pongratz, Hans J. (2005): Organisations- und Personalentwicklung für Betriebsräte. Eine Weiterbildungsreihe der IG Metall Bildungsstätte Bad Orb in Kooperation mit der Fachhochschule Wiesbaden und IKOMA Kronberg. München: Lehrstuhl für Soziologie der Technischen Universität München, unveröffentlichtes Manuskript

Pongratz, Hans J. (2009): Konkurrenz und Integration in Reorganisationsprozessen. Zur Problematik „schöpferischer Zerstörung" innerhalb von Organisationen. In: Soziale Welt, Jg. 60, Heft 2, S. 179-197

Pongratz, Hans J./Voß, G. Günter (2003): Arbeitskraftunternehmer. Erwerbsorientierungen in entgrenzten Arbeitsformen. Berlin: Edition Sigma

Rehder, Britta (2008): Revitalisierung der Gewerkschaften? Die Grundlagen amerikanischer Organisierungserfolge und ihre Übertragbarkeit auf deutsche Verhältnisse. In: Berliner Journal für Soziologie, Jg. 18, S. 432-456

Röder, Wolf Jürgen/Dörre, Klaus (Hrsg.) (2002): Lernchancen und Marktzwänge: Bildungsarbeit im flexiblen Kapitalismus. Münster: Westfälisches Dampfboot

Tietel, Erhard (2006): Kooperation – Konfrontation – Solidarität. Betriebsräte in der sozialen und emotionalen Zwickmühle. Berlin: Edition Sigma

Weber, Max (1980): Wirtschaft und Gesellschaft. Grundriss der verstehenden Soziologie. Tübingen: J. C. B. Mohr (5. Aufl.)

Zeuner, Christine (1997): Betriebliche Weiterbildung – ein neues Politikfeld für Betriebsräte. Bielefeld: Bertelsmann

Merkmale einer reflexiven Beratung

Eva Serafin und Sebastian Pieper

1   Ausgangslage und Thesen

Menschen, deren Arbeitsergebnis in einem hohen Maße davon abhängig ist, wie sie ihre Beziehungen zu Anderen gestalten, benötigen einen Raum der Reflexion. Wenn es also darum geht, konstruktive Arbeitsbeziehungen aufzubauen und zu erhalten oder ein Vertrauensverhältnis zu etablieren, um letztlich erfolgreich zu sein, dann macht es Sinn, sich auch damit zu beschäftigen. Dieser Reflexions-Raum gehört dann zur Professionalisierung der Arbeitstätigkeit. Insbesondere bei den ständig steigenden Anforderungen in unserer Arbeitsgesellschaft wird es immer wichtiger, Menschen für eine Beteiligung an der Vertretung ihrer eigenen Interessen zu gewinnen.

Betriebsräte haben mit (hauptamtlichen) Gewerkschaftssekretären/innen in dieser Hinsicht viel gemeinsam: sie haben eine Vermittlerrolle, indem sie einerseits die Bedürfnisse und Forderungen der Beschäftigten bzw. der Mitglieder entgegennehmen, nach Möglichkeit zeitnah Abhilfe schaffen und die Erfahrungen für das weitere politische Geschäft mitnehmen und sie müssen andererseits, sozusagen in umgekehrter Richtung, informieren, die Beschlüsse ihres Gremiums zurückmelden und deren Nutzen deutlich machen. Da viele Themen parallel bearbeitet werden und die Beschäftigten im Betrieb bzw. die Mitglieder der Gewerkschaft unterschiedliche Bedarfe haben und da sich obendrein die zeitlichen Abläufe auch mal überschlagen können, ist dies allein schon ein herausfordernder Vorgang. In der Kommunikation wird also ein überzeugender Auftritt mit einer starken Durchsetzungskraft ebenso wie Sensibilität und Verständnis erwartet. Wann also das Eine oder das Andere? Oder: wie das Eine mit dem Anderen verbinden? Diese Fragen müssen die Aktivisten/innen für sich selbst und in ihren Gremien bzw. Organisationen klären. Nicht zuletzt wollen Betriebsratsmitglieder wiedergewählt und damit in ihrer Arbeit bestätigt werden und die Gewerkschaften wollen ihre Mitglieder halten und neue gewinnen.

Lange Zeit war das Handeln der Betriebsräte weitgehend davon geprägt, auf Planungen des Arbeitgebers im Einzelfall zu reagieren – durch Zustimmung oder Ablehnung. Heute werden immer mehr Unternehmensentscheidungen in frühe Planungsphasen vorverlagert. Anstelle des reaktiven Handelns wird es für Betriebsräte zunehmend wichtiger, aktiv gestaltend und planerisch tätig zu werden

(Hexel 2008, S. 3). Noch vor etwa 20 Jahren reichte es aus, wenn sich ein patriarchalischer und charismatischer Betriebsratsvorsitzender oder Gewerkschafts-
führer fast ausschließlich stellvertretend um die Interessen der Mitglieder bzw.
Beschäftigten kümmerte und am Ende das Ergebnis präsentierte, nachdem er
zwischendurch die Beschäftigten ab und an aufforderte, seine Handlungen durch
Aktionen zu unterstützen. Heute ist längst die Erkenntnis gewachsen, dass die
Zufriedenheit der Mitglieder bzw. der Beschäftigten auch davon abhängig ist, in
wieweit sie in den Prozess eingebunden und an diesem beteiligt sind. So haben
die Diskussionen in den großen Gewerkschaften zu den Untersuchungsergebnis-
sen *(tns-Infratest: DGB Potenzialstudie 2007/2008)* bestätigt, dass Gewerkschaften bei einer beteiligungsorientierten Vorgehensweise neue Mitglieder gewinnen,
auch wenn vielleicht schmerzliche Kompromisse vereinbart werden mussten. Im
Gegensatz dazu führten als gut eingeschätzte Verhandlungsergebnisse, die jedoch stellvertretend zustande kamen, zu Unzufriedenheit und Gewerkschaftsaus-
tritten, beispielsweise bei schnell vereinbarten Kurzarbeit-Regelungen, die von
vielen Beschäftigten mehr als Verschlechterung ihrer vorherigen Situation statt
als faktische Rettung vor betriebsbedingten Kündigungen erlebt wurden. Gerade
auch deshalb gibt es eine aktuelle Diskussion, insbesondere in IG Metall und
ver.di, die die hauptamtlichen Gewerkschaftssekretären/innen und Betriebsräte
auffordert, die reine Stellvertreterpolitik aufzugeben zugunsten einer beteiligungsorientierten Politik. Das ist historisch gesehen schon nahe an einem Para-
digmenwechsel: weg vom ‚reinen' Delegationsprinzip und hin zum Partizipati-
onsprinzip.
     Diese Entwicklung bestärkt die These, dass Betriebsratsmitglieder und Ge-
werkschafter/innen Räume der Reflexion benötigen, um die Beziehung zu Menschen professioneller aufbauen zu können und sie für eine Beteiligung zu gewinnen. Dazu braucht es – neben beständig wachsenden Fachkenntnissen – auch die
Fähigkeit, Menschen überzeugen zu können, aber auch die innere Haltung, einen
Schritt zurück zu treten, die Verantwortung bei den Menschen zu belassen, ihre
Bedürfnisse zu erkennen, ihren Ideen und ihrer Kreativität Raum zu geben. Und
nicht zuletzt geht es darum, auch bei komplexen Vorgängen den Überblick zu
behalten und Prozesse zielführend zu begleiten (Prozesskompetenz). Ein reflexives Beratungsformat bietet hier Unterstützung. Das gilt insbesondere, wenn
dabei die Kreativität und das Knowhow von Kollegen/innen einfließt.
     Genau hier liegt zunächst ein Widerspruch für Betriebsräte und Gewerk-
schaften, weil sie sich im Grunde in einer paradoxen Organisationskultur bewegen. Die Gewerkschaften und – historisch gesehen – in ihrer Folge die Betriebs-
und Personalräte sind als Organisationsformen entstanden, weil sie gegen die
herrschenden Machtverhältnisse Widerstand entgegen zu setzen haben. Und das
können sie nur, indem sie selbst mächtig sind. Damit dieses Gegengewicht erhal-

ten bleibt, müssen sie ständig an dieser Mächtigkeit arbeiten, um politisch durch-setzungsfähig zu sein und zu bleiben. Das heißt, das Kernthema dieser Organisa-tionsform ist Macht und die dazu passende interne Kommunikationsform ist die politische Debatte (Pieper/Serafin 2008; Buer 2008). Es handelt sich demzufolge um ein nachvollziehbares Phänomen, wenn Betriebs- und Personalräte oder Ge-werkschaften auf der Erscheinungsebene von reflexiven Beratungsformaten gar nicht so viel halten. Sehen sie es doch eher als Schwäche an, sich auf einer per-sönlichen Ebene beraten zu lassen. In diesem Punkt unterscheiden sich Interes-sensvertreter/innen übrigens nicht von Managern in Profit-Unternehmen.

Aber die Erscheinungsebene ist nicht aussagefähig für das Ganze. Allein bei ver.di haben innerhalb von fünf Jahren 500 hauptamtlich Beschäftigte, darunter ein Drittel Führungskräfte, an einem Beratungsformat von Supervision, Coaching oder Teamentwicklung teilgenommen (Serafin/vanKaldenkerken 2004). Die meisten dieser Beratungsprozesse waren Gruppen- beziehungsweise Teamprozesse. Ein entsprechendes Angebot für Gewerkschafter/innen ist sicher-lich in einer Neustrukturierung (Post-Merger-Phase) einfacher zu installieren, dennoch zeigt es die Nachfrage einer Zielgruppe, die landläufig weit entfernt von reflexiven Beratungsformaten gewähnt wird. Dietmar Hexel, Mitglied im ge-schäftsführenden Bundesverstand des DGB, erläutert und bestätigt die wachsen-de Nachfrage nach prozessorientierten und reflexiven Beratungs- und Fortbil-dungsangeboten für Betriebsräte und Gewerkschaften (Hexel 2008) und tatsäch-lich ist zu beobachten, dass der Markt für diese Angebote – sei es nun wegen der Krise oder trotz der Krise – beileibe nicht austrocknet.

Im Folgenden beschreiben wir ein Beratungsformat, das neben Teament-wicklung, Supervision, Konfliktmoderation und Mediation einen immer stärke-ren Anteil unserer Beratungstätigkeit ausmacht. Dabei geht es um eine reflexive Beratung, in die Elemente der kollegialen Beratung integriert sind.

2   Reflexiv-strategische Beratung in der Praxis

Wir haben in den letzten sieben Jahren insgesamt 35 ein- bis zweitägige Bera-tungs-Workshops dieser Art mit jeweils 11 bis 17 Teilnehmenden durchgeführt. Die Beratungen gehen von den Themen aus, die die Teilnehmenden aus ihren Arbeitssituationen mitbringen. Soweit also vom Ansatz her eine klassische Vor-gehensweise aus der Supervision. Für manche der Verantwortlichen war es über-raschend, dass sich die Teilnehmenden überhaupt darauf einlassen und nach ersten Erfahrungen weitere Workshops nachfragen. Für die Teilnehmenden selbst ist oft überraschend erfreulich, was dabei herauskommt. Die Fachvorge-

setzten sind angenehm überrascht, dass ein direkter Beitrag zum weiteren professionellen Geschäft geleistet wird.

In Gesprächen mit unseren Workshop-Teilnehmenden haben wir die Erfahrungen mit dieser Form der reflexiven Beratung ausgewertet und kamen gemeinsam mit ihnen zum Schluss: Der Nutzen für die Beteiligten liegt darin, dass der
Beratungsprozess von der Handlungsebene in die Reflexion führt und aus der
Reflexion heraus eine neue Qualität der Handlung entsteht. Das Entscheidende
ist, dass diese „Aus-Zeit aus dem Arbeitsalltag" neue Energie und konkrete Um-
setzungs-Ideen bringt.

Die Teilnehmenden werden in ihrer Arbeitskultur mit politischen Strategien
konfrontiert. Strategie-Papiere, Strategie-Sitzungen und -Klausuren gehören zur
Organisationskultur. Und da sie selbst Handlungsstrategien (mit-)entwickeln,
reicht ihnen das rein Reflexive nicht aus. Sie finden ihre Erfahrung mit den Bera-
tungsworkshops in der Bezeichnung „reflexiv-strategische Beratung" wieder.

Im Begriffspaar „reflexiv" und „strategisch" liegt eine Polarität. Strategisch
meint in der Regel zielorientiert und bindet die Organisationsentwicklung mit
ein. Bei hochkomplexen Anforderungen entsteht eine Sehnsucht nach Strategie.
Das Thema Strategie hat in den Gewerkschaften eher Konjunktur. Sie reduziert
die Komplexität der Anforderungen auf konkrete Handlungsschritte und macht
das gemeinsame Vorgehen für den Einzelnen übersichtlicher. In den großen
Gewerkschaften werden nach übergreifenden Projekten der Strategieentwicklung
die weiteren Schritte auf die Jahresplanung heruntergebrochen. Das schafft in
vielen Fällen strategische Orientierung und häufig auch Handlungsorientierung.
Dennoch sind damit nicht alle Fragestellungen in der konkreten Arbeit abge-
deckt. Die Vermittler-Rolle der politischen Arbeit und das „Sich bewegen in
verschiedenen Welten" werfen naturgemäß immer wieder neue, widersprüchliche Aspekte auf. Strategie lässt sich selten eins-zu-eins umsetzen, sie benötigt
immer auch Prozesskompetenz.

Strategie braucht Fokussierung und Führungswillen, Reflexion braucht
Freiheit und Intuition. Reflexivität stellt zunächst einen Gegenpol zur Strategie
dar. Das Inne-Halten und Wahrnehmen, was genau los ist, erweitert den Blick.
Prozesse, die ins Stocken geraten sind, können wieder in Fluss gebracht werden.
Es braucht beides, Reflexivität und Strategie, und es braucht die Balance zwi-
schen beiden.

3   Die Phasen im reflexiv-strategischen Beratungsprozess

Die Beratungen verlaufen in folgendem Grundmuster:

- Phase 1. Vom Allgemeinen zum Konkreten
- Phase 2. Ausleuchten des Konkreten, Bearbeiten und Lösungen für das Konkrete finden
- Phase 3. Rückbezug zu vergleichbaren Fällen und Erfahrungen; das übergeordnete Thema benennen und bearbeiten: Handlungsbedarfe ermitteln und zielorientiert strukturieren, Vereinbarungen treffen

In der ersten Phase geht es darum, dass die Teilnehmenden im Workshop „ankommen". Es entsteht ein Stimmungsbild. Außerdem werden hier bereits Themen aus dem Arbeitszusammenhang benannt: Welche Frage treibt mich um? Welche Situation geht mir nach? Zu welchem Thema möchte ich mehr Klärung?

Die Themen werden auf Karten notiert. Wer (s)ein Thema einbringen möchte, hat die entsprechende Karte vor sich liegen und bleibt sitzen, die Anderen stellen sich zu dem Thema, das sie im Moment am meisten anspricht. Durch diese soziometrische Wahl wird eine Reihenfolge der Bearbeitung gefunden, die den latenten Themen der Gruppe am nächsten kommt. Um vom Allgemeinen zum Konkreten zu kommen, wird also ein exemplarisches Thema in den Fokus gerückt.

In der zweiten Phase stehen die höchstpersönliche Sicht und das eigene Erleben des Fallgebers im Mittelpunkt. Die Workshopleitung unterstützt, wenn es darum geht, die individuelle Fragestellung herauszuarbeiten. Das Themenfeld wird von der persönlichen Sicht des Fallgebers her aufgerollt. Das mag für sie oder ihn zunächst eine Portion Mut erfordern, entwickelt sich dann aber erfahrungsgemäß zum großen persönlichen Nutzen. Schließlich entwickelt der Fallgeber unter Beteiligung seiner Kollegen/innen neue Sichtweisen und Handlungsschritte. Wer anfangs glaubt, alle anderen sitzen unbeteiligt dabei oder geben gut gemeinte Ratschläge aus dem Zuschauerraum, der irrt. Die unten beschriebenen Wesenselemente der Beratung sorgen dafür, dass stattdessen eine andere Dynamik zum Tragen kommt. Je tiefer in das Konkrete eingestiegen wird, umso mehr Aspekte des konkreten Themas werden sichtbar. Das, was für die Fragestellung von Bedeutung ist, kann in den Raum geholt werden: Schlüsselpersonen, Gremien oder Institutionen, themenbezogene Strukturen, personenbezogene Zusammenhänge und auch die Beweggründe, Bedürfnisse und Impulse, die ein Geschehen prägen. Atmosphärisch läuft das Ganze mit Interesse, Spannung und nicht selten auch mit viel Humor ab.

Alle Teilnehmenden, die keine Rolle übernehmen, beobachten und identifizieren sich zeitweise mit der einen oder anderen Rolle. Gleichzeitig finden in ihrem Inneren Assoziationen mit selbst erlebten Situationen statt. Außerdem läuft parallel ein zunächst unmerklicher Prozess ab, in dem eigene themenbezogene Erklärungsmodelle mit neuen Erkenntnissen ergänzt beziehungsweise überprüft werden.

Im Ablauf folgt eine Phase, die den Übergang zwischen Phase 2 und Phase 3 darstellt. In einer Feedbackrunde werden die Beobachtungen mitgeteilt bzw. die Erfahrungen aus der Identifikation („Wenn ich mich in dieses Betriebsratsmitglied hineinversetze, dann habe ich an der Stelle den Eindruck, dass ..."). Dadurch werden Aspekte des Themas vertieft.

Die dritte Phase beginnt, indem eine weitere Feedbackrunde das übergeordnete Thema behandelt. Ähnliche eigene Fälle oder „Erfahrungen an anderen Ecken des Themenfelds" werden zusammengetragen und sind – da alle nun vom gleichen Themenfeld ausgehen und sich auf das Konkrete beziehen können – leicht auf den Punkt gebracht. Spätestens an dieser Stelle erkennt der Fallgeber, dass er mit seinem Thema nicht isoliert ist. Für die Klärung der betrieblichen oder politischen Thematik wirkt auch hier die konstruktive Kommunikationsform.

An dieser Stelle kann der weitere Prozess in unterschiedliche Richtungen gehen. Manchmal ist das Thema hier bereits ausreichend bearbeitet, ein anderes Mal schließt sich die Planung der weiteren Vorgehensweise an. Das hängt ganz vom Themenfokus, aber auch von der Gruppe ab, je nachdem ob sie aus Vertrauenskörperleitern, Betriebsräten oder hauptamtlichen Gewerkschaftern besteht. Nach diesem Vorlauf sind – bei Bedarf – Handlungsansätze über die konkret eingebrachte Fragestellung hinaus konstruktiv besprechbar und planbar.

Beispielsweise entstand nach der Bearbeitung eines Mobbing-Falls ein Austausch darüber, wie in vergleichbaren Fällen im Betrieb damit umgegangen wird. Grenzen der Zuständigkeit (Wer hat welche Rolle und Aufgabe?) wurden abgeglichen. Die Sorge, dass sie im Kollegen/innenkreis gegeneinander ausgespielt werden könnten, führte zur Verabredung einer einheitlichen „Sprachregelung". Außerdem ging eine Adressenliste von psychologischen Beratungsstellen in Umlauf. Als weiteres Beispiel sei erwähnt, dass für komplexe Tarifauseinandersetzungen[1] auf diese Weise konkrete Vorgehensweisen und Absprachen zustande kamen.

4   Der ‚andere Raum' und die drei Wesenselemente der Beratung

Wenn wir das Geschehen in der Beratung betrachten, so stellen wir schnell fest, dass hier – im Gegensatz zum Arbeitsalltag – in einem ‚anderen Raum' gearbeitet wird. Gemeint ist nicht der faktische Raum eines Bildungszentrums (obwohl

---

[1] Eine beispielhafte Beschreibung siehe: Pieper/Serafin (2008).

die örtliche Atmosphäre auch die Wirkung von „Klausur" auf das Gelingen hat),
sondern im atmosphärischen Sinne der Raum des Miteinanders, also auf welche
Art und Weise die Anwesenden sich gemeinsam um welche thematischen
Schwerpunkte kümmern und was dabei geschieht.

Das Bild einer Reflexionsschleife liegt nahe: Die Arbeitsebene des (politischen) Alltagsgeschäfts wird verlassen, um sich in die Tiefe zu begeben, aus der
heraus wiederum neue Erkenntnisse, Ideen und konkrete Handlungsstrategien für
die Umsetzung auf der Arbeitsebene entstehen. Das Bild der Schleife symbolisiert ein Inne-Halten, die Bewegung in die Tiefe (Denken, Fühlen, Wollen) und
einen Blick auf das Umfeld, manchmal auch einen Blick zurück, ohne jedoch die
Zukunft aus dem Auge zu lassen. Durch die Schleife wird aber auch die Aufwärtsbewegung deutlich, zurück auf die politische Arbeitsebene. Nicht zuletzt
markiert die Schleife einen Raum, den ‚Reflexionsraum'. In der Beschreibung
der Teilnehmenden ist die Rede von einem Heraustreten aus der Organisations-
logik. Es findet mit anderen Mitteln ein diskursiver Prozess statt. Sie bewegen
sich in einem anderen Raum, mit anderen Regeln, einer anderen Atmosphäre und
einer anderen Kommunikation. Es kommen andere Gedanken auf, es entstehen
andere Gefühle und es handelt sich um eine andere Kultur. Ideen, die entstehen,
können in den Raum eingebracht oder auch schadlos wieder verworfen werden.
Jeder bezieht sich auf die anderen, es wird ein dialogischer Prozess, in dem wieder neue Gedanken und Ideen entstehen. Der Raum mit der anderen Kultur
grenzt sich gegenüber der Organisationskultur ab. Er ist ein Gegenentwurf, ein
Widerspruch und doch ist er eine sinnvolle Ergänzung, aus der heraus – sozusagen dialektisch – auf verbesserter Ebene weitergearbeitet werden kann.

Spürbar wird dieses „Andere" auch immer wieder dann, wenn ein neuer
Teilnehmer in die Gruppe kommt. Grundsätzlich gehen die Gruppen recht frei-
mütig mit Neuen um. Jede/r politische/r Sekretär/in, die/der – wenn auch nur
vorübergehend – zur Organisationseinheit gehört, auch Praktikanten, sind eingeladen. Der Neue kommt dann wie aus einer anderen Welt, fängt erst einmal an zu
„trommeln" (von den Teilnehmenden auch „Schau-Laufen" genannt), will die
politische Debatte führen und mit dieser Methode die Themen bearbeiten, will
vielleicht auch auf andere Teile der Organisation schimpfen, insbesondere auf
die „Zentrale" mit ihren Unzulänglichkeiten, will um Mehrheiten in der Gruppe
kämpfen und sich gegen die Workshopleitung durchsetzen, um seine Position
anzuheben. Wir haben beobachtet, dass dies eine gewisse Zeit von der Gruppe
zugelassen wird oder dass Einzelne auch mit dem Neuen koalieren. Doch recht
schnell macht die Gruppe dann auch dem Neuen verständlich, dass in diesem
Raum andere Regeln gelten und dass sie sich diese ‚Energie-Tankstelle' nicht so
leicht nehmen lassen.

Was also macht einen gelungenen Beratungsverlauf aus? Wir haben bei der Analyse unserer Beratungen drei grundsätzliche Elemente ermittelt, die das Besondere dieses Raumes bestimmen:

- Entschleunigung und Beschleunigung
- Perspektivenwechsel und Einfühlung
- Die angemessene Kommunikationsform

Entschleunigung und Beschleunigung: Von großer Bedeutung ist die Frage, an welcher Stelle müssen wir langsamer werden, um schneller zu werden? Hier drängt sich das bekannte Bild vom Waldarbeiter auf, der – nach dem Innehalten und Schärfen seiner Säge – den Baum viel schneller fällen kann. Der Beratungsworkshop insgesamt ist bereits ein Innehalten vom Tagesgeschäft, aber auch beim Ablauf geht es darum, von einer angemessenen Erwärmungsphase zur entschleunigten Bearbeitung des Konkreten zu kommen. Wenn das Tempo herausgenommen ist, dann kommen vormals ausgeblendete Aspekte und Wahrnehmungen ins Bewusstsein und neue Erkenntnisse und Lösungsideen tauchen auf. Dieser Moment markiert den Wendepunkt in der Prozessdynamik. Bis zu diesem Punkt ist die Entschleunigung absolut notwendig. Danach setzt, sozusagen automatisch, ein anderes, beschleunigtes Tempo ein. Wir haben immer wieder erstaunt beobachtet, wie schnell anschließend themenbezogene Absprachen zu Umsetzungsschritten erfolgen.

Perspektivenwechsel, Empathie und das Ausleuchten eines Themenfeldes: Das Konkrete wird in der Phase 2 entlang der Fragestellung und Sichtweise des Fallgebers bearbeitet. Der Rollentausch beziehungsweise das Sich-hineinversetzen in eine andere Person bringt jeweils neue Perspektiven auf das Thema. Das wirkt so, als ob mit unterschiedlichen Scheinwerfern das Themenfeld ausgeleuchtet wird. Wenn also beispielsweise das konkrete Thema von einem jüngst erlebten Disput des Fallgebers mit einem Kontrahenten ausgeht, so wird der Fallgeber nach einer ersten Darstellung in dessen Rolle des Kontrahenten schlüpfen und die Situation aus dessen Sicht erleben. Durch den Rollentausch kommt eine neue Perspektive in den Raum. Die Rolle des Kontrahenten kann dann auch ein anderer Teilnehmer übernehmen, während der Fallgeber weitere Beteiligte des konkreten Falls vorstellt. Durch Befragungen des Fallgebers, aber auch der in Szene gesetzten Beteiligten des Falls, kommen bei Bedarf neue Aspekte, Personen oder Institutionen ins Spiel, die nach und nach vorgestellt werden. Sowohl der Fallgeber als auch alle Anwesenden gehen gedanklich und vor allem gefühlsmäßig in alle Rollen und Sichtweisen. Diese Einfühlung und der Perspektivenwechsel helfen nicht nur dem Fallgeber in seinem Thema weiterzukommen, sondern wirken auch von der Bühne auf den Zuschauerraum (Moreno zit. n.

Hutter 2009, S. 479f.). Kollegen/innen, die mehrfach zusammen ihre jeweiligen Themen bearbeit haben, bestätigen, dass sie nicht nur eine gemeinsame Sicht auf komplexe Themenfelder entwickeln, sondern auch mehr Verständnis füreinander und bessere Arbeitsbeziehungen gewinnen. Das Sich-hinein-versetzen in die Lage eines Anderen ist eine sinnvolle Alternative zur vorschnellen Bewertung.

Kommunikationsform: Die vorherrschende Kommunikationsform im Alltagsgeschäft von Betriebsräten und Gewerkschaftern ist die politische Debatte. Das erklärt sich aus der Aufgabenstellung der Organisationsform. Die Debatte ist jedoch nicht fruchtbar für die Beratung, denn während der Eine noch spricht, ist der Andere bereits im Begriff, zu bewerten, das Ganze schnell in seinem Bewertungssystem einzuordnen und aus seinem mitgebrachten Fundus zusätzliche oder gegenteilige Argumente abzurufen. Um in die Tiefe zu gelangen, braucht es eine andere Qualität der Aufmerksamkeit. Wenn wir das Gegenüber ernstnehmen, genau zuhören und uns in seine Lage einfühlen, erweitern wir unsere Wahrnehmung des Gesamtzusammenhangs. In dieser Kommunikation des Miteinanders entstehen neue Erkenntnisse und zukunftsorientierte Lösungen.

5   Die Tiefe des Dialogs und das kreative Moment

Unsere Erkenntnis aus der Praxis der Beratungsprozesse ist, dass die Ergebnisse bzw. die Nachhaltigkeit der Ergebnisse davon abhängen, wie tief wir in den anderen Raum eindringen. Anders ausgedrückt: Umso besser es gelingt, von der politischen Debatte in einen dialogischen Prozess zu gelangen, umso mehr Chancen entstehen, nachhaltige Ergebnisse zu entwickeln.

Der andere Raum wirkt als Gegenentwurf, als kreatives ergänzendes Gegengewicht zum turbulenten Umfeld von Organisationen. In diesem Zusammenhang kam die Fragestellung auf: Welche Elemente finden sich – unabhängig von verschiedenen Verfahren – in erfolgreichen, nachhaltigen Beratungen? Dabei sind wir auf Merkmale gestoßen, die unabhängig von verschiedenen Verfahren auftauchen.

In den Auswertungen unserer Prozesse ist auffällig, dass Teilnehmende immer wieder von einem ‚kreativen Moment' berichten. Es geschieht etwas, das zu einer neuen Sichtweise führt, manchmal ist von einem „geplatzten Knoten" die Rede oder dem Erkennen eines „unterbelichteten" Aspektes. Dies entspricht den Forschungsergebnissen aus 150 Interviews mit Führungskräften, bei denen ein „schöpferischer Moment" im Prozess ausgemacht wurde, ein Wendepunkt in einem Verlauf, der die Form des Buchstabens „U" skizziert (Scharmer 2007). Die Qualität des Hinhörens entwickelt sich in vier Stufen in die Tiefe des „U". Die oberflächlichste ist das Abspulen (downloading), bei dem alte Gedankenmuster heruntergeladen und bestehende Erwartungen bestätigt werden. Die zweite Stufe beschreibt das faktische Hinhören, das sich darauf konzentriert, welche Fakten neu bzw. abweichend sind. In der dritten Stufe geht es um das empathische Hinhören und darum, die Welt aus den Augen des Anderen zu sehen. Die vierte Stufe kennzeichnet das schöpferische Hinhören und damit den Wendepunkt. Hier wird nach Scharmer der Gesamtzusammenhang und werden zukünftige Möglichkeiten, die sich abzeichnen, wahrgenommen. Diese Darstellung der Kommunikationsstufen trifft sich mit unseren Erfahrungen, und Scharmers Plädoyer für den Abschied vom „downloading" ist nur zuzustimmen.

Bereits in den 1970er und 80er Jahren entwickelte Friedrich Glasl für das Konfliktmanagement ein Modell nach dem Buchstaben „U". Auch hier wird ein Prozess in die Tiefe beschritten, um den Konfliktparteien in der Mediation zu nachhaltigen Lösungen zu verhelfen. Im U-Prozess der Mediation (Glasl 2004, Glasl/Dudley 2008) wird davon ausgegangen, dass die Konfliktparteien umso stärker und nachhaltiger zu Lösungen kommen können, je tiefer sie in den emotionalen Bereich einsteigen und in der Lage sind, die Bedürfnisse des Gegenüber zu verstehen. Nach dem tiefsten Wendepunkt entstehen in der Aufwärtsbewegung die Handlungsoptionen, und Verabredungen können getroffen werden. Um zum Wendepunkt zu gelangen, ist es auch hier notwendig, das Geschehen aus der Lage des Gegenübers sehen zu können (und dies mitzuteilen). Der Perspektivenwechsel hat in der Mediation eine große Bedeutung. Dabei wird unter anderem auch an die Konzepte von Moreno angeknüpft.

Moreno hat in seinem Lebenswerk eine umfassende Theorie und Verfahrensweisen zu Soziodrama, Psychodrama und Soziometrie hervorgebracht. Aus seiner – hier nur angedeuteten – Theorie und Praxis geht hervor, dass er als Erster die Bedeutung des Rollentausches erkannt hat. Im Rollentausch kann die Welt aus einer anderen Perspektive betrachtet und gefühlt werden. Und wenn auch die Rolle nur „gespielt" wird, so sind doch die Gefühle und Erfahrungen, die in der anderen Rolle gemacht werden, real. Bei Moreno findet sich auch die Verbindung von Einfühlung (Empathie) und dem entstehenden schöpferischen Moment. Dabei ist die Gruppe mehr als die Summe der Einzelpersonen. Sie ist eine Grundlage der Lösungsfindung. Je mehr Perspektiven (Rollen) eingenommen werden können, umso mehr wird das Feld ausgeleuchtet und flexibler. Die gegenseitige Einfühlung ermöglicht den schöpferischen Prozess.[2]

Alles in allem gibt es also fundierte Hinweise darauf, dass die Form der Kommunikation und die Bewegung in die Tiefe zu einem neuen, kreativen Moment führen, der eine verbesserte Qualität auf der Handlungs- und Umsetzungsebene bewirkt.

---

[2] Ein ausführliches Beratungsbeispiel nach sozio- und psychodramatischen Verfahren findet sich in Serafin (2006).

6   Ausblick

In den Auswertungen der Workshops haben wir recht schnell einige interessante ‚Nebeneffekte' identifiziert. Durch das entstandene Vertrauensverhältnis ergab sich in der Entwicklung auch eine große Gruppenkohäsion. Neben der konkreten Fallbearbeitung findet also parallel der Prozess der Teamfindung und der Teamentwicklung statt. Die Teilnehmenden lernen sich von einer anderen Seite kennen und schätzen. Die Integration und die fachliche Einarbeitung von Neuen geschieht „wie von allein". Nicht zu unterschätzen ist auch der Wissenstransfer durch die integrierte kollegiale Beratung. Die Teilnehmen betonen, dass sie von Anderen „etwas abgucken" oder aus ihren Erfahrungen lernen können. Die konstruktive Zusammenarbeit wird auch in den Arbeitsalltag hinüber genommen und – so jedenfalls die Rückmeldungen – vermittelt sich nach außen.

Ein Nebenaspekt aus den Anfängen der Workshops ist inzwischen zum gleichrangigen Ansinnen geworden: die reflexive-strategische Bearbeitung der eingebrachten Themen leistet ihren Beitrag zur weiteren Strategieentwicklung – sei es nun auf der individuellen Handlungsebene oder der gemeinsam bewegten Weiterentwicklung –, nur eben auch auf eine ganz andere Art, nicht als Ergebnis einer politischen Debatte, sondern als Ergebnis eines dialogischen Prozesses.

Literatur

Buer, Ferdinand (2006): Aufstellungsarbeit nach Moreno in Formaten der Personalarbeit in Organisationen. In: Zeitschrift für Psychodrama und Soziometrie, Heft 2, S. 285-310

Buer, Ferdinand (2008): Funktionslogiken und Handlungsmuster des Organisierens und ihre ethischen Implikationen. In: Zeitschrift OSC, Heft 15, S. 240-249

Glasl, Friedrich (2004): Konfliktmanagement. Bern, Stuttgart, Wien: Haupt Verlag (8. Aufl.)

Glasl, Friedrich/Weeks, Dudley (2008): Die Kernkompetenzen für Mediation und Konfliktmanagement. Stuttgart: Concadora Verlag

Hexel, Dietmar (2008): Ist Supervision in Gewerkschaften und für Betriebsräte nötig? In: Zeitschrift Supervision, Heft 1, S. 3-5

Hutter, Christoph/Schwehm, Helmut (2009): J. L. Morenos Werk in Schlüsselbegriffen. Wiesbaden: VS Verlag für Sozialwissenschaften

Pieper, Sebastian/Serafin, Eva (2008): Reflexiv-strategische Beratung für Gewerkschafterinnen und Gewerkschafter. In: Zeitschrift Supervision, Heft 1, S. 18-24

Scharmer, Otto C. (2007): Theory U: Leading from the Emerging Future as it Emerges. Cambridge MA: SoL Press

Serafin, Eva/van Kaldenkerken, Carla (2004): Einführung von Supervision, Coaching und Teamentwicklung bei der Vereinten Dienstleistungsgewerkschaft ver.di. In: Zeitschrift Supervision, Heft 3, S. 51-57

Serafin, Eva (2006): Strukturwandel der Arbeitswelt und sozioökonomische Aspekte als Beratungsgegenstand. In: Zeitschrift Supervision, Heft 2, S. 5-13

Konfliktfähiger werden – Unterstützung bei Machtkämpfen

Roland Kunkel-van Kaldenkerken, Carla van Kaldenkerken, Susanne Legler

1 Einleitung

Eine Interessenvertretung lebt ganz stark von ihren Traditionen. Nachfolger treten in die Fußstapfen ihrer Vorgänger, übernehmen in der Regel deren Arbeitssystem und entwickeln es weiter. Fachwissen und Strukturen sind meist explizit, Beziehungswissen und strategische Kompetenz bleiben aber weitgehend in der Intuition. Betriebsräte und Gewerkschaftssekretärinnen brauchen zwar auch Fachkompetenz und müssen in bestimmten Themen fit sein, um inhaltlich argumentieren und verhandeln zu können. Ihre Selbstsicherheit und Wirkung beruht aber in hohem Maße auf ihrer Sozial-, Methoden- und Selbstkompetenz. Sie haben gelernt, auch unter schwierigen Umständen Angst und Frustration zu überwinden, Ärger und Interessen konstruktiv zu artikulieren und dafür die Anerkennung von Beschäftigten zu bekommen.

In den Kommunikationsprofessionen (besonders Supervision und Mediation) gibt es nun mittlerweile leistungsfähige Standards, die zum Teil auch schon in die Kommunikationsgewohnheiten des Arbeitsalltages eingesickert sind. Wir möchten das gewerkschaftliche Erfahrungswissen, wie Konfliktfähigkeit organisiert werden kann, in einen Dialog mit dem professionellen Stand der Kunst bringen.

Konflikte sind ein wichtiger Reflexionsanlass. Sie sind zwar erst mal mit Belastungen und eher schwierigen Gefühlen verbunden. Auf der anderen Seite gibt es aber auch die Erfahrung, dass uns gut ausgetragene Kontroversen und gut geführte Auseinandersetzungen weiterbringen:

- Auf der *persönlichen Ebene* kommen wir zu mehr Respekt und einer besseren Balance von Nähe und Distanz.
- Auf der *strukturellen Ebene* haben wir mehr Verfahrenssicherheit und mehr Klarheit in der Rolle.
- Auf der *strategischen Ebene* erhalten wir belastbarere Prioritäten und ein klareres Profil.

An einem Fallbeispiel wollen wir darstellen, wie Konfliktbearbeitung als vermittelnde Instanz in der Interessenvertretung eingesetzt werden kann. Im dritten Abschnitt führen wir dann wichtige Werkzeuge auf, die in dem Fallbeispiel eingesetzt wurden. Wir halten sie über das Beispiel hinaus für hilfreich, um Kommunikation bewusster zu strukturieren und Machtkämpfe verantwortlicher und erfolgreicher auszutragen.

2   Fallbeispiel Betriebsratsspitze

2.1   Vorgeschichte und Anlass der Konfliktbearbeitung

In einem mittelgroßen Unternehmen stehen Betriebsratswahlen an. Aus Besorgnis um ein gutes Wahlergebnis sucht der zuständige Gewerkschaftssekretär Unterstützung durch Beratung. Die Anfrage ist zunächst nicht sehr konkret. Als Anlass nennt er folgende Beobachtungen:

Der Betriebsrat hat in den vergangenen Jahren eine erfolgreiche Arbeit geleistet. Es wurden erfolgreiche Projekte durchgeführt, Mitglieder gewonnen und eine Phase der Kurzarbeit erfolgreich bewältigt. Die Belegschaftsresonanz auf diese Arbeit entspricht allerdings nicht den tatsächlichen Leistungen. Unzufriedenheit, Gerüchte und höhere Ansprüche an die Erfolge geben der Betriebsratsvorsitzenden und dem Gremium nicht die Rückmeldung und Anerkennung, die für die Arbeit angemessen wäre. In der Kommunikation des Betriebsrats nach außen gibt es erhebliche Schwächen. Die Betriebsratsvorsitzende hat sich im letzten Jahr stark verändert hat. Sie hat viel ihrer Vitalität, ihre Kommunikations- und Kontaktfreude verloren. Sie scheint erschöpft und kraftlos.

Der Gewerkschaftssekretär hat für diese Beobachtungen keine überzeugenden Erklärungen. Er vermutet Konflikte im Gremium, vor allem unter den drei freigestellten Betriebsräten. Er beschreibt die beteiligten Personen als höchst unterschiedlich im Alter, der beruflichen Biographie, der politischen Ausrichtung, der intellektuellen Voraussetzungen und der Arbeitsgewohnheiten. Er möchte die Vorsitzende persönlich und das Gremium insgesamt für die bevorstehende Wahl stärken. Mit diesem Wunsch trägt der Gewerkschaftssekretär seinen Vorschlag, eine externe Beratung für die Vorbereitung auf die Wahlen zu beauftragen, an die Betriebsratsvorsitzende heran. Sie und ihr Gremium wirken zwar etwas skeptisch, möchten aber eine Begleitung in Anspruch nehmen.

2.2 Sondierung und Auftragsklärung

Gemeinsam mit dem Gewerkschaftssekretär als dem finanzierenden Auftraggeber, der Betriebsratsvorsitzenden und ihrem Stellvertreter als inhaltliche Auftragsgeber wird mit der Beraterin ein Vorgespräch geführt. Ziel dieses Gesprächs ist zunächst die Sondierung der Themen, das persönliche Kennenlernen und die Klärung eines groben Beratungsdesigns für die vorgetragenen Themen. Die Beraterin verschafft sich einen ersten Eindruck über die Arbeitsfähigkeit der Vorsitzenden, ihres Stellvertreters und des Gremiums, um einen Vorschlag für das passende Beratungsformat geben zu können. In dem Vorgespräch werden viele Themen angesprochen, die auf eine komplexe Situation schließen lassen. Deshalb wird eine erste Sitzung mit den freigestellten Betriebsräten vereinbart. In diesem dreistündigen Gespräch sollen alle Themen genauer sondiert und erste Bearbeitungsschritte verabredet werden.

Im Verlaufe des Gesprächs mit den drei freigestellten Betriebsräten werden verschiedene Themen zu unterschiedlichen Dimensionen deutlich. Die Themen sind sowohl auf der persönlichen, der strukturellen, der kooperativen sowie auf der strategischen Ebene angesiedelt.

- Persönliche Ebene
  Die Vorsitzende beschreibt ernsthafte Erschöpfungssymptome. Nach einer Amtszeit von vier Perioden im Gremium, davon zwei Perioden als Vorsitzende, beschreibt sie eine große Müdigkeit. Sie ist Mitte 50 und zieht für sich die Option des Vorruhestands ernsthaft in Erwägung. Außerdem beschreibt sie *Unterlegenheitsgefühle gegenüber ihrem Stellvertreter.* Als ausgesprochen kluger, nachdenklicher und reflektierter Mensch löst er bei ihr mit seinen Analysen, Begründungen und Vorschlägen ein Gefühl der Inkompetenz aus. Die Wahrnehmung für die eigenen Fähigkeiten verliert sie dabei immer wieder aus dem Blick.

- Strukturelle Ebene
  Die Unterschiede in den Arbeitsgewohnheiten und in den Rollenauffassungen der freigestellten Betriebsräte, besonders zwischen der Vorsitzenden und ihrem Stellvertreter, sind sehr groß. Die Vorsitzende beschreibt sich als sehr kontakt- und kommunikationsstark. Sie begeistert und überzeugt die Menschen, verspricht mitunter mehr als möglich ist, und es gelingt ihr nicht immer, die vereinbarten Absprachen wieder in eine gute Arbeitsorganisation zu überführen. Als Vertreterin der Arbeiter kann sie sehr kämpferisch auftreten, sie wirkt dabei sehr offensiv und direkt in ihrer Ansprache. Der Stellvertreter beschreibt sich als ausgesprochen strukturiert, nachdenklich,

manchmal auch ein wenig zurückhaltend. Er bevorzugt die leisen Töne, legt sehr großen Wert auf formal korrekte Beziehungen zur anderen Seite und auch darauf, dass der Gesprächsfaden auf einer menschlichen Ebene nicht abreißt. Der dritte freigestellte Betriebsrat fühlt sich in seiner Rolle nicht ausreichend ermächtigt, vermisst die Akzeptanz durch das Gremium sowie die Klarheit in den Aufträgen. *Die Arbeitsabläufe* sind oft unklar und anfällig für Missverständnisse, Doppelarbeit und Misstrauen. Der Stellvertreter hat einen sehr detaillierten Vorschlag zur Verbesserung gemacht, von dem sich die Vorsitzende in der Komplexität überfordert fühlt. *Die Kommunikation in der BR-Spitze und die Gestaltung der Sitzungen* sind nicht zufriedenstellend. Der Turnus, der Umfang der Themen und die bereitgestellte Zeit passen nicht zusammen. Die Sitzungen sind inhaltlich überfrachtet. Wirklich befriedigende Ergebnisse werden selten erzielt.

- Kooperative Ebene
  Über die Themen und die Projekte fühlen sich alle drei sehr verbunden. Der Sachbezug in der Arbeit steht im Vordergrund. Die Erfolge bestätigen ihnen eine gute Arbeit, auch wenn die Kooperation manchmal mühsam ist.
  Als besonders belastend beschreiben alle drei *die mangelnde Kooperation im Gremium*. Von Konflikten und Mobbing ist auf einmal die Rede. Sie erleben selber wenig Rückhalt aus dem Gremium. Aber noch schwerwiegender erleben sie den Umgang im Gremium, den derben Umgangston, die mangelnde Offenheit, die versteckten Machtkämpfe und die unterschwelligen, aber nie offen angesprochenen Differenzen.

- Strategische Ebene
  Die Zugehörigkeit zu bestimmten Personengruppen und Betriebsteilen im Unternehmen, die eigene berufliche und politische Sozialisation und die starke Werteverbundenheit bestimmen die Unterschiedlichkeit in den Konzepten und strategischen Ausrichtungen. *Diese strategischen und konzeptionellen Unterschiede* werden im Gremium nicht als Ressource genutzt, sondern entweder persönlich oder in Form starker Machtkämpfe ausgetragen, die von der Logik des Gewinnens und Verlierens bestimmt werden.
  Verdeckte Machtkämpfe mit der Beteiligung einer betriebsinternen und -externen Öffentlichkeit führen immer wieder zu einem Vertrauensverlust und zu Unsicherheiten im Umgang zwischen den einzelnen BR-Mitgliedern.

2.3 Kontrakt

Für den Gewerkschaftssekretär, als finanzierender Auftraggeber, stehen folgende Ziele im Vordergrund der Beratung:

- Die Arbeitsfähigkeit der drei freigestellten Betriebsräte wiederherstellen
- Die Nachfolgeregelung für die Vorsitzende regeln
- Die Kommunikation im Betriebsratsgremium verbessern und eine gemeinsame strategische Ausrichtung finden

Da im Gespräch mit den drei freigestellten Betriebsräten deutlich geworden war, dass sie insbesondere unter den Konflikten im Gremium und der ungeklärten Nachfolge für die Vorsitzende leiden, wird zunächst folgendes Beratungsdesign verabredet:

- 2 x 1,5 Stunden Coaching zur Klärung der Vorsitzenden über ihre berufliche Zukunft
- 1 Tag Vorbereitung der BR-Klausur im Betriebsausschuss
- 3 Tage BR-Klausur: Konfliktbearbeitung und Strategieplanung für den Wahlkampf

Der Auftrag wurde um einen Tag als freies Budget für offene Fragen ergänzt und kann in einer zweiten Beauftragung für Beratung und Coaching der drei freigestellten BR erweitert werden.

In den Sondierungsgesprächen orientierte die Beraterin sich an den „Niveaus der Handlungsfähigkeit" als diagnostisches Modell (vgl. Abschnitt 3.1.1). In den Gesprächen mit der BR-Vorsitzenden gewann sie den Eindruck, dass die Vorsitzende durch die Erschöpfungszustände nicht in der Verfassung war, sich gut im Gremium zu vertreten. Ihre emotionale und mentale Verfassung siedelte sie auf der Ebene der Katastrophe an. Die dominanten Kriterien dafür waren, dass sie durch chronische Stresserscheinungen so erschöpft war, dass sie zur Reflexion nicht in der Lage war und Anzeichen einer Depression zeigte.

Das Coaching an den Anfang der Beratung zu setzen, sollte den Effekt haben, die Vorsitzende zu stärken und sie bei einer unabhängigen Entscheidung bzgl. ihres Amtes zu unterstützen.

Die Beschreibung der Freigestellten zum Zustand des Gremiums war eindeutig und einstimmig. Der Umgangston, die Wahl der Mittel in der strategischen Auseinandersetzung, die Unverbindlichkeit einzelner Kollegen mit den festgelegten Schwerpunkten der Arbeit gaben erste Hinweise auf einen eskalierten Konflikt. Die strategischen und konzeptionellen Unterschiede wurden im

Konfliktverständnis von Gewinnen und Verlieren ausgetragen (vgl. Abschnitt 3.1.2). Dazu wurden alle verfügbaren Mittel eingesetzt.

Als gutes Fundament für eine gelingende Konfliktbearbeitung erschien die erfolgreiche gemeinsame Vergangenheit, die guten Ergebnisse der letzten Jahre, viele persönliche Beziehungen und eine, zwar sehr unterschiedliche, aber bei allen hohe Verbundenheit zu gewerkschaftlichen Werten. Insgesamt vermittelte sich eine große Sehnsucht nach gemeinsamen Werten und Zusammenhalt.

Die Beraterin vereinbarte deshalb zunächst eine Konfliktbearbeitung, um das Gremium wieder in eine Arbeits- und Reflexionsfähigkeit zu bringen, um anschließend die Nachfolgeregelung und Strategie für den Wahlkampf zu klären. Sie ging davon aus, dass die Erarbeitung einer Strategie bei noch anhaltenden Konflikten nur oberflächlich möglich wäre und wahrscheinlich als Gelegenheit für weitere konflikthafte Auseinandersetzung genutzt werden würde.

2.4 Verlauf der Beratung

2.4.1 Coaching zu Fragen der beruflichen Planung

Um mit einer eindeutigen Entscheidung zur beruflichen Perspektive der Vorsitzenden in die Klärung der Nachfolge gehen zu können, beginnt die Beraterin mit dem Coaching. Hierbei klären sich für die Vorsitzende zunächst ihre wichtigsten Werte. Als ihr wichtigstes Motiv für die Arbeit beschreibt sie das Gemeinschaftserlebnis, den Zusammenhalt untereinander und das Einstehen füreinander. Diese persönlichen Werte wurden jedoch in den letzten Jahren zunehmend in den realen Machtkämpfen und unterschiedlichsten Sichtweisen sowie strategischen Orientierungen der anderen Mitglieder im Gremium verletzt. Mit großem Einsatz, Energie und ihrer persönlichen Überzeugungsfähigkeit hatte sie über die Jahre die Menschen immer wieder hinter sich versammeln können. Handwerklich steht ihr jedoch wenig Repertoire für die Führungsaufgaben und bewusste strategischen Entscheidungen zur Verfügung. Durch ihren persönlichen Einsatz musste sie vieles davon kompensieren, jetzt fühlt sie sich zum Zeitpunkt der Beratung ausgebrannt, erschöpft, resigniert und kraftlos. Eine weitere Periode kann sie sich nicht vorstellen. Allerdings möchte sie gerne mit der angemessenen Würdigung ihrer Leistung sowie mit Achtung und Stolz aus dem Amt scheiden. Würde sie zum jetzigen Zeitpunkt den Vorsitz abgeben, würde sie es aus Erschöpfung und Resignation tun. Einen solchen Abschluss als Ende ihrer beruflich so erfolgreichen Tätigkeit kann und will sie sich nicht vorstellen.

Die berufsbiographische Arbeit im Rahmen des Coachings verschafft ihr zunächst eine eigene Wertschätzung der geleisteten Arbeit. Wichtige berufliche

Stationen, Höhen und Tiefen, Erfolge und die Verbundenheit mit den eigenen Werten werden durch die Rekonstruktion wiederbelebt und mit allen Sinnen erfahrbar. Die mit den Erfolgen und Höhepunkten verbundenen Gefühle werden aktualisiert und zugänglich. Die eigene Wertschätzung und Bewertung der geleisteten Arbeit wird möglich und steht nun unabhängig von aktuellen Eintrübungen und fremden Bewertungen.

In dieser Verfassung lässt sich nun leichter über das berufliche Ende und die Nachfolge nachdenken. Dem stellvertretenden Betriebsratsvorsitzenden traut sie die Nachfolge zu. Auf der Basis ihrer eigenen Stärke kann sie sich vorstellen, dass er bei einem überzeugenden Wahlergebnis das Amt ganz anders, aber auch erfolgreich wahrnehmen würde. Sie möchte vorschlagen, sich ein letztes Mal wiederwählen zu lassen und in der Hälfte der Amtszeit die Übergabe zu gestalten. So hätten der Stellvertreter und der dritte Freigestellte die Zeit, sich in die Rolle einzufinden und sich entsprechend aufzubauen. Auf diesen Vorschlag reagieren die beiden anderen Betriebsräte und der Gewerkschaftssekretär sehr erleichtert.

2.4.2 Konfliktbearbeitung und Strategieentwicklung im BR-Gremium

Die freigestellten Betriebsräte sondieren im Gremium die Bereitschaft für eine Konfliktbearbeitung und Strategieberatung. Teile des Gremiums stimmen dieser Idee zu, andere äußern sich skeptisch. Doch wird vom überwiegenden Teil des Gremiums der Wunsch geäußert, besser ins Gespräch zu kommen und einen klaren Fahrplan für den Wahlkampf zu erarbeiten. In dem Klausurtag mit dem Betriebsausschuss werden nach einem ersten Kennenlernen die Themen und die Art und Weise der Bearbeitung konkretisiert:

- Einschätzung jedes einzelnen BR-Mitglieds zur Situation
- Standortbestimmung der Gruppe zu strategischen Fragen
- Erwartungsklärung zwischen Freigestellten und Mitgliedern des Gremiums
- Verbesserung der Zusammenarbeit: Konfliktmoderation, Erwartungsklärung, Vereinbarung zur Zusammenarbeit
- Wahlvorbereitung: Aufgabenverteilung, Arbeitspakete und Zeitplanung zu den Bereichen Strategie, Kommunikation in den Betrieb hinein sowie interne Kommunikation und Zusammenarbeit im Gremium
- Zukunft der Vorsitzenden

Die Beraterin entscheidet sich für eine Konfliktmoderation, wo vorwiegend die konzeptionelle und strategische Dimension der Konflikte bearbeitet werden. Im

Rahmen dieser inhaltlichen Vereinbarung wird aber auch eine Mediation zwischen zwei BR-Mitgliedern ohne Beteiligung des Gremiums vereinbart. Dort soll die Gelegenheit gegeben werden, persönliche Verletzungen zu bearbeiten. Alle Vereinbarungen, die im Rahmen des Workshops verabredet werden, sollen einige Monate später auf ihre Umsetzung und Nachhaltigkeit bei einem gemeinsamen Termin überprüft werden.

Der erste Tag der BR-Klausur verläuft zunächst sehr turbulent. Schon lang schwelende Konflikte, mangelnde Anerkennung für die geleistete Arbeit und das überdurchschnittliche Engagement und enttäuschte Erwartungen Einzelner dominieren. Von vielen Mitgliedern werden die fehlende Anerkennung ihrer Fähigkeiten und ihres entsprechenden Einsatzes in der Arbeit bemängelt. Diese Unzufriedenheit hatte sich bisher in unterschwelligen Konflikten, Illoyalität gegenüber den Freigestellten und Machtkämpfen untereinander ausgedrückt. Die Kommunikation ist stark abwertend und zuschreibend.

Die Beraterin stellt das Konfliktbearbeitungsverfahren vor und führt die Mediationsregeln ein (vgl. Abschnitt 3.2). Sie strukturiert das Gespräch sehr direktiv. Alle Beteiligten bekommen die Gelegenheit, ihre wichtigsten Themen zu formulieren. Die Themensammlung richtet sich auf vier wesentliche Schwerpunkte:

- Das Verhalten einzelner Kollegen (Selbstgewissheit und nicht abgestimmtes Vorgehen eines Kollegen, Intrigen und Unberechenbarkeit einer Gruppe von unzufriedenen Kollegen)
- Unsicherheit einer Abteilung bzgl. der Unterstützung bei Entlassungen
- Machtkampf zweier strategischer Ausrichtungen um den Vorsitz
- Umgangsweise und Umgangston

Als Hintergrund wird erkennbar, dass sich der Konflikt im Wesentlichen um zwei Themen dreht, die sich inhaltlich an Personen festmachen: der Führungsstil im Gremium und die strategische Ausrichtung und der Umgang mit der Arbeitgeberseite.

Nachdem alle relevanten Themen und Sichtweisen genannt und visualisiert waren und eine Bearbeitung für alle Themen in Aussicht gestellt war, beruhigte sich die Stimmung ein wenig. Die Beteiligten ließen sich ausreden, hörten einander zu und konnten direkte emotionale und inhaltliche Resonanzen zurückstellen und sich sachlicher ausdrücken.

Eine erste Beruhigung durch das stark strukturierte Konfliktbearbeitungsverfahren eröffnete nun die Möglichkeit, auf reflexive Methoden der Konflikterhellung zuzugreifen. Der Beraterin erscheinen die Werte, die sich hinter den dargestellten Themen auftun, nicht unvereinbar. Die Themen werden im Konfliktverständnis von Gewinnen und Verlieren bewegt und erscheinen für die Beteiligten unvereinbar. Eine Seite muss sich zuungunsten der anderen Seite durchsetzen und versucht es mit Überzeugungsarbeit und Diskussion, dann mit Machtmitteln, möglicherweise auch mit unseriösen (vgl. Abschnitt 3.4.1).

Zur Eskalation des Konfliktes hat die Beraterin die Hypothese, dass so stark gekämpft wird, weil alle sehr verbunden sind mit ihrer jeweiligen (meist sehr unterschiedlichen) beruflichen Sozialisation als Gewerkschafter. Der jeweils Andere, mit einer anderen Geschichte, anderen Werten, anderen Glaubenssätzen macht es „falsch" und muss für den „richtigen" Weg überzeugt werden. Persönliche und strategische Konflikte werden mit demselben Konfliktverständnis ausgetragen wie Verteilungskonflikte im Betrieb. Dass man unterschiedliche Sichtweisen haben kann, die möglicherweise sogar vereinbar sein können in einer Strategie, ist schwer vorstellbar.

Die Beraterin stellt den Teilnehmern/innen den Wertebogen in seiner allgemeinen Form (Abschnitt 3.4.3) vor und holt sich das Einverständnis ein, an den Werten zu arbeiten. Mit Stellbildern bilden die Beteiligten ihre Standorte und ihre Bewertungen übereinander ab. Durch die Reflexion und Bearbeitung des ZUVIEL von beiden Seiten erhellen sich die jeweiligen Wertehaltungen. Diese Arbeit wird sehr persönlich und berührend. Durch die Reduzierung der Übertreibung und Dämonisierung können die zunächst polaren Sichtweisen und Werte deutlich anerkannt werden. Es wird deutlich, wie wichtig und ausgleichend beide Seiten füreinander sein können. Die einzelnen Personen mit ihren jeweiligen beruflichen und politischen Biographien werden erkennbar und ihre Aktivitäten nachvollziehbar. Die dadurch ausgebildeten Fähigkeiten Einzelner können anerkannt werden und in der Auswertung dieser methodischen Interventionen können diese Fähigkeiten für das Gremium als Ganzes eine Aufgabe bekommen.

Die aggressive Stimmung des ersten Tages beruhigt sich. Die Teilnehmer/innen werden nachdenklicher. Der Wendepunkt wird von allen an dem Punkt markiert, als die Gremiumsmitglieder mit ihren unterschiedlichen Kompetenzen wahrgenommen und anerkannt werden. Die Anerkennung für das Engagement der Einzelnen, die Klarheit zur Rolle auf Grundlage der besonderen Fähigkeiten, das Verlassen von Unterstellungen und Interpretationen führt zu einer wohlwollenden, konstruktiven und interessierten Stimmung.

Nach der erfolgreichen Arbeit mit dem Wertebogen wünschen die Teilnehmer/innen eine weitere Arbeit mit diesem Instrument zu ihrem Führungsverständnis. Ein Teil der Gruppe vertritt den Wunsch nach charismatischer, direktiver und dominanter Führung, wie die Vorsitzende es für sie darstellt. Der andere Teil, vertreten durch den stellvertretenden Vorsitzenden wünscht einen kooperativeren Führungsstil und mehr Beteiligung des Gremiums. In dem ZUVIEL wird das erste Führungsverständnis als autoritär und herrschend beschrieben und das zweite Verständnis als „Laberei" und unklar. In der Bearbeitung der jeweiligen Ressourcen der beiden Stile werden Erwartungen an die neue Leitung klarer artikuliert und anlassbezogen differenziert (Abschnitt 3.4.2). Die freigestellten BR-Mitglieder nehmen diese Erwartungen und Empfehlungen in ihre gemeinsamen Beratungen mit und planen ein gemeinsames Coaching zu diesem Thema.

Nachdem die strategischen Unterschiede und unterschiedlichen Kompetenzen herausgearbeitet sind, kann mit der Erarbeitung einer gemeinsamen Strategie begonnen werden. Der Betriebsrat ist wieder dialogfähig (vgl. Abschnitt 3.3). Die Verständigung auf gemeinsame Qualitätskriterien für eine gute Strategie gelingt im ersten Anlauf. Dafür präsentiert die Beraterin die SWOT-Analyse (Stärken/Schwächen/Chancen/Risiken) als Werkzeug für die Strategiebildung.

		Externe	
		3. Chancen	4. Risiken
	1. Stärken	I viel investieren, nutzen	II abwehren
	2. Schwächen	III etwas investieren	IV ausweichen, sich schützen
Interne			

Abbildung 1:   SWOT-Analyse

Hier werden zunächst die wichtigsten Stärken und Schwächen des Gremiums und die wichtigsten Chancen und Risiken aus dem Umfeld gesammelt. In den Innenfeldern wird dabei schnell deutlich, wo ein offensives Vorgehen (I) wichtig ist (im Feld I treffen interne Stärken auf externe Chancen). Die Konzentration geht auf dieses Feld I. Hier werden Leitideen, Projekte und erste Maßnahmen sondiert. Im Feld II müssen Stärken investiert werden, um externe Risiken abzuwehren. Das Motto ist Schadensbegrenzung bei ausgewählten Risiken. Allerdings sollten so wenige Energien wie möglich, und soviel wie nötig investiert werden, um die Risiken abzuwehren. Im Feld III investiert man in Forschung und Entwicklung unter dem Leitgedanken, wie manche Schwächen überwunden werden können, um bestimmte Chancen doch nutzen zu können. Im Feld IV beschäftigt man sich damit, wie es gelingen kann, sich von den Themen dort nicht „hypnotisieren" zu lassen. Die Themen dieses Felds haben eine hohe Anziehung. Hier kann es nur darum gehen, sich zu schützen, die Themen im Auge zu behalten, ohne zu viel Energie darauf zu verwenden.

2.5 Ergebnisse

Der Wendepunkt in der Konfliktdynamik wurde erreicht, als deutlich wurde, dass die verschiedenen strategischen Ideen weder persönlich ausgetragen werden noch sich ausschließen müssen. Die unterschiedlichen Ansichten waren in ihrer Eskalation mit persönlichen Bewertungen über die Personen verknüpft worden, und bei dem Kampf über den „richtigen Weg" konnte es nur Gewinner und Verlierer geben. Die Auseinandersetzung hatte deshalb Dimensionen von Abwertung und Ausgrenzung. Der Umgangston, die verdeckten Machtkämpfe, die Nachrede und fehlende Kommunikation, – all das war Ausdruck von innerer Not und Unklarheit zum Umgang mit persönlichen und strategischen Differenzen.

Mit persönlichem Feedback zu den jeweiligen Stärken, Schwächen und Entwicklungspotentialen im Anschluss an den Wertebogen konnte der ressourcenvollere Blick auf die einzelnen Personen und Fähigkeiten gestärkt und in die Arbeitsplanung eingebunden werden.

Die Klausur endete mit klaren Absprachen zur Strategie für den Wahlkampf, zur Arbeitsplanung bzgl. der anstehenden Wahlen und Vereinbarungen zur Kooperation. Die Wünsche der Vorsitzenden bzgl. der Nachfolge waren vorgetragen und fanden Anerkennung. So konnten gute Vereinbarungen zur Nachfolge getroffen werden.

3   Werkzeuge und konzeptioneller Hintergrund

Gutes Handwerk kann man nur schwer durch Tapferkeit oder Motivation ersetzen, deshalb ist die Kooperation in der Interessenvertretung, aber auch zwischen Interessenvertretungen und Beratungsteams und in der Beratungslandschaft abhängig von der gemeinsamen Nutzung von Werkzeugen, bzw. einem bestimmten

Maß an sprachlichen und konzeptionellen Gemeinsamkeiten. Nach unserer Erfahrung sind die wichtigsten Verbesserungspotenziale auf dem Weg zu einer höheren Konfliktfähigkeit in der Interessenvertretung:

- ein Konsens über die Spezifik der sozialen Situation „Konflikt" *(Konfliktdiagnose)*,
- ein Konsens über Konfliktbearbeitung als Prozess.
- Zum anderen ist zu fragen, wie in der Konfliktbearbeitung eine *angemessene Kommunikationsqualität* sichergestellt werden kann
- und wie *Machtfragen* verhandelbarer gemacht werden können.

Wer hier methodisch sicher ist, kann mit verhältnismäßig geringem Aufwand seine Erfolgsquote stark erhöhen.

3.1   Konfliktdiagnose

3.1.1   Konflikte sollten nicht mit Problemen und Katastrophen verwechselt werden

Was ist in Konflikten anderes als in anderen Situationen, was ist die Besonderheit solcher „Begegnungen"? In den Sozialwissenschaften und in den Konfliktbearbeitungsprofessionen gibt es auf diese Fragen sehr viele unterschiedliche Antworten. Wir sehen, gerade weil wir den gewerkschaftlichen Traditionen sehr nahe stehen, Konflikte ganz pragmatisch als kontrollierte und ergebnisorientierte Leidenschaft:

> „Konflikte sind Auseinandersetzungen, in denen wir leidenschaftlich werden (wenn sich die Energie nach außen richtet) aber auch teilweise verstummen (wenn sich die Energie nach innen richtet). Konflikte gibt es, weil wir Werte (im weitesten Sinne) haben, denen wir Geltung verschaffen wollen oder sogar müssen. Echte Prioritäten – auch Vertrauen und Loyalität – entstehen nicht nur in einer Atmosphäre des wohlwollenden gemeinsamen Reflektierens, sondern gerade im konstruktiven Durcharbeiten und Austragen der entscheidenden Differenzen."[1]

Wenn alles gut geht, erreichen wir ja unsere Ziele. Erwartungen werden erfüllt und unsere Anstrengungen werden belohnt. Wir erleben uns als handlungsfähig.

---

[1] van Kaldenkerken, C. und Kunkel-van Kaldenkerken, R., 2006 S. 281

Da, wo das nicht der Fall ist, lohnt sich die Unterscheidung zwischen Problemen, Konflikten und Katastrophen.[2]
  Es ist gar nicht so wichtig, wie ein externer Beobachter die Situation einschätzt, die Beteiligten selbst entscheiden sich mehr oder weniger bewusst für bestimmte Verhaltens- und Kommunikationsmuster. Offene Kommunikation (bei Problemen), Verhandeln (bei Konflikten) und Schadensbegrenzung (bei Katastrophen) sind völlig unterschiedliche „Programme"! Das bedeutet aber auch, dass bewährte Problemlösungswerkzeuge wie Diskussion, Brainstorming, Reflexion und Feedback bei eskalierten Konflikten versagen, oder die Situation sogar verschlimmern! Konfliktbearbeitung benötigt eine wesentlich stärkere Strukturierung der Situation, ganz klare Regeln und einen anderen Kontrakt zwischen den Beteiligten. Wenn ich in einem Konflikt vermittle, habe ich eine ganz andere Rolle, als wenn ich einen Entscheidungsprozess moderiere, wo die Beteiligten innerlich unbefangen den potenziellen Ergebnissen gegenüberstehen.

- Problem
  Unter einem Problem verstehen wir eine SOLL/IST Differenz mit unbekanntem Lösungsweg. Worum es gerade geht, ist nicht so, wie es sein soll, und die Hindernisse auf dem Weg zum gewünschten Ergebnis sind zu groß. *Aber*: Die Sache steht im Vordergrund. Die Emotionen stehen eher unterstützend im Hintergrund, sie können bei Bedarf in den Vordergrund treten, um diagnostisch genutzt zu werden. Man/frau fühlt sich gespannt, interessiert, motiviert. Negative Gefühle sind noch nicht so heftig, dass sich die Aufregung nicht bei einer zügigen Lösung in der Sache wieder beruhigen würde. Sachlichkeit ist nicht die Abwesenheit oder das mühsame Ausklammern von Gefühlen, sondern die Anwesenheit von Wohlwollen im weitesten Sinne (incl. professioneller Disziplin und vernünftiger Selbstbeherrschung)!

- Konflikt
  Bei Konflikten sind IST, SOLL und Lösungswege umkämpft, weil zuviel auf dem Spiel steht, als dass es den Akteuren gleichgültig sein könnte. Es gibt Ziele, für die es sich lohnt, zu kämpfen und Risiken einzugehen. Schmerzhafte Verluste drohen, attraktive Gewinne locken. So rückt die Sachebene in den Hintergrund, es ist eine emotionalisierte Auseinandersetzung. Zunächst unvereinbare Positionen treffen aufeinander. Nun wird zwar gestritten, es werden vielleicht auch Drohungen ausgestoßen, *aber* es sind noch keine nicht wieder gutzumachenden Schäden aufgetreten. Die Kontra-

---

[2] a. a. O., S. 286ff

henten agieren leidenschaftlich und sehr engagiert, sie haben die Auseinandersetzung aber unter Kontrolle. Sie sind im Kontakt, sie bemühen sich um Verständnis, sie halten sich an gemeinsame Regeln und achten darauf, dass die Konfliktkosten in einem angemessenen Verhältnis zum Streitwert stehen (Grundsatz der Verhältnismäßigkeit und Fairness). Die Akteure übernehmen die *Verantwortung* für ihr Verhalten, auch für Fehler und Fehlverhalten. Wenn etwas schief gegangen ist, wird der Schaden gemeinsam reguliert. Unter Konfliktmanagement verstehen wir die Beeinflussung dieser drei Variablen (Kontakt, gemeinsame Regeln und Verhältnismäßigkeit). Das gibt die nötige Sicherheit, für alle Beteiligten, den Konflikt auch auszuhalten und verhandeln zu können.

Wenn Konflikte eskalieren, wird der Kontakt schwächer, die Bindungswirkung gemeinsamer Regeln lässt nach und die Verhältnismäßigkeit gerät aus dem Blick. In diesem Verständnis sind Konflikte der Ort in einer Organisation, wo die wirklich geltenden Werte sich bewähren und reproduziert oder verändert werden. Nicht die aufgeschriebenen Leitbilder und Unternehmenswerte zählen, sondern die, die in Konflikten real erfahrbar sind.

- Katastrophe
  Ziele werden teilweise drastisch verfehlt, eingesetzte Ressourcen werden offenkundig fehlgesteuert. Wir erleben dauernde Nadelstiche, eine in welchem Maß auch immer vergiftete Atmosphäre und/oder persönliche Verletzungen. Für mindestens einen der Beteiligten ist etwas völlig Inakzeptables geschehen, wo nicht mehr verhandelt werden kann. Katastrophen erschüttern drastisch unser Erwartungsgefüge. Sie stellen uns vor die Wahl, entweder massiv zusätzliche Ressourcen zu mobilisieren oder bestimmte Soll-Werte aufzugeben. Wir nutzen den Katastrophenbegriff in seiner Alltagsbedeutung als Desaster, als nicht hinnehmbaren Misserfolg oder dramatische Enttäuschung von Erwartungen. Das kann für Außenstehende relativ unbedeutend sein, wie ein Missgeschick oder ein persönliches Malheur. Entscheidend ist hier die subjektive Bedeutung, die einem Vorgang beigemessen wird. Als größere Katastrophen können zum Beispiel folgenloses Jammern (dadurch wird beträchtliche, aber verantwortungsscheue Blockademacht ausgeübt), Suchtverhalten, Selbstjustiz, Korruption oder Mobbing genannt werden. Im Konfliktbearbeitungskontext ist der Katastrophenbegriff zunächst eine Sammelbezeichnung für völlig Unverständliches, Bestürzendes und nicht Hinnehmbares. Hoher Handlungsdruck tritt gleichzeitig mit der Erfahrung des Scheiterns auf.
  Das gemeinsame an allen Arten von Katastrophen ist, dass Machteingriffe von außen notwendig sind, weil die an der Situation Beteiligten mit ihrem

bisherigen Verhalten destruktiv miteinander verstrickt sind. Druck und Hilfe müssen sinnvoll verschränkt werden.

3.1.2 Zum Verhältnis zwischen Verteilungs- und Wertschöpfungskonflikten

Das Konfliktverständnis vieler BR aber auch von Führungskräften ist in erster Linie durch *Verteilungskonflikte* geprägt. Im Vordergrund der Wahrnehmung stehen Interessengegensätze. Sehr häufig begegnet uns die Vorstellung, dass man nur das gewinnen kann, was ein Anderer hergibt (Konflikte als Tauziehen bzw. Nullsummenspiel). Die Konfliktparteien bewegen sich auf der sogenannten *Kompromisslinie*, die die gegensätzlichen Positionen verbindet. Eine intuitive Gerechtigkeitsvorstellung orientiert sich an der Mitte, beide Seiten erhalten 50 %.

Position A	Position B
A gewinnt,	B gewinnt,
B verliert	A verliert

Abbildung 2: Kompromisslinie

Tarifverhandlungen um Entlohnung und Arbeitszeiten folgen zum großen Teil der Logik, dass Verteilungsspielräume ausgelotet werden und dann entlang von Kräfteverhältnissen Kompromisse entwickelt werden müssen. Die Verbindungslinie zwischen den beiden Positionen wird Kompromisslinie genannt. Wenn sich beide Seiten bewegen und aufeinander zugehen, finden sie eine Lösung.

In ihrer Sozialisation lernen Interessenvertreter/-innen genau für solche Situationen einen Blick zu entwickeln, es ist eine ihrer wichtigsten Fähigkeiten, Differenzen in ihrer Schärfe wahrzunehmen und klar anzusprechen. Das ist ein langes und wahrlich nicht schmerzfreies Training. Nicht umsonst hat der Interessengegensatz in der gewerkschaftlichen Bildungsarbeit einen ganz großen Stellenwert.

Wenn allerdings alle Konflikte als Verteilungskonflikte interpretiert und alles Strittige mit dieser Brille betrachtet wird, wird die Stärke zur Schwäche oder sogar zu einer professionellen Deformation.

Neben Verteilungskonflikten (wer bekommt welches Kuchenstück in welcher Größe?) gibt es nämlich auch noch *Wertschöpfungskonflikte* (nach welchem Rezept backen wir den Kuchen, was schmeckt wem, wie machen wir das Beste aus den vorhandenen Zutaten?). Beispiele hierfür sind *persönliche Konflikte* (z. B. was ist eine gute Balance von Nähe und Distanz oder ein guter Umgang mit unterschiedlichen Stärken und Schwächen?), aber auch *konzeptionelle Konflikte* (z. B. welches Führungsmodell gilt in der Interessenvertretung?) und *strategische Konflikte* (wie schätzen wir interne Stärken und Schwächen ein, und was ist unser Bild von Chancen und Risiken aus dem Umfeld? Welche Ziele leiten wir daraus ab?).

Verteilungskonflikte haben Nullsummencharakter, bei persönlichen und konzeptionellen, aber auch bei strategischen Konflikten gelten aber aufgrund der wechselseitigen Abhängigkeiten und im Grunde gemeinsamer Interessen ganz andere Regeln. Handlungsfähigkeit gibt es hier nicht gegen-, sondern nur miteinander. Man gewinnt entweder gemeinsam oder verstrickt sich in ruinösen Konflikten, wo beide Seiten verlieren. Wenn z. B. durch wechselseitige Blockaden notwendige Entscheidungen vermieden werden oder statt gemeinsamem Lernen aus Fehlern eine starke Vorwurfs- und Misstrauenskultur existiert, wird die Wertschöpfungsfähigkeit beeinträchtigt, so sind auch die Verteilungskonflikte nicht mehr gut beherrschbar. Wer bei Wertschöpfungskonflikten verliert, hat genug Blockademacht, um dem scheinbaren Gewinner den Sieg zu verleiden.

Diese Auseinandersetzungen spielen sich nicht auf der Kompromisslinie ab, sondern auf der Friedensdiagonale (Galtung), die senkrecht auf der Kompromisslinie steht. Die Kompromisslinie verbindet die Positionen der Konfliktparteien, senkrecht dazu verläuft die Friedensdiagonale (siehe Abbildung 3). Sie verbindet das Risiko- und das Chancenpotenzial des Konfliktes für beide Parteien. Bei größeren Abhängigkeiten ist die Gefahr groß, dass sich die Parteien in einen ruinösen Konflikt verstricken, wo beide verlieren (z. B. Zeit, Reputation nach außen, Gesundheit). Es gibt aber auch die Chance, dass die Beteiligten die Auseinandersetzung konstruktiv führen und kreative Lösungen finden, wo beide gewinnen.

Viele Auseinandersetzungen in der Interessenvertretung werden leider nach der Logik von Verteilungskonflikten ausgetragen, das kostet unnötig Zeit und Energie. Gerade weil von der Interessenvertretung eine besondere Konfliktfähigkeit erwartet wird, schaden ruinöse Konflikte besonders dem internen Selbstbewusstsein und der externen Reputation. Konflikte bei den Themen Arbeitszeit und Geld folgen in der Regel der Nullsummenlogik. Bei den Themen Gesundheit, Arbeitssicherheit, Qualität, Innovation, Motivation, Kompetenz, Kreativität, Engagement, Verantwortung und Macht gelten die Kooperationsregeln. Man hat einen wechselseitigen Nutzen oder einen beiderseitigen Schaden (Konfliktkosten). Verteilungskonflikte bei Konfliktkosten kann man dann zwar auch austragen, sie wirken aber wie Brandbeschleuniger und schaden erst recht. Im Abschnitt 3.4 sind diese Überlegungen für das Thema Macht noch näher erläutert.

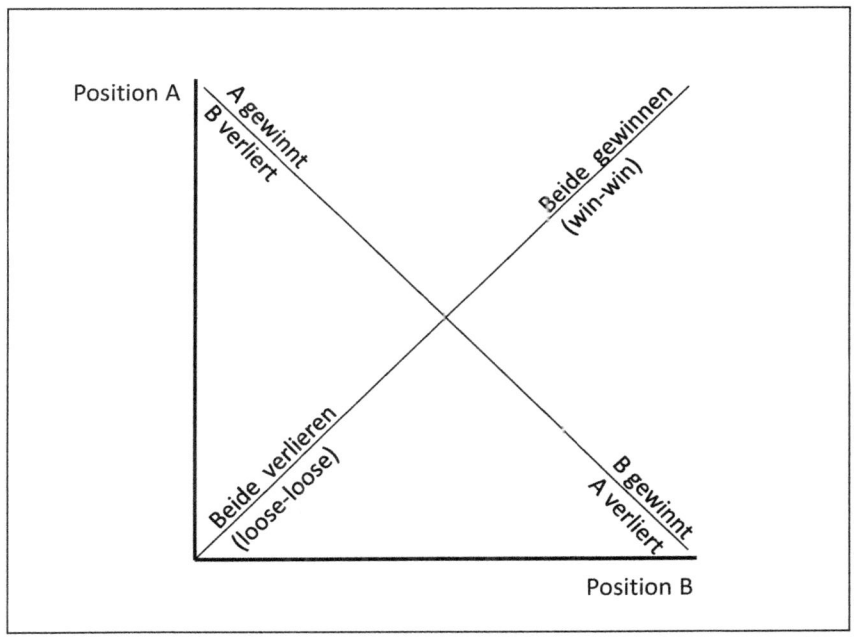

Abbildung 3:   Kompromisslinie und Friedensdiagonale

3.2 Konfliktbearbeitung als Prozess

Konsens in der Konfliktbearbeitungslandschaft (z. B. Mediation, Konfliktmoderation und Konfliktcoaching) ist es nach unserer Erfahrung, dass Konfliktfähigkeit nicht mit Durchsetzungsfähigkeit verwechselt werden darf. Akteure müssen zwar in der Lage sein, Auseinandersetzungen zu erzwingen. Ein gutes Ende hängt aber davon ab, ob es zu einer fairen Würdigung und Anerkennung der verschiedenen Sichtweisen und Interessen gekommen ist und die Beteiligten eine Übereinkunft am Ende auch als Interessenausgleich akzeptieren. Unser Werkzeug Konfliktbeschreibung ist hier eine gute Hilfe für Verhandlungen, aber auch für die Vermittlung in Konflikten. Im Kern geht es darum, auf der Sachebene die Differenzen klar zu benennen, auf der Beziehungsebene aber respektvoll miteinander umzugehen und sich wechselseitig erst mal nur gute Gründe zu unterstellen.

Die Arbeitsfähigkeit von A und B ist durch heftige Irritationen belastet.	
A ist	B ist
(z. B. Frau U; Führungskraft V, Betriebsrat W, Team XY, Bereich Z ...).	
Was ist genau geschehen? (Was sind die von beiden Seiten unbestrittenen Tatsachen?)	
Was sind die wichtigsten Punkte und Ziele von A (Positionen)?	Was sind die wichtigsten Punkte und Ziele von B (Positionen)?
Warum engagiert sich A so sehr (Werte, Bedürfnisse, Interessen)?	Warum engagiert sich B so sehr (Werte, Bedürfnisse, Interessen)?
Was sind übergeordnete, höherwertige gemeinsame Interessen, Werte und Ziele?	

Abbildung 4:   Beispielhafte Struktur für eine einfache Konfliktbeschreibung[3]

---

[3] Wir nehmen hier den vereinfachten Fall: 2 Beteiligte, im Wesentlichen ein Thema und eine Handlungsebene. Arbeitskonflikte sind meistens Mehrparteienkonflikte, die genauen Themen müssen erst

Die Fallbeispiele sind nach diesem Muster beschrieben, und die Konfliktbeschreibung ist für uns in der Konfliktbearbeitung auch immer die Folie für Zusammenfassungen, Rückmeldungen und Verabredungen für die nächsten Schritte. Eine faire Konfliktbeschreibung garantiert ein gemeinsames Verständnis der Situation, sodass Emotionen Raum bekommen, aber auch Anerkennung finden können. Wenn das geschafft ist, greifen wieder die normalen Problembearbeitungswerkzeuge.

Im Gegensatz zur offenen Kommunikation bei Problemlösungsprozessen ist es in der Konfliktbearbeitung wichtig, dass die Kommunikation zunächst nur über die Vermittlung gesteuert wird. Die Beraterin im Fallbeispiel hat das so formuliert: „Sie hören sich bitte zu, und unterbrechen sich nicht. Ich aber werde Sie unterbrechen, wenn ich das Gefühl habe, dass es zu erneuten Verletzungen kommt. Erzählen Sie zunächst erst mal nur mir, wie Sie die Situation sehen und erleben."

3.3 Diskussion und Dialog

Mittlerweile sind bestimmte Standards aus der professionellen Kommunikation, wie Feedback-Regeln, Brainstorming und gutes Zuhören im Alltag stark verbreitet. Die Unterscheidung zwischen Sach- und Beziehungsebene ist vielen geläufig und auch die Wichtigkeit von Ich-Botschaften. Im Stress gehen diese Fähigkeiten, die oft nicht explizit, sondern en passant gelernt wurden, allerdings verloren. Hier hilft eine der Kooperation beider Seiten verpflichtete Moderation. Je höher ein Konflikt eskaliert ist, desto stärker muss das Gespräch strukturiert werden. Offene Kommunikation muss durch vertrauensbildende Maßnahmen und die Erfahrung von Sicherheit erst wieder ermöglicht werden.

Eine wichtige Unterscheidung, die zur Strukturierung und Klärung von Kommunikationsprozessen beitragen kann, ist die zwischen Dialog und Diskussion. Häufig liegt der Fokus in der Interessenvertretung auf der „Diskussion" im Sinne des Austausches von Argumenten und dem Versuch, Andere zu überzeugen. Auch Mitgliederwerbegespräche werden häufig als Überzeugungsarbeit verstanden. Diskussionen sind eine hervorragende Problemlösungstechnik, wenn es um die Bewertung von Lösungen geht. Wenn die Standpunkte aber leidenschaftlich vertreten und wichtige Werte berührt werden, eskaliert die Situation. Da muss umgeschaltet werden auf Verstehen und Sondierung. Verstehen geht vor verstanden werden!! Wenn alle Gesprächsteilnehmer auf Senden eingestellt sind, wird nicht zugehört.

---

noch herausgearbeitet werden und sie spielen sich oft auf mehreren Handlungsebenen (Person, Gruppe, Abteilung, Organisation, Umfeld) ab.

So unterscheiden sich Diskussion und Dialog vor allem in der Gesprächs-richtung: *Diskussion* als Gesprächsform treibt Entscheidungsprozesse voran: Von der Idee zum Konzept, zur Maßnahme, zur Bewertung der Ergebnisse. Wir spitzen auf Alternativen zu und sorgen für Konsequenzen. Unterschiede und Gemeinsamkeiten werden klar herausgearbeitet, damit die Verantwortung für Entscheidungen übernommen werden kann.

Im *Dialog* folgen wir dem Strom der Entscheidungen rückwärts bis zu den Quellen der Ideen. Wir befragen die Maßnahmen auf die dahinter stehenden Konzepte. Nach vorne gerichtet erörtern wir mögliche Handlungsoptionen und sondieren die möglichen Konsequenzen von Entscheidungen. Unterschiede und Gemeinsamkeiten werden erkundet, um sie besser zu verstehen.

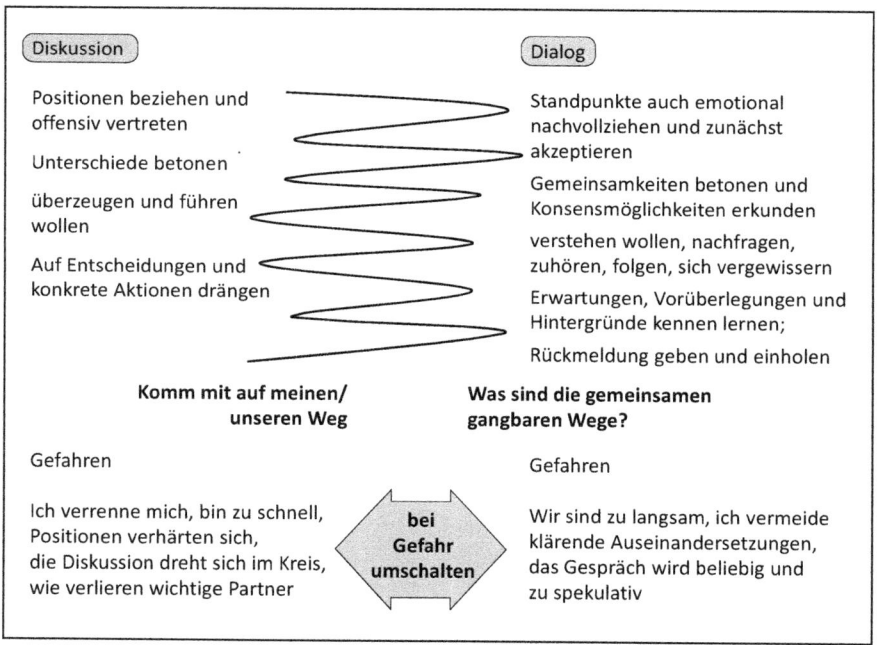

Abbildung 5:   Gesprächsformen

Fehlt das dialogische Gesprächselement, werden Diskussionen unproduktiv, weil sich die Positionen verfestigen und verhärten. Gerade bei Verhandlungen ist es von Vorteil, zu sondieren und Positionen zu erkunden, damit die dahinter liegen-den Interessen und Bedürfnisse sichtbar werden können.

Um den notwendigen Konsens für gemeinsames Handeln zu erreichen, braucht es den Wechsel zwischen Diskussion und Dialog im richtigen Moment. Gerade die Konzentration auf konzeptionelle Differenzen hilft, Personalisierungen im Konflikt zu vermeiden und eröffnet die Möglichkeit für einen Wettbewerb der Ideen. Man kann verabreden, etwas auszuprobieren (Experimentierklausel), man kann sich auf Bewertungskriterien eines Pilotprojektes verständigen oder parallel verschiedene Konzepte unter halbwegs kontrollierten Bedingungen testen. Die Rolle von Vermittlern in Konflikten ist es, nachzufragen, zu übersetzen und eine wertschätzende, erkundende Gesprächsatmosphäre abzusichern.

Abbildung 5 stellt beide Gesprächsformen einander gegenüber und erläutert den Unterschied (nach Hartkemeyer, M. & J. (1999).

3.4 Ansatzpunkte für ein Führungskonzept im Betriebsrat

Da, wo Mitbestimmung als Bereitschaft zur Mitverantwortung anerkannt und gelebt wird, gibt es eine Augenhöhe zwischen Führungskräften und Interessenvertretungen und einen gesunden Rollenrespekt. Beide Seiten achten ihre unterschiedlichen Legitimationsquellen.

Wo Mitbestimmung diese Akzeptanz nicht hat, ist das Führungsverständnis in der Belegschaft von Ohnmachtserfahrungen bestimmt. Es herrscht Misstrauen. Das spiegelt sich oft auch im Gremium Betriebsrat. Viele Betriebsratsvorsitzende fühlen sich in einem Teufelskreis gefangen, wo Andere viel zu wenig Verantwortung übernehmen, aber andauernd kritisieren, sie deshalb immer mehr machen müssen und tendenziell autoritär reagieren. Relativ selten finden wir eine klare vertikale Arbeitsteilung, wo die Verantwortung z. B. zwischen Freigestellten und nicht Freigestellten BR-Mitgliedern auf der Basis der verfügbaren Ressourcen (Zeit, Kompetenz, Reputation) verteilt ist. Wer Führungsverantwortung übernimmt, sollte deshalb zwischen Macht und Herrschaft gut unterscheiden können, sowie Führungs- und Beteiligungsimpulse gut kombinieren können.

3.4.1 Macht und Herrschaft sollten nicht verwechselt werden

Macht besteht nach der Definition von Robert Dahl darin,

> „einen Akteur zu einer Handlung zu veranlassen, die er sonst nicht unternommen haben würde. In diesem Begriff bleibt das Charakteristikum der Macht erhalten, die

Überlegenheit, die den eigenen Interessen nutzt. Aber ... er (der so gefasste Macht-
begriff, *R. KvK*) lässt offen, auf welche Weise sich diese Überlegenheit durchsetzt."[4]

Es kommt also ganz darauf an, *mit welchen Mitteln* Einfluss aufgebaut und genutzt wird.

Mittel, die tendenziell als illegitime Herrschaftstechnik erlebt werden und deshalb mit aktivem oder passivem Widerstand beantwortet wer-den: *Druck und Zwang ausüben, drohen, täuschen, überlisten, Fehler suchen, blockieren, ignorieren, auflaufen lassen, einschüchtern, Wissen bun-kern, Gewalt anwenden.*	*Mittel*, die gut legitimiert sind. Hier kommt es zu konstruktiven Wechsel-wirkungen zwischen Führen und Fol-gen: *Qualifizieren, Meinungen bündeln, Interessen integrieren, begeistern, über-zeugen, mehr noch: Gelegenheit geben, sich selbst zu überzeugen (Verifikation), Vorbild sein, sich überzeugen lassen, Orientierung suchen, gute Konzepte unterstützen, Wissen teilen, win-win Lösungen suchen, Ambitionen anerken-nen.*

Abbildung 6:   Herrschaftstechniken vs. kluge Mittel der Einflussnahme

In diesem Verständnis ist Herrschaft also ein Unterfall der Macht. Herrschafts-
systeme können natürlich etabliert werden, sie halten sich auch eine Weile. Der
Zerfall ist aber eingebaut, weil die Konfliktkosten eskalieren. Herrschaft ist nicht
verhandelbar und unteilbar. Größere Stabilität haben Ordnungen, die auf konstruktive Machtmittel setzen. Diese Macht vermehrt sich durch Teilen.

Mit diesem Verständnis von Macht ist es Betriebsräten möglich, starke Führungskräfte zu schätzen, Führungskräfte können ein Interesse an starken Betriebsräten haben. Und – innerhalb der Interessenvertretung ist Platz für unterschiedliche starke Persönlichkeiten!

---

[4] Czempiel, Ernst-Otto (1999): Kluge Macht, München, S. 91

3.4.2 Zur Balance zwischen Führung und Beteiligung

Die „Machtfrage" kann noch anders gestellt werden: Wer folgt wem in welcher Frage wie weit? Dann sind Machtfragen auch verhandelbar. Je mehr Menschen qualifiziert Verantwortung übernehmen, desto besser ist das. Ein Beispiel für die Arbeitsteilung zwischen unterschiedlichen Auffassungen, Kompetenzen und Werten zeigt der nachfolgende Wertebogen. Er ist die Langfassung aus dem 2. Fallbeispiel.

Angelehnt an das Wertequadrat nach Schulz von Thun[5] lassen sich Werte und Fähigkeiten, die sich gegenseitig ergänzen, durch einen Spannungsbogen verbinden. Zum einen beschreibt das Modell die beiden Pole „offensiv" und „defensiv" einer Skala, auf der sich jeder einordnen kann. Bin ich in meinem Führungsverhalten eher offensiv, oder reagiere ich eher defensiv, wenn ich etwas erreichen will?

Die Darstellung der beiden Verhaltensalternativen „offensiv" und „defensiv" in einem Wertebogen entlastet von dem Anspruch, entscheiden zu müssen, was richtig und gut ist. Vielmehr geht es darum, die Vielfalt unterschiedlicher Verhaltensmöglichkeiten wahrzunehmen und ein Verständnis für die jeweils andere Seite und deren Führungsverhalten zu entwickeln. Zudem zeigt der Bogen deutlich auf, welche Schattenseite die jeweilige Stärke hat und zur Schwäche wird. Im Stress machen wir Fehler, bei Anderen führt das möglicherweise zu Überreaktionen. Diese „Doppelfehler" sorgen insbesondere dann für Verstrickungen, wenn zwei Personen mit sehr unterschiedlichem oder sehr ähnlichem Führungsverhalten (offensiv-defensiv) aufeinandertreffen und sich völlig ungerecht vom Anderen wahrgenommen fühlen.

---

[5] Wertebogen in Analogie zum Entwicklungs- und Wertequadrat nach Friedemann Schulz von Thun: Psychologie für Führungskräfte: Reinbek 2003; S. 52 ff

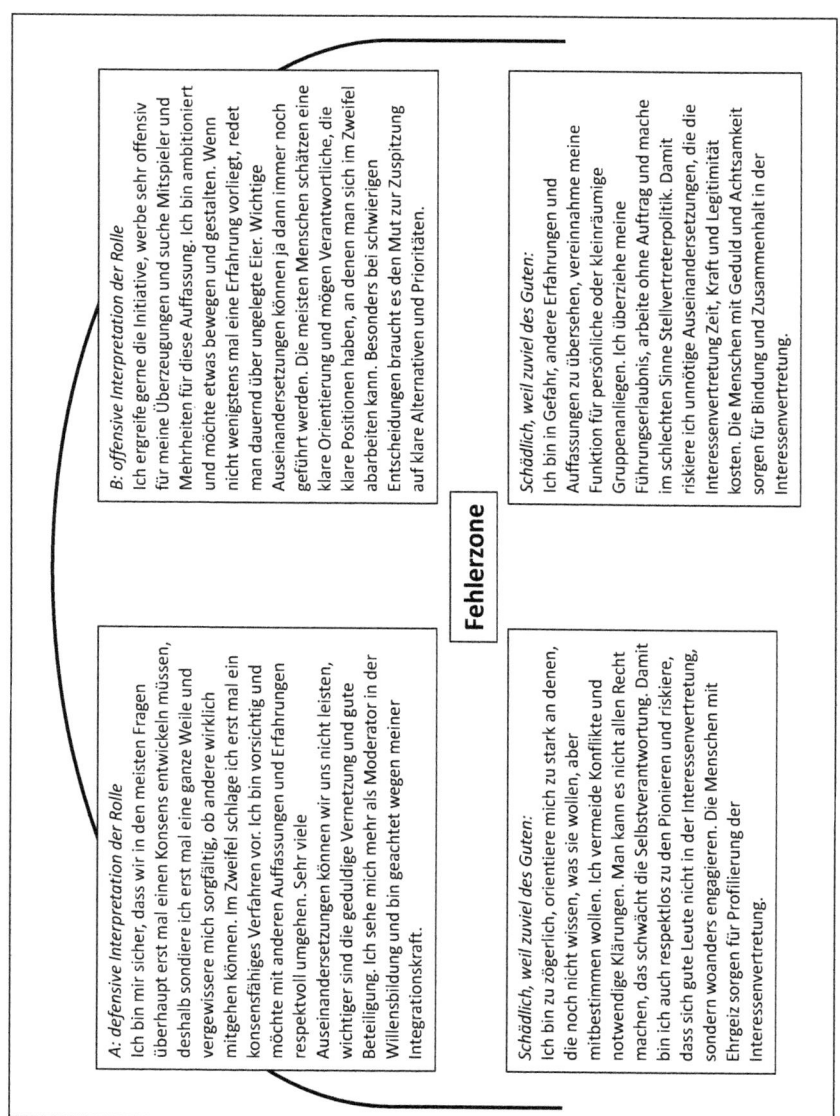

A: defensive Interpretation der Rolle
Ich bin mir sicher, dass wir in den meisten Fragen überhaupt erst mal einen Konsens entwickeln müssen, deshalb sondiere ich erst mal eine ganze Weile und vergewissere mich sorgfältig, ob andere wirklich mitgehen können. Im Zweifel schlage ich erst mal ein konsensfähiges Verfahren vor. Ich bin vorsichtig und möchte mit anderen Auffassungen und Erfahrungen respektvoll umgehen. Sehr viele Auseinandersetzungen können wir uns nicht leisten, wichtiger sind die geduldige Vernetzung und gute Beteiligung. Ich sehe mich mehr als Moderator in der Willensbildung und bin geachtet wegen meiner Integrationskraft.

Schädlich, weil zuviel des Guten:
Ich bin zu zögerlich, orientiere mich zu stark an denen, die noch nicht wissen, was sie wollen, aber mitbestimmen wollen. Ich vermeide Konflikte und notwendige Klärungen. Man kann es nicht allen Recht machen, das schwächt die Selbstverantwortung. Damit bin ich auch respektlos zu den Pionieren und riskiere, dass sich gute Leute nicht in der Interessenvertretung, sondern woanders engagieren. Die Menschen mit Ehrgeiz sorgen für Profilierung der Interessenvertretung.

B: offensive Interpretation der Rolle
Ich ergreife gerne die Initiative, werbe sehr offensiv für meine Überzeugungen und suche Mitspieler und Mehrheiten für diese Auffassung. Ich bin ambitioniert und möchte etwas bewegen und gestalten. Wenn nicht wenigstens mal eine Erfahrung vorliegt, redet man dauernd über ungelegte Eier. Wichtige Auseinandersetzungen können ja dann immer noch geführt werden. Die meisten Menschen schätzen eine klare Orientierung und mögen Verantwortliche, die klare Positionen haben, an denen man sich im Zweifel abarbeiten kann. Besonders bei schwierigen Entscheidungen braucht es den Mut zur Zuspitzung auf klare Alternativen und Prioritäten.

Schädlich, weil zuviel des Guten:
Ich bin in Gefahr, andere Erfahrungen und Auffassungen zu übersehen, vereinnahme meine Funktion für persönliche oder kleinräumige Gruppenanliegen. Ich überziehe meine Führungserlaubnis, arbeite ohne Auftrag und mache im schlechten Sinne Stellvertreterpolitik. Damit riskiere ich unnötige Auseinandersetzungen, die die Interessenvertretung Zeit, Kraft und Legitimität kosten. Die Menschen mit Geduld und Achtsamkeit sorgen für Bindung und Zusammenhalt in der Interessenvertretung.

Fehlerzone

Abbildung 7:   Wertebogen für Führungsrollen in der Interessenvertretung

3.4.3 Allgemeiner Wertebogen[6]

Wie vermeiden wir falsche Fronten im Umgang mit Werten? Wie gehen wir mit der notwendigen Ergänzungsbedürftigkeit von Werten um?

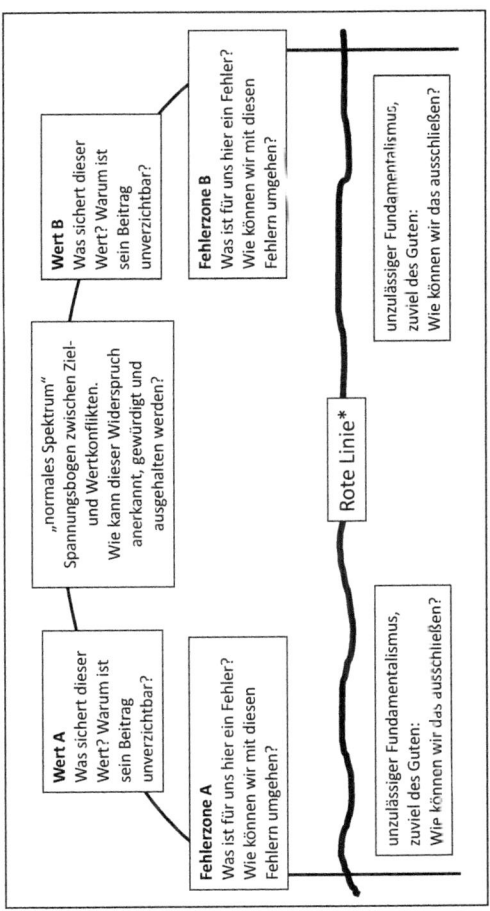

Abbildung 8: Allgemeiner Wertebogen *(*„Rote Linie" druckbedingt s/w)*

---

[6] Wertebogen in Analogie zum Entwicklungs- und Wertequadrat nach Friedemann Schulz von Thun: Psychologie für Führungskräfte: Reinbek 2003; S. 52 ff

Literatur

Besemer, Ch., 1995: Mediation – Vermittlung in Konflikten, Baden, 3. Auflage

Czempiel, E.-O. (1999): Kluge Macht, München

Fischer, R., 1995: Jenseits von Machiavelli, Frankfurt a. M.

Fisher, R., Ury, W., 1988 Das Harvard Konzept, Frankfurt a. M., 7. Auflage

Joas, H., 1997: Die Entstehung der Werte, Frankfurt a. M.

Hartkemeyer, M. & J., 1999: Miteinander Denken, das Geheimnis des Dialogs, Stuttgart

Kunkel-van Kaldenkerken, R., 1999: Konflikte als Problemlösungsenergie nutzen, in KON:SENS April/99 (auch unter www.stepberlin.de/Publikationen abrufbar)

Kunkel-van Kaldenkerken, R., 2006: Betriebsräte und Konfliktpartnerschaft, in Edding, Cornelia und Kraus, Wolfgang (Hrsg.): Ist der Gruppe noch zu helfen? Gruppendynamik und Individualisierung, Budrich Verlag, Opladen, 2006; S. 145 - 168

Omer, H./Alon, N./von Schlippe, A., 2007: Feindbilder – Psychologie der Dämonisierung, Göttingen

Redlich, A., 1997: Konfliktmoderation – Handlungsstrategie für alle die mit Gruppen arbeiten, Hamburg

Schulz v. Thun, F.: Miteinander Reden 1-3

Thomann, Ch., 1998: Klärungshilfe: Konflikte im Beruf, Reinbek

van Kaldenkerken, C. und Kunkel-van Kaldenkerken, R., 2006: Erfahrungen aus der Mediation für die Unternehmensberatung erschienen in: Bamberg/Schmidt/Hänel: Beratung – Counseling – Consulting, Göttingen: Hogrefe Verlag S. 281 - 303

Reflexionen zum partizipativen Organisationsentwicklungsprojekt der IG Metall Verwaltungsstelle Bremen – Ein Praxisbericht

Ute Buggeln und Dieter Reinken[1]

Im Folgenden handelt es sich um einen Erfahrungsbericht über das Organisationsentwicklungsprojekt in der IG Metall Verwaltungsstelle Bremen. Unter dem Aspekt der Beteiligung werden die Zielsetzung und Konzeption des Projektes vorgestellt, die einzelnen Umsetzungsphasen und deren zentrale Schwierigkeiten beschrieben sowie die Erkenntnisse über positive Ansätze und Bedingungen zur Veränderung gewerkschaftlicher Arbeit zusammengefasst. Diese Auswertung ist nicht als Gesamtresümee des Projektprozesses zu verstehen.

1 Konzeption und Zielsetzung des Organisationsentwicklungsprojektes

Im Jahr 2007 begann das zweijährige Organisationsentwicklungsprojekt der IG Metall Verwaltungsstelle Bremen als Versuch, einen Prozess partizipativer Organisationsentwicklung in der gewerkschaftlichen Arbeit zu initiieren und zum Erfolg zu bringen. Ziel des Projektes war es, unter Beteiligung aller Verwaltungsstellenbeschäftigten und örtlichen ehrenamtlichen Funktionäre (Betriebsräte, Vertrauenskörperleitungen, Aktive aus der gewerkschaftlichen Personengruppenarbeit und aus Arbeitskreisen) die gewerkschaftliche Arbeit zu überprüfen und zu verbessern.

Die Projektidee wurde im Hattinger Kreis[2] im Verlauf einer jahrelangen theoretischen Analyse und Auseinandersetzung über Praxisprozesse des Organisationslernens in Gewerkschaften entwickelt (Schmidt 2006). Werner Fricke,

---

[1] Dieter Reinken ist erster Bevollmächtigter der IG Metall Verwaltungsstelle Bremen. Ute Buggeln ist Soziologin, derzeit Stipendiatin der Hans-Böckler-Stiftung. Sie nahm im Rahmen ihres Dissertationsvorhabens an allen Entwicklungsphasen des Projektes initiativ und begleitend teil.
[2] Im Hattinger Kreis trafen sich seit Ende der achtziger Jahre Vertrauensdozenten/innen der Hans-Böckler-Stiftung, gewerkschaftsnahe Wissenschaftler/innen sowie ehrenamtliche und hauptamtliche Funktionsträger/innen der Einzelgewerkschaften und des DGB zu Workshops und Diskussionsforen. Im Mittelpunkt standen Fragen gewerkschaftlicher Reformpolitik. Informationen über die Arbeit des Hattinger Kreises sind verfügbar über http://www.hattinger-kreis.de.

Mitglied des Hattinger Kreises, konzipierte das Projekt als Aktionsforschungs-
projekt mit Dialogkonferenzen, demokratischem Dialog und einer Serie von
Lern-/Handlungszyklen als wesentlichen Elementen; der Entwurf des Projekts ist
veröffentlicht in Fricke (2005). Drei Wissenschaftler/innen des Hattinger Kreises
erklärten sich bereit, das Projekt (mit) zu initiieren und zu begleiten. Ihre Aufgabe bestand darin, den Verlauf des Projektes zu reflektieren, Blockaden rechtzei-
tig zu erkennen und Dialoge zu ihrer Bearbeitung zu unterstützen und damit den
beteiligten Akteuren die Möglichkeit zu schaffen, den Projektprozess gemäß
ihren Erfahrungen, Kritiken und Vorschlägen zu gestalten und zu steuern.

Beteiligung wird hier verstanden als eine Handlungsstrategie zur Stärkung
der politischen Auseinandersetzung in der gewerkschaftlichen Arbeit, integriert
in einen Gestaltungs- und Entscheidungsprozess, an dessen Ende das Votum der
Beteiligten bindenden Charakter besitzt. Sind derartige Verfahren partizipativer
Organisationsentwicklung, die auch die Ehrenamtlichen einbeziehen, im gewerkschaftlichen Bereich schon eine Seltenheit, so war es der Ansatz des Bremer
Dialogprojektes in besonderem Maße und in doppelter Hinsicht:

▪ Im Mittelpunkt des Projektes stand die tägliche Arbeit der gewerkschaftlichen Akteure, sie war Gegenstand des gewerkschaftlichen Lern- und Veränderungsprozesses. Die Erfahrungen, Erwartungen und Ansprüche der gewerkschaftlichen Akteure sollten reflektiert, die darin sichtbar werdenden
  Problemstellungen und Defizite in ihrer gewerkschaftlichen Arbeit benannt
  und Vorhaben zu ihrer Bewältigung vereinbart und umgesetzt werden. Mit
  der Suche der Akteure nach einer neuen Balance zwischen Verhaltensrouti-
  nen und sich laufend verändernden Handlungsanforderungen sollte die Veränderung der gewerkschaftlichen Praxis und mit ihr auch der bestehenden
  Organisationsstrukturen erreicht werden.
▪ Zentral für das Projekt war das Verfahren des demokratischen Dialogs, das
  aus der skandinavischen Aktionsforschung stammt (Gustavsen 1994) und
  den Dialog zwischen den beteiligten Akteuren zum Zentrum des gesamten
  Entwicklungsprozesses erhebt. Mithilfe praxiserprobter Regeln sollte im
  Dialog vor allem ein freier Fluss der Gedanken und Ideen zwischen den
  verschiedenen Akteuren ermöglicht werden und einen Veränderungsprozess
  in Gang setzen. Widerstände, Vorbehalte und Schwierigkeiten sollten im
  Dialog reflektiert werden.[3] Nach und nach sollten alle Beteiligten in immer
  freieren Dialogen ihre Vorstellungen zur Verbesserung ihrer alltäglichen
  gewerkschaftlichen Arbeit untereinander austauschen und zu gemeinsam

---

[3] Die Regeln des demokratischen Dialogs sind in einer Vielzahl skandinavischer OE-Projekte angewendet worden, allerdings noch nie im Bereich der Gewerkschaften.

vereinbarten Handlungskonzepten kommen, diese zeitnah umsetzen, erneut überprüfen und ggf. wieder verändern.[4]

Beide Aspekte sollten, in einem Lern-/Handlungsprozess verknüpft, in den zentralen Entwicklungsprozess münden (Fricke u. a. 1981: 160ff). Über das Lernen neuer Formen der Beteiligung, der Zusammenarbeit und der politischen Auseinandersetzung sollte es zu einer Demokratisierung des Arbeitsalltags und zu Veränderungen in den bestehenden Organisationsstrukturen kommen.

2   Das Für und Wider der Umsetzung des Projektes aus Sicht der gewerkschaftlichen Praxis

Bereits bei der Suche nach einem geeigneten Praxispartner schien das Vorhaben des Hattinger Kreises vom Scheitern bedroht. Kaum eine der angefragten gewerkschaftlichen Institutionen wollte oder konnte das Vorhaben umsetzen. Auch die Verhandlungen mit der IG Metall Verwaltungsstelle Bremen führten erst nach über einem Jahr intensiver Gespräche mit der Verwaltungsstellenleitung und mehreren Treffen mit den politischen Sekretären zu einer definitiven Zusage.

Der Reiz des Projektes lag für die Verwaltungsstelle in der Idee einer Belebung der partnerschaftlichen Arbeit zwischen den Hauptamtlichen und den Ehrenamtlichen. Vor dem Hintergrund der Sorge, dass die Schwerpunkte der Arbeit und damit die Sichtweisen von Betrieben und Verwaltungsstelle immer weiter auseinanderklaffen· die gemeinsamen Diskussionen über betriebliche und überbetriebliche Fragen erlahmen und das gewerkschaftliche Engagement einer steigenden Zahl von Betriebsfunktionären ständig zurückging, bot das Projekt die Perspektive, diese Situation zu verändern.[5] Doch trotz dieses Anreizes gab es im Vorfeld eine Reihe offener Fragen, die eine Entscheidung für die Umsetzung des Projektes erschwerten:

- So gab es keine gesicherte Einschätzung darüber, ob die Beschäftigten der Verwaltungsstelle bereit wären, sich mit den Ehrenamtlichen über Defizite der eigenen Arbeit auseinanderzusetzen. Ebenso war es eine offene Frage,

---

[4] Diesem Vorgehen liegt die empirisch gesicherte Erfahrung zugrunde, dass alle Mitglieder (gleich welcher Organisation) interessiert und befähigt sind, an der Gestaltung ihrer Arbeits- und Lebenssituation gleichberechtigt mitzuwirken. Siehe hierzu Fricke u. a. (1981) und Fricke (2009).
[5] Diese Einschätzungen finden sich in dem ersten Zwischenbericht über Verlauf und Stand des Dialogprojektes des ersten Bevollmächtigten der IG Metall Verwaltungsstelle Bremen für die erste Beiratssitzung des Organisationsentwicklungsprojektes am 25.09.2007.

ob sich die Ehrenamtlichen motivieren lassen, Zeit und Engagement in ein solches gewerkschaftliches Vorhaben zu investieren.

- Ein anderes Problem sah die Verwaltungsstelle in dem neben dem Tagesgeschäft zusätzlich aufzubringenden Zeitaufwandes des Projekts. Die Alltagsrealität der Verwaltungsstelle besteht in erster Linie aus dem Abarbeiten von tagesaktuellen Ereignissen, zentralen und dezentralen Anforderungen, Kampagnen und Terminen. Diese Anforderungen, so wurde argumentiert, hätten gegenüber dem Projekt absolute Priorität und würden mit hoher Wahrscheinlichkeit den Prozessverlauf verlangsamen und ggf. auch behindern.

- Auch bestand die Befürchtung, mit dem Aufkommen von Meinungsverschiedenheiten zwischen den Beteiligten könnte die Gefahr einer Störung der für das Tagesgeschäft notwendigen Zusammenarbeit entstehen. Diese Meinungsverschiedenheiten bestanden insbesondere in der gegenseitigen, bisher nicht öffentlich formulierten Kritik der Selbstüberschätzung eigener Fähigkeiten und der Rollendefinition der jeweils anderen Akteursgruppe.

- Vor diesem Hintergrund befürchtete die Verwaltungsstelle ein Scheitern des Projekts, was mit einem Verlust an Glaubwürdigkeit der Verwaltungsstelle hinsichtlich ihrer Bemühungen zur konstruktiven Veränderung der eigenen Arbeit einhergehen sowie die Motivation der Ehrenamtlichen zur weiteren Auseinandersetzung und Mitarbeit an der örtlichen Gewerkschaftsarbeit schmälern könnte. Aus diesem Grunde versuchte der erste Bevollmächtigte von Anfang an, die Erwartungen an das Projekt auf ein realistisches Maß zu reduzieren.

- Nicht zuletzt herrschte Skepsis gegenüber der Rolle und Motivation der Wissenschaftler/innen in dem Projekt. Zum einen bestand der Vorbehalt, die Verwaltungsstelle könnte von ihnen als bloßes „Forschungsobjekt" betrachtet werden, zum anderen war man sich nicht sicher, inwieweit die Wissenschaftler/innen bereit und fähig sind, sich auf die spezifische (Arbeits-)Situation der Verwaltungsstelle einzulassen. Dazu gehörte vor allem, die Bedeutung anzuerkennen und nachzuvollziehen, welchen „Mut" es vonseiten der Verwaltungsstelle erfordert, mit dem Projekt öffentlich Einblick in das Innenleben ihrer Arbeit zu gewähren.

Nach Abwägung all dieser skeptischen Einwände entschied die Verwaltungsstelle, das Projekt durchzuführen. Entscheidend war die Überlegung, dass die Defizite in der Gewerkschaftsarbeit[6] – das Auseinanderklaffen der Arbeitsschwerpunkte und Sichtweisen von Betrieben und Verwaltungsstelle, das Erlahmen

---

[6] Gewerkschaftsarbeit wird hier verstanden als ein über die unmittelbaren Betriebsinteressen hinausweisendes Arbeitsfeld, das sich auf die Gesellschaft als Ganzes und ihre Veränderungen bezieht.

gemeinsamer Diskussionen über betriebliche und überbetriebliche Fragen und der Rückgang des gewerkschaftlichen Engagements einer steigenden Zahl von Betriebsfunktionären – zu überwinden sind. Ein weiterer wichtiger Grund war die Überzeugung, dass eine solche Entwicklung und Veränderung mit der Übernahme von Verantwortung und dem Einbringen von Engagement gerade auch durch die Funktionsträger, die sich in den Betrieben täglich in heftigen Konflikten bewähren müssen, einhergehen muss. Trotz des bestehenden Risikos und trotz der Unwägbarkeit der Einwicklungen wollte man versuchen, die Arbeit der Verwaltungsstelle wieder zu beleben. Dieses Ziel wurde letztlich als wichtiger erachtet, als ein Verbleib in den Alltagsroutinen, mit denen die Anforderungen an die gewerkschaftliche Arbeit nicht länger zu bewältigen waren.

3   Stationen der Umsetzung des Projektes

Zu Beginn des Projektes führte die Autorin 36 Intensivinterviews[7] mit Personen aus allen beteiligten Akteursgruppen. Die Interviews verfolgten das Ziel, eine realistische Bestandsaufnahme der Sicht der Akteure auf die Arbeit der Verwaltungsstelle zu erhalten.[8] Die Auswahl der Personen nahm die Verwaltungsstellenleitung vor; sie orientierte sich sowohl an der Berücksichtigung unterschiedlicher Bereiche der Organisation und der Betriebe, wie auch an der Einbeziehung betrieblicher und ehrenamtlicher Funktionäre, die bekanntlich einen kritischen Blick auf die Arbeit der Verwaltungsstelle besitzen. Die Ergebnisse der Befragung wurden als Gesamtbericht wie auch in Form thematisch aufgearbeiteter Einzelaspekte an die Beteiligten zurückgespiegelt. Im Projekt sollte es darum gehen, die Ergebnisse zu Kernthemen zusammenzufassen und gemeinsam zu bearbeiten. Rückblickend lässt sich festhalten, dass die Interviews für die Befragten eine wichtige motivierende Funktion zur Beteiligung an dem Projekt besaßen. Die Befragten fühlten sich in ihren Meinungen ernst genommen und in das Projekt einbezogen.

---

[7] Durchgeführt wurden 36 Intensivinterviews mit 41 Personen. Das Sample bestand aus 19 Betriebsratsvorsitzenden/stellvertretenden Betriebsratsvorsitzenden (2 Frauen/17 Männer), 5 Mitgliedern aus Vertrauenskörperleitungen (1 Frau/4 Männer), 1 Jugend- und Auszubildendenvertreter, 5 Ehrenamtlichen aus der Personengruppenarbeit und der Ausschussarbeit der Verwaltungsstelle (3 Frauen/2 Männer), 4 Verwaltungsangestellten (Frauen) und 7 Hauptamtlichen (3 Frauen/4 Männer).
[8] Befragt wurden die Akteure nach ihrer Arbeit als Hauptamtliche/Verwaltungsangestellte/betriebliche/r Interessenvertreter/in (Motivationen, Erfolge, Belastungen), ihrem Engagement in der örtlichen Gewerkschaftsarbeit (Motivationen, Erfolge, Belastungen), ihrer Anforderung an die anderen Akteursgruppen, der Präsenz der Verwaltungsstelle in den Betrieben bzw. dem Engagement der betrieblichen Funktionäre in der Verwaltungsstelle, ihrer Wahrnehmung der Stärken und Schwächen der Verwaltungsstellenarbeit und ihrer Einschätzung der Veränderungsperspektiven und -chancen der gewerkschaftlichen Praxis.

Den offiziellen Projektauftakt bildete im Februar 2007 die erste „Dialogkonferenz" (Fricke 2005). Eingeladen wurden die Interviewten, die Spre-
cher/innen der Personengruppen und Ausschüsse, die Mitglieder des Ortsvor-
stands und alle Beschäftigten der Verwaltungsstelle. Hier beeindruckte vor allem
die Bereitschaft der Ehrenamtlichen, durch ihre Mitarbeit an dem Projekt Verantwortung für die örtliche Gewerkschaftsarbeit zu übernehmen. Auf der ersten
Dialogkonferenz ließ der Moderator die Beteiligten die in der Befragung ermittelten Themenschwerpunkte nach Punkten bewerten. Dabei entstand das Problem, dass diese formale Methode dem Diskussionsbedarf der Konferenzteilneh-
mer nicht gerecht werden konnte. Das Verfahren hatte den Nachteil, dass zentrale Aussagen zu Problemstellungen und Kernthemen, wie sie in den Interviews
bereits zutage getreten waren, nun (wieder) relativiert wurden. Da das formale
Themenranking nicht mehr diskutiert wurde und unterschiedliche Auffassungen
dazu nicht mehr artikuliert werden konnten, wurden zentrale Schlüsselfragen zur
Arbeit der Verwaltungsstelle ausgeblendet. Die entsprechend der Punktzahl
favorisierten Themenschwerpunkte wurden dennoch im weiteren Projektverlauf
in Arbeitsgruppen bearbeitet, mit der Folge, dass sich die Arbeitsgruppen mit
unzureichend geklärten, zu allgemein formulierten Aufgabenstellungen konfrontiert sahen.

    In den nachfolgenden Wochen nahmen die Gruppen ihre Arbeit auf und
diskutierten mögliche inhaltliche Schwerpunktsetzungen und konkrete Handlungsperspektiven. Die Wissenschaftler/innen teilten sich auf die einzelnen Arbeitsgruppen auf und gewährleisteten so eine (zumindest bei drei von vier Arbeitsgruppen) kontinuierliche Betreuung der Gruppen. Diese bestand in der Regel in der Vorbereitung der nächsten Treffen unter Beteiligung eines Mitglieds
der Arbeitsgruppen, in der Protokollführung sowie in der Erarbeitung von Vorschlägen für die Weiterarbeit. Parallel zu den Arbeitsgruppen traf sich in regelmäßigen Abständen eine Steuerungsgruppe, bestehend aus Vertreter/innen der
Arbeitsgruppen, der Verwaltungsstellenleitung und den beteiligten Wissenschaft-
ler/innen. Die Aufgabe der Steuerungsgruppe bestand darin, den Stand des Projekts zu reflektieren, gemeinsame inhaltliche Schnittstellen der Arbeitsgruppen
zu identifizieren und Vorschläge zum weiteren Projektverlauf zu entwickeln.
Ebenfalls wurde zweimal im Verlauf des Projekts ein Projektbeirat einberufen,
mit dem die Steuerungsgruppe strukturelle Probleme und Anforderungen des
Projektes erörtern konnte. Nach einem Jahr fand die zweite Dialogkonferenz
statt, auf der die Beteiligten die vorliegenden Arbeitsgruppenergebnisse diskutierten, die Themen der Arbeitsgruppen zum Teil neu formulierten und neue
Handlungspläne berieten.

    Im Laufe der Zeit erarbeiteten die Arbeitsgruppen verschiedene praktische
Ergebnisse und setzten sich für deren Umsetzung ein. Dazu gehörten z. B. die

Entwicklung und Erstellung eines Newsletters der Verwaltungsstelle, die gemeinschaftliche Erarbeitung von Standards für die Betriebsbetreuung mit gegenseitiger Verpflichtung und die Entwicklung eines Modells zur beteiligungsorientierten Erstellung des Geschäftsplanes.[9] An Letzterem soll sich der zentrale Gedanke des Projektes künftig beweisen. Ziel ist es, den Geschäftsplan mit allen Akteuren zu erarbeiten und darüber gegenseitige Verpflichtungen auf gemeinsame Ziele und Schwerpunkte in der Gewerkschaftsarbeit zu erreichen. Das Projekt endete im Dezember 2009 mit einer Abschlusskonferenz, auf der die Arbeitsgruppenergebnisse vorgetragen, der Projektverlauf ausgewertet und die perspektivische Weiterarbeit in der Verwaltungsstelle besprochen wurden.

4   Von der Schwierigkeit im Umgang mit Konflikten

Die Auswertung der Interviews zeigte Auffälligkeiten in der Beziehung der Akteure zueinander, die für die Gestaltung des nachfolgenden Beteiligungsprozesses von Bedeutung waren. Zunächst wurde eine ausgeprägte Vorwurfshaltung sichtbar, mit der sich die Projektakteure begegneten. Die in den Interviews gemachten individuellen Darstellungen der täglichen Zusammenarbeit waren nicht selten von persönlichen Befindlichkeiten, Disharmonien, Kompetenzstreitigkeiten und verdeckter Führungskritik geprägt.[10] Ebenso gab es bei vielen Befragten nur ein geringes Maß an Selbstkritik und damit nur eine begrenzte Reflexion der eigenen Mitverantwortung für die kritisierte Situation. Diese Haltung wurde bestärkt durch eine Misserfolgsorientierung (Fricke u. a. 1981: 248ff) gegenüber der Möglichkeit von Veränderungen in der gewerkschaftlichen Arbeit. Obwohl alle Befragten die Notwendigkeit zur Veränderung offen eingestanden, betrachteten sie die Chancen für einen erfolgreichen Veränderungsprozess dennoch als sehr gering. Dies lag unter anderem darin begründet, dass die Beteiligten Fehler und Mängel in der Verwaltungsstellenarbeit größtenteils auf die Verhaltensweisen bestimmter Personen und Personenkonstellationen reduzierten und Verbesserungen daher nur über stärkere Sanktionen oder personelle Wechsel für möglich hielten.

---

[9] Seit einigen Jahren ist von jeder Verwaltungsstelle jährlich ein Geschäftsplan zu erstellen und dem Bundesvorstand vorzulegen. Die Verwaltungsstellen beschreiben in den Geschäftsplänen ihre Zielsetzungen und verknüpfen diese mit ihren Arbeitsbereichen und den ihnen zur Verfügung stehenden Ressourcen. Der Geschäftsplan ist ein zentrales Instrument, um die Aktions- und Maßnahmenplanungen besser aufeinander abzustimmen und die Verbindlichkeit in der Umsetzung zu erhöhen.

[10] Hierzu muss angemerkt werden, dass sich die Verwaltungsstellenleitung von Anfang an dieser kritischen Situation in der Organisation bewusst war. Sie hatte die Hoffnung, durch das Projekt würde ein Prozess angestoßen, dem sich die „Beharrungskräfte", vor allem auch im Bereich der Hauptamtlichen, nicht entziehen könnten.

Nach der ersten Dialogkonferenz arbeiteten die Beteiligten in den von ihnen gewählten Arbeitsgruppen und suchten dort zunächst nach geeigneten Themen, zu denen sie Konzeptvorschläge entwickeln wollten. In den Diskussionen schreckten sie jedoch davor zurück, ihre zentralen Kritikpunkte an der (Zusammen)Arbeit bzw. mit der Verwaltungsstelle offen zu formulieren. Diese Schwierigkeit hing mit der o. g. Personengebundenheit ihrer Kritik zusammen. Sie sahen sich nicht in der Lage, ihre personenbezogene Kritik in sachliche (An)Forderungen so zu formulieren, dass sie bearbeitbar würden; sie hatten Bedenken, sich „richtig streiten zu müssen", konnten die Folgen einer solchen Auseinandersetzung für eine künftige Zusammenarbeit nicht einschätzen und wollten zudem auch der Gefahr entgehen, mit der eigenen Arbeit öffentlich in die Kritik zu geraten. In der Folge verständigten sich die Beteiligten auf unverfänglichere Themen zur weiteren Bearbeitung in den Arbeitsgruppen. Für viele schien das die „vernünftigste" Lösung zu sein.

Diese Entwicklung stand im Projekt eine zeitlang in der Kritik, führte zu Auseinandersetzungen und blockierte teilweise die Weiterarbeit. Die Praxisakteure erwarteten, dass die Wissenschaftler/innen dieses Problem und die daraus folgende Blockade des Entwicklungsprozesses lösten. Die Wissenschaftler sahen sich aber mit dieser Anforderung überfordert, denn trotz ihrer Gesprächsangebote änderte sich nichts an der Grundhaltung der Beteiligten. Die in der ursprünglichen Projektkonzeption vorgesehene Planung, relativ schnell durch konkrete Handlungsversuche (z. B. Konzepte verbesserter Betriebsbetreuung) neue Formen der Kooperation und der sachlichen, zielorientierten Zusammenarbeit zu erproben, wurde nicht umgesetzt. Die Arbeitsgruppen verharrten zu lange in Diskussionen über die Modalitäten zur Veränderung der gewerkschaftlichen Arbeit. Zügig umgesetzte Handlungsversuche und gemeinsam erzielte Erfolge hätten bestehende persönliche Barrieren in den Hintergrund treten lassen. Eine konsequentere Anwendung des im Projektkonzept vorgesehenen demokratischen Dialogs hätte mehr Raum und Möglichkeiten geschaffen, Probleme offener anzusprechen, sie in sachliche (An)Forderungen umzuformulieren und darüber das Einüben und die Entwicklung einer neuen Dialogkultur zu fördern. Aber es muss auch festgestellt werden, dass die Akteure jede Problembenennung bewusst und beharrlich vermieden, die sich auf ihr eigenes Rollenverständnis und auf Anforderungen an Engagement und Verbindlichkeit in der gewerkschaftlichen Arbeit bezogen. Diese Probleme bestanden nicht nur zwischen, sondern auch innerhalb der gewerkschaftlichen Akteursgruppen, was sich in der Atmosphäre und im Umgang miteinander widerspiegelte und die Offenheit für gemeinsame Lern- und Entwicklungsprozesse beeinträchtigte. Inwieweit diese Situation durch Dialogregeln und gemeinsam verabredete und durchgeführte Gestaltungsvorhaben hätten aufgelöst werden können, ist – da es nicht in Angriff genommen wurde –

noch eine offene Frage.[11] Möglicherweise werden individuelle Vorbehalte und Veränderungsängste, lässt man ihnen zuviel Raum und misst man ihnen im Vorfeld zuviel Bedeutung zu, zu blockierenden Hemmnissen. Andererseits zeichnen sich diese Probleme durch ihre Beharrlichkeit und durch Verfestigung der Misserfolgsorientierung der Akteure aus und schränken Möglichkeiten der Kommunikation im Projekt deutlich ein. Bei so manchem/r Beteiligten hat diese Situation – auch in Ermangelung von erfahrbaren Erfolgen – den Nachgeschmack einer Unveränderbarkeit bestehender Zustände in der Organisation hinterlassen und die Bereitschaft zum Engagement deutlich reduziert – ein typisches Ergebnis nicht behobener Misserfolgsorientierung.

Eine weitere Schwierigkeit ergab sich in der Beteiligung der Verwaltungsangestellten. Zwar waren auch sie anfangs an einer Projektbeteiligung interessiert, es gelang aber nicht, ihre Anliegen in den Kontext der zentralen Frage nach der politischen Zusammenarbeit zwischen der Verwaltungsstelle und den ehrenamtlichen Funktionären zu überführen. Ihre Interessen richteten sich scheinbar isoliert auf die Frage der Wertschätzung ihrer Arbeit und in diesem Zusammenhang auf die Gestaltung der internen Arbeitsorganisation der Verwaltungsstelle. Die Verwaltungsangestellten sahen sich zudem der gleichen Schwierigkeit wie die anderen Akteure gegenüber. Auch ihre Kritik war personengebunden und auch sie schreckten davor zurück, diese öffentlich zu benennen. Zudem betrachteten sie sich von Anfang an als „schwächstes Glied" unter den beteiligten Akteuren. Sie hegten die Befürchtung, Absprachen zwischen den Ehren- und Hauptamtlichen könnten in der Konsequenz zu einer Erhöhung der Arbeitsanforderungen im Verwaltungsbereich führen, und sie wären dann diejenigen, die es „auszubaden" hätten. In diesem Zusammenhang erwies es sich als schwierig, wenn auch als nachvollziehbar, dass die Verwaltungsangestellten am Anfang des Projektes darauf beharrten, sich in einer eigenen Arbeitsgruppe zusammenzuschließen. Damit waren sie von den Diskussionen in den anderen Gruppen isoliert – ein weiteres Defizit in der Steuerung des Projekts, das bei regelmäßigem Austausch der Arbeitsgruppen untereinander so nicht aufgetreten wäre. Dass sie zudem aufgrund begrenzter Betreuungskapazitäten der Wissenschaftler/innen in weiten Teilen der Arbeit auf sich allein gestellt waren, führte zu Orientierungsproblemen in der Weiterarbeit, später dann zu Frustrationen und letztlich zum Stillstand der Arbeitsgruppe.

---

[11] Durch die Lektüre von Marianne Kristiansen „Relational and Existential Challenges of Practicing Dialogic Action Research – Working with Social Concrete Blocks in Organizations" kann man sich davon überzeugen, dass der Ansatz, der in der Projektkonzeption vorgeschlagen ist, funktioniert und zu Erfolgen führt. Siehe hierzu Kristiansen (2007).

5   Die zentrale Rolle der ehrenamtlichen Akteure

Generell scheinen Beteiligungsprozesse, vor allem, wenn sie sich über einen längeren Zeitraum erstrecken, mit dem Zeitmangel beteiligter Akteure zu kollidieren – dies betraf auch das hier beschriebene Organisationsentwicklungsprojekt. Denn die Reflexion und Entwicklung innovativer Praktiken in der gewerkschaftlichen Arbeit fand unter Bedingungen eines erhöhten Problemdrucks in den Betrieben, entsprechend erhöhter Anforderungen an das Alltagsgeschäft und bei immer knapper werdenden personellen wie finanziellen Ressourcen statt. Das Problem des Zeitmangels betraf neben den Hauptamtlichen vor allem betriebliche Funktionäre aus Großbetrieben in zentralen Entscheidungspositionen, z. B. Vorsitzende des Betriebsrats, Mitglieder des Gesamt- und/oder Konzernbetriebsrats oder der Vertrauenskörperleitung. Aus diesem Grund war es einigen dieser Akteure nicht möglich, verbindlich und kontinuierlich am Projektprozess teilzunehmen. Bei anderen Akteuren waren die Bereitschaft und die Geduld begrenzt, mühevolle und zeitintensive Debatten über neue strategische Handlungsziele und deren Umsetzung zu führen, wenn diese nicht relativ zeitnah wahrnehmbare Erfolge versprachen.

Hier begegnen uns zwei Bedingungen, die bei der Realisierung organisatorischer Veränderungsprozesse beachtet werden müssen und die sich bei genauerer Analyse als zentrale Herausforderungen entpuppen: Zum einen gelang es nicht oder nur phasenweise, alle zentralen Träger gewerkschaftlicher Arbeit in das Projekt einzubinden. Damit fehlten einerseits wichtige Erfahrungsträger in dem Prozess (z. B. die Betriebratsspitzen strategisch wichtiger (Groß-)Betriebe), die möglicherweise aufgrund ihrer Kompetenz und ihrer Position Kernthemen deutlicher hätten benennen können. Andererseits war in der Folge ihres Fehlens eine Übertragung des gewerkschaftlichen Diskussionsprozesses auf die betriebliche Ebene nicht oder nur unzureichend gewährleistet, ebenso eine verbindliche Umsetzung der im Projekt erarbeiteten Ergebnisse bzw. getroffenen Verabredungen. Zum anderen stand das Projekt von Anfang an unter dem Erfolgsdruck, die Reflexion der bisherigen Arbeit zu gewährleisten, bestehende Unzufriedenheiten zu klären und schnelle wie effektive Ergebnisse zur Verbesserung der (Zusammen)Arbeit in der Verwaltungsstelle zu entwickeln. Nun ließe sich an dieser Stelle der Umkehrschluss ziehen, gewerkschaftliche Veränderungsprozesse wären mit ehrenamtlichen Kräften aufgrund deren Zeitnot und an schnellen Erfolgen ausgerichtetem Engagement doch nicht realisierbar. Eine solche Auffassung mag zwar aufgrund der geschilderten Situation zunächst verständlich erscheinen. Bei näherer Betrachtung erweist sie sich aber als falsch und verdeckt ein für die Gewerkschaftsarbeit viel brisanteres Problem.

Festzustellen ist, dass die Komplexität der Gewerkschaftsarbeit wie auch der Arbeit betrieblicher Interessenvertretungen zugenommen hat und erhöhte Anforderungen an die Akteure stellt, von denen sie sich langfristig überfordert fühlen.[12] In der Konsequenz konzentrieren sie sich in ihrer Alltagsarbeit auf die Erledigung der wichtigsten Aufgaben, immer mit dem Wissen, andere, ebenfalls zentrale Aufgaben nicht bearbeiten zu können. Obwohl die hauptamtlichen und die ehrenamtlichen Akteure um die Arbeitssituation der jeweils anderen Akteursgruppe wissen und für die Notwendigkeit der Vernachlässigung wichtiger Arbeitsaufgaben grundsätzlich Verständnis aufbringen, begegnen sie sich in der Praxis mit einer unterschwelligen Vorwurfshaltung: Den Hauptamtlichen wird unter anderem vorgeworfen, im jeweiligen Betrieb keine ausreichende (Mitglieder)Betreuung zu leisten, den ehrenamtlichen Betriebsfunktionären wird unterstellt, für die gewerkschaftlichen Betriebspolitik zu wenig Zeit und Engagement aufzubringen. Für die Gewerkschaften stellt sich diese Situation als besonders schwierig dar, weil sie nur noch auf ein geringes Kontingent an Betriebsfunktionären zurückgreifen können, die sich als Gewerkschafter/innen verstehen und eine aktive gewerkschaftliche Betriebspolitik betreiben. Ebenso verzeichnen sie einen Rückgang des Engagements auch von langjährigen ehrenamtlichen Weggefährten in der örtlichen Gewerkschaftsarbeit. Dass dieser Umstand auch auf Großbetriebe zutrifft, bedeutet, dass selbst ein hoher gewerkschaftlicher Organisationsgrad in der Belegschaft und im Betriebsratsgremium sowie eine große Anzahl gewählter Vertrauensleute keine Garanten für eine gut laufende betriebliche Gewerkschaftsarbeit sind (vgl. Prott 2006: 121). In der Praxis hängt somit die Gestaltung betrieblicher Gewerkschaftspolitik von einer immer kleiner werdenden Zahl von Funktionären ab – maßgeblich von Mitgliedern der Betriebsratsspitzen und Vertrauenskörperleitungen –, die aufgrund ihrer Positionen noch Einfluss darauf nehmen (können), welche gewerkschaftspolitischen Themen in den Interessenvertretungsgremien „auf die Tagesordnung" kommen und mit welcher Priorität sie bearbeitet werden. Je stärker diese Personen in den betrieblichen Kontexten eingebunden sind, desto weniger Möglichkeit haben sie, diese Ordnungs- und Transformationsfunktionen auszuüben. Damit verschiebt sich das Problem von der vordergründigen Zeitknappheit der Akteure hin zu der organisationspolitischen Herausforderung, die inneren Machtressourcen der Gewerkschaften zu stärken, zu mehren und zu mobilisieren.

---

[12] Die Mehrheit der in den Interviews befragten Hauptamtlichen, Betriebsräte und Vertrauenskörperleiter/innen bestätigte, sich in ihrer Arbeit gehetzt zu fühlen, es als Belastung zu empfinden, nur noch auf Außenreize reagieren zu müssen, in ihrem Alltag zu wenig Raum und Zeit für Reflexionen und für die gemeinsame Planung der anstehenden Aufgaben zu haben. Man fühle sich eher als Einzelkämpfer denn als Teamplayer, und die Aussicht, die Arbeit in ihren Gremien neu zu organisieren und auf mehrere Schultern zu verteilen, wurde als gering eingeschätzt.

Dieses Problem hatte auch die Verwaltungsstellenleitung vor Augen, als sie entschied, das Organisationsentwicklungsprojekt durchzuführen. Das Ziel, die Verbesserung der Zusammenarbeit zwischen den ehren- und hauptamtlichen Funktionären, und die gemeinsame Suche nach neuen Handlungspraktiken verband sich mit der Hoffnung, das ehrenamtliche Engagement in der örtlichen Gewerkschaftsarbeit und darüber auch die gewerkschaftliche Präsenz in den Betrieben zu stabilisieren und zu erhöhen. Eng damit verbunden war die Überzeugung, dass sich diese Veränderungen nur mit den ehrenamtlichen Akteuren gemeinsam erreichen lassen. Denn sie sind letztlich die Träger der gewerkschaftlichen Arbeit und ohne sie hängen jegliche Arbeitsvorhaben und Politikstrategien der Gewerkschaften in der Luft. Mit dem Bewusstsein von der Bedeutung gewerkschaftlicher Arbeit und von ihrer hohen Identifikation als gewerkschaftliche Funktionäre besitzen sie einen hohen „Sozialisierungseffekt" – sowohl bezogen auf ihre Authentizität und Glaubwürdigkeit nach außen wie auch bezogen auf ihre Loyalität und Verbundenheit mit der Organisation nach innen (vgl. Pyhel 2008: 140). Auf diesen inneren Machtpotentialen muss die Organisation – gerade in Zeiten der Krise – aufbauen, und sie muss sie stärken, will sie eine effektive Gewerkschaftsarbeit gewährleisten (vgl. Prott 2006: 215). Für die Verwaltungsstellenleitung war es daher eine zentrale Voraussetzung zur Durchführung des Organisationsentwicklungsprojektes, dass dieses Vorhaben bei den Ehrenamtlichen auf Zustimmung und Bereitschaft zum Engagement trifft. Wie sich dann in der Praxis gezeigt hat, gab es bei den beteiligten Ehrenamtlichen diese Zustimmung und Bereitschaft, und zwar in einem überraschend hohen Maße.[13]

Diese Bereitschaft in eine spürbare und den Projektprozess tragende Dynamik umzuwandeln, bedurfte der Beteiligung. Das Gefühl, ernst genommen zu werden, die Möglichkeit, sich mit Anderen auszutauschen und Einfluss zu nehmen, aber auch die damit verbundene Pflicht, Verantwortung für die Prozessgestaltung zu tragen, spielten im Projekt eine zentrale Rolle und gingen – vor allem am Anfang – eine sehr fruchtbare, produktive und lebendige Verbindung ein. Es scheint unwahrscheinlich, dass sich eine solche Dynamik, die ein Veränderungsprozess braucht, durch rein professionelle Beratungsformen ersetzen lässt. Hinzu kommt, dass der Schwerpunkt des Projektes explizit auf die Alltagsarbeit der Akteure ausgerichtet war und dies allen Beteiligten ermöglichte, auf der Grundlage ihrer Erfahrungen an den Diskussionen teilzunehmen und Anforderungen an die Veränderung der Arbeit zu konkretisieren. Auch kommt dies dem Bedürfnis der Akteure nach Reflexion und Austausch entgegen, statt – wie so oft im Alltag

---

[13] Auch die Akteure, die aufgrund ihrer betrieblich hohen Einbindung nicht (regelmäßig) am Projekt teilnahmen, begrüßten die Initiative der Verwaltungsstelle ausdrücklich. In den Interviews betonten sie die Notwendigkeit der Veränderung der Gewerkschaftsarbeit und zeigten sich offen dafür, neue Ideen und Vorschläge zu unterstützen.

– nur „Tür-und-Angel-Gespräche" führen zu können. Ebenso motiviert die Aussicht, mit dem Projekt effizientere Formen der Zusammenarbeit zu finden und damit perspektivisch die bestehenden Arbeitsbelastungen zu reduzieren. Diese Aspekte sollen nicht darüber hinwegtäuschen, dass Veränderungs- und Reflexionsprozesse den Akteuren zusätzliche Zeit abverlangen. Aber mit der Verbindung zwischen Beteiligung, Kommunikation und Alltagspraxis wird die Möglichkeit eröffnet, Lernen und Handeln effektiv(er) miteinander zu verbinden. Die in der ursprünglichen Projektkonzeption vorgesehene Erprobung konkreter Handlungsversuche kommt daher dem Interesse vieler Praxisakteure nach schnell vorzeigbaren Ergebnissen entgegen. Dahinter steckt der Ansatz, nicht theoretische Diskussionen und abstrakte Strategieplanungen in den Vordergrund des Organisationsentwicklungsprojektes zu stellen, sondern von Anfang an den Fokus gezielt und bewusst auf die Veränderung der Praxis auszurichten. Mit der Reflexion von Erfahrungen und der Entwicklung von Vorschlägen sollte sogleich die Erprobung erfolgen, die dann im Anschluss erneut reflektiert und ggf. korrigiert wird. Durch diesen wechselseitigen Bezug von Reflexion und Veränderung stellt sich die „Einheit von Lernen und Handeln" her (Fricke 1981: 163ff).

Ein solcher konzeptioneller Rahmen bietet auch den Raum, auf Probleme, die während des Durchführungsprozesses auftreten, unbürokratisch, transparent und akteursübergreifend zu reagieren. So gab es Ideen, wie auf bestimmte Tendenzen reagiert werden kann, und konkrete Versuche, in den Projektverlauf korrigierend einzugreifen. Ohne auf diese im Detail einzugehen, sind beispielhaft zu nennen: (1) Die Idee, zentrale Betriebsfunktionäre, die nicht kontinuierlich am Projekt teilnehmen konnten, nur zu bestimmten Ergebnisphasen einzuladen, ihnen den Stand des Projekts zu erläutern, entwickelte Handlungsvorschläge vorzustellen und gemeinsam die Umsetzung dieser Vorschläge zu diskutieren und zu konkretisieren. Eine solche Herangehensweise ermöglicht, zentrale Entscheidungsträger in den Prozess zu integrieren und ihre Erfahrungen wie ihr Handlungspotential für den Projekterfolg zu nutzen. (2) Die im Vorfeld der zweiten Dialogkonferenz mit einigen ehrenamtlichen Akteuren durchgeführte Reflexion und Entwicklung von Vorschlägen zur Weiterarbeit als Reaktion auf bestehende Unzufriedenheiten mit dem bisherigen Projektverlauf. Aus dieser Reflexion ging eine umfassende schriftliche Stellungnahme hervor, und es wurde eine Diskussion angestoßen, die in der zweiten Dialogkonferenz dazu führte, den ursprünglichen Themenschwerpunkt einer Arbeitsgruppe gegen den als wichtiger erachteten Themenbereich der Betriebsbetreuung auszutauschen. (3) Der Versuch der Verwaltungsstellenleitung, parallel zum Projekt eine Veranstaltungsreihe anzubieten, um die eigenen Diskussionen durch Beiträge über zentrale Tendenzen und Entwicklungen in den Gewerkschaften zu ergänzen. Den Auftakt bildete ein Vortrag über den subjektiven Umgang der Betriebsräte mit den veränderten Rollenanforderungen in ihrer Arbeit und dem veränderten Verhältnis zu den Gewerkschaften.[14] Zum letzten Punkt lässt sich ergänzen, dass Instrumente zu einem direkten und authentischen Austausch von Erfahrungen eine hohe Bedeutung für den Lernprozess der Beteiligten besitzen (vgl. Arnkil 2008). Dies gilt auch für die Gewerkschaften. In einer kürzlich erstellten Studie für den IG Metall Vorstand über Beteiligungsprojekte und -prozesse in der IG Metall forderten die beteiligten Praxisakteure einen organisationsweiten Erfahrungsaustausch, um Unsicherheit, Ängste und Vorurteile abzubauen und die Verbreitung beteiligungsorientierter Gewerkschaftsarbeit zu fördern. Wichtig sei dabei nicht nur die Darstellung von best-practice-Fällen, sondern auch die Einbeziehung negativer Erfahrungen, um neben den Erfolgsfaktoren auch bestehende Hindernisse zu verdeutlichen und Möglichkeiten ihrer Lösung aufzuzeigen.[15]

6   Resümee

Beteiligungsprozesse, so unser Fazit, können die Arbeit der Gewerkschaften stärken. In der Tarifpolitik ist das mittlerweile allgemein akzeptiert und wird praktiziert. Der Beweis, ob mit diesem Projekt Veränderungen im Organisationsleben der IG Metall Verwaltungsstelle Bremen erreicht werden konnten, wird allerdings erst in den nächsten Jahren erbracht werden können, wenn die bisherigen Ergebnisse in den „Alltag" der Verwaltungsstellenarbeit eingegangen sind. Dennoch lassen sich aus den letzten zwei Jahren Erfahrungen ableiten, die die Intention des Projektes bestärken und die Prozessgestaltung um zentrale Erkenntnisse ergänzen:

---

[14] Der Vortrag wurde gehalten von Erhard Tietel über die Forschungsergebnisse seiner qualitativen sozialwissenschaftlichen Untersuchung „Subjektive Erfahrungen von Betriebsrätinnen, Betriebsräten und Betriebsratsteams – im Hinblick auf neue Managementstrategien, heterogene Belegschaftsinteressen, gewerkschaftliche Anforderungen und Umgestaltungen in der Betriebsratsrolle" (siehe Tietel 2006).

[15] Diese Studie enthält Praxisbeispiele, die sich für einen gemeinsamen Austausch sehr gut eignen. Beispielhaft sei verwiesen auf die IG Metall Verwaltungsstelle Hamm-Lippstadt (Schulung von Betriebsratsvorsitzenden zur Einführung und Gestaltung beteiligungsorientierter Arbeitsformen in ihrer betrieblichen Interessenvertretung, unterstützt und begleitet durch die Verwaltungsstelle. Neuverteilung der Arbeit in den Betriebsratsgremien und Qualifizierung der Funktionäre zur Entlastung der Betriebsratsspitze); IG Metall Verwaltungsstelle Kiel (Organisationsentwicklungsprozess der Verwaltungsstelle unter Beteiligung der Beschäftigten und Funktionäre in direkter Wechselwirkung zu den sich wandelnden Anforderungen und Handlungsbedingungen der Interessenvertretungen im Betrieb); Raytheon Anschütz, Kiel (Neudefinition und Neuorganisation der betrieblichen Interessenvertretungsarbeit durch die Beteiligung der Beschäftigten an den betrieblichen Handlungs- und Entscheidungsprozessen) (siehe auch Buggeln 2009).

Die erste zentrale Erkenntnis ist, dass der Versuch, einen Lern- und Handlungsprozess als Motor einer Veränderung der Gewerkschaftsarbeit in Gang zu setzen, bei allen Beteiligten auf eine positive Resonanz traf. Anfangs bestand Konsens, derartige Veränderungen nur gemeinsam entwickeln und erreichen zu können. Aber die Bereitschaft der Akteure zu einem solchen Engagement ist an Bedingungen geknüpft: Bei den Ehrenamtlichen und Verwaltungsangestellten ist sie daran gebunden, nach ihrer Meinung gefragt zu werden und die Möglichkeit zu erhalten, sich aktiv und einflussreich in das Projekt einzubringen. Bei den Hauptamtlichen ist sie davon abhängig, dass sie in den Planungs- und Entscheidungsprozess des Projektes frühzeitig mit einbezogen werden und diesen mitgestalten können. Sollte sich bei ihnen der Verdacht aufdrängen, hier würde das Projekt dafür genutzt, Druck auf ihre Arbeit auszuüben, verweigern sie sich und können damit das Gesamtvorhaben blockieren. Insofern wirkt die Haltung der Hauptamtlichen wie das Zünglein an der Waage und besitzt Signalcharakter und Vorbildfunktion.

Zu Beginn eines solchen Projektes ist es wichtig, einen – möglicherweise externen – Blick auf die Organisationseinheit zu richten. In diesem müssten zwingend die Außeneinflüsse auf die Arbeit aufgearbeitet und herausgestellt werden: Hier wäre z. B. zu fragen: Wie verändert sich das Umfeld gewerkschaftlicher Arbeit? Welche objektiven Veränderungen in den Betriebsstrukturen und in den Sozialstrukturen der Arbeitnehmer/innen der Region finden statt? Wie sind die organisationspolitischen und finanziellen Bedingungen, und wie werden sie sich zukünftig entwickeln? Diese Konfrontation mit der Realität, die sich nicht (immer) unmittelbar aus dem eigenen Alltag der Haupt- und Ehrenamtlichen erschließt und wahrnehmen lässt, hat in diesem Projekt gefehlt. So wurden die Arbeits- und Handlungsfelder sowie die erarbeiteten Veränderungsperspektiven ausschließlich aus der „Nabelschau" gewonnen. Ein kritischer und kontroverser Dialog am Anfang des Projektes über die Gesamtsituation der Organisation hätte möglicherweise mehr konstruktive Zuspitzung eigener Veränderungsnotwendigkeiten erbracht, als die „Bepunktung" der eigenen Sichtweisen.[16]

Die Gewährleistung von Klarheit und Transparenz ist für den gesamten Prozessverlauf von großer Bedeutung. Dazu gehört neben der Darstellung der Projektziele und -konzeption auch das Aufzeigen und Begründen von Grenzen der Beteiligung. Dies wäre z. B. dann der Fall, wenn es darum geht, das Tagesgeschäft aufrechtzuerhalten oder wenn verwaltungsstelleninterne Reflexionen und Absprachen zur Weiterarbeit benötigt werden. Die Gelegenheit zur Reflexion sollte von jeder Akteursgruppe im Projekt genutzt werden. Zusätzlich muss

---

[16] Mit dem Projekt 2009 macht die IG Metall gerade die Erfahrung, dass die durchaus provozierende Konfrontation mit organisationspolitischen und strukturellen Defiziten Druck auf die Suche nach Veränderung ausübt.

beachtet werden, dass der Beteiligungsprozess eingebunden ist in Prozesse der Gesamtorganisation, die nicht beliebig sind. Dazu zählen z. B. zentrale Kampagnen, die Erfüllung von Vorgaben des Vorstandes oder der Bezirksleitung. Gleiches gilt auch für die alltäglichen Anforderungen, die aus Teilen der Organisation kommen und möglicherweise in Verabredungen nicht eingebunden sind. Beispielhaft zu nennen sind Anforderungen betrieblicher Funktionäre an eine professionelle Hilfe und Unterstützung der Verwaltungsstelle bei Betriebsratsgründungen oder Gestaltung von Tarifverträgen oder Betriebsvereinbarungen. Hier stellt sich – sowohl für die Leitung des Projektes als auch für alle anderen Akteure – die Frage, was gegenüber dem Projekt Vorrang hat und wer dies austariert.

Ist erst einmal ein Beteiligungsversprechen gegeben, wirkt es verpflichtend. Die Akteure achten genau auf seine Einlösung und die Ergebnisse. Es kommt dabei nicht so sehr auf die organisatorische Bedeutung der Ergebnisse an, sondern vielmehr auf den Verlauf ihrer Entwicklung und ihrer Gestaltung. Kleinere Handlungskonzepte, die aus gemeinsamen Dialogen und kritischen Reflexionen entstanden sind, können für die weitere Zusammenarbeit eine weitaus größere Bedeutung besitzen als die Planung großer politischer Handlungsziele, wenn sie nicht erreicht oder nicht von allen getragen werden (vgl. Buggeln 2009). Das setzt auch voraus, dass die neu entwickelten Handlungskonzepte zuverlässig vorbereitet, erprobt und veränderten Umsetzungsbedingungen angepasst werden. Denn die Gefahr wie oftmals die Notwendigkeit, aber auch schon die Gelegenheit, konkrete Vorhaben unkontrollierten Ereignissen des Alltagsgeschehens unterzuordnen, ist groß und stets vorhanden.

Ein gut funktionierender Beteiligungsprozess bedarf der Führung – oder anders ausgedrückt: Führung ist für Beteiligungsprozesse eine unverzichtbare Ressource. Dies ist nicht im Sinne von Anordnung gemeint, sondern im Sinne von Zuständigkeit für die Initiierung, für das Aufzeigen von Perspektiven, für die Unterstützung der Beteiligten und für das Vorantreiben des Prozesses. Diese Aufgaben obliegen der Projektleitung. Sie ist dafür verantwortlich, Räume und Möglichkeiten zu schaffen, um die Interessen der Beteiligten zur Sprache zu bringen und zur Erweiterung ihres Perspektivenhorizonts anzuregen und beizutragen. Genauer zu hinterfragen und zu unterscheiden ist an dieser Stelle die Rolle der Verwaltungsstellenleitung. Neben der Sicherung der notwendigen Räume und Strukturen in der Organisation zur Durchführung des Projektes und ihrer Teilnahme an der Projektleitung ist die Verwaltungsstellenleitung innerhalb des Entwicklungsprozesses selbst ein lernender Akteur. Wie alle anderen Akteure auch obliegt ihr die Aufgabe, ihre Veränderungsperspektiven zu formulieren, in Dialogen zu begründen, Vorschläge zur Entwicklung neuer Handlungskonzepte einzubringen und Grenzen der Veränderungen nach außen transparent darzustellen und zu vertreten. Sie aber als Gleiche unter Gleichen zu betrachten, wird der Realität nicht gerecht. Aufgrund ihrer herausragenden Funktion kommt der Verwaltungsstellenleitung – sowohl auf der Steuerungs- wie auf der Beteiligungsebene – eine besondere Bedeutung zu. Einerseits haben ihre Analysen zum Prozessverlauf sowie ihre Haltung und Entscheidungen zu Fragen der Weiterarbeit erheblichen Einfluss auf die Steuerung des Projektes. Andererseits treffen ihre Einschätzungen und Wortbeiträge im Beteiligungsprozess auf besondere Aufmerksamkeit der anderen Akteure und beeinflussen unter Umständen deren Positionen. Damit spielt die Fähigkeit und die Bereitschaft der Verwaltungsstellenleitung, den Anforderungen an die Veränderung der gewerkschaftlichen Arbeit mit Offenheit und Engagement zu begegnen und dabei zugleich die Möglichkeiten wie Grenzen ihrer Realisierung im Blick zu behalten, eine zentrale Rolle für den Projektverlauf. Beide Anforderungen sind von ihr in eine Balance zu bringen, sodass nicht nur alle Akteure „im Boot gehalten werden", sondern auch die Motivation behalten, sich in das Projekt aktiv einzubringen.

Die Erfahrungen zeigen, dass diese Anforderungen an die Verwaltungsstellenleitung zeitintensiv sind und darüber hinaus eigene Austausch- und Reflexionsmöglichkeiten erfordern. Im Tagesgeschäft ist dies nicht immer zu gewährleisten. Eine wichtige Voraussetzung ist es daher, dass neben der Verwaltungsstellenleitung eine Person verfügbar ist, die sich mit der Gestaltung und Entwicklung des Prozesses intensiv befasst und Zeit zur Verfügung hat, „die einzelnen Fäden" weiterzuverfolgen, diese zusammenzuknüpfen, Vorschläge zur Weiterarbeit und Vernetzung in das Projekt hinein zu geben und den Akteuren als Ansprechpartner/in zur Verfügung zu stehen. Die Dauer der Tätigkeit einer/s solchen Koordinators/in sollte über das offizielle Ende des Projektes hinaus angelegt sein, um die Implementierung der Projektergebnisse in den Alltag der Verwaltungsstellenarbeit zu überprüfen, weiterhin zu fördern und zu sichern.

Mit diesem Projekt wurden Einblicke in interne Prozesse einer gewerkschaftlichen Gliederung gewährt. Es konnte gezeigt werden, dass die Motivation, die Dynamik und der Erfolg eines Veränderungsprozesses in der Organisation von unterschiedlichen Faktoren und Voraussetzungen abhängen. Von den Akteuren erfordert dies die Bereitschaft, sich mit der Situation in der eigenen Organisation zu befassen, die Stärken und Schwächen zu reflektieren, bestehende Handlungs- und Entscheidungsgewohnheiten zu hinterfragen und die Hauptkonflikte in der Arbeit zu erkennen und zu benennen (vgl. Schroeder/Keudel 2008: 82f). Dabei geht es nicht um die Korrektur einzelner organisatorischer Belange. Die Innovation liegt vielmehr in dem gemeinsamen Lernprozess zur Entwicklung neuer Handlungsmuster, neuer Formen politischer Auseinandersetzung, der Veränderung bestehender Rollenverständnisse und Organisationsstrukturen (vgl. Zoll 2003). In diesen Prozessen spielen Beteiligung und Kommunikation eine

sehr zentrale Rolle. Das Eine kann seine Ressourcen ohne das Andere nicht entfalten. Lässt man – bewusst oder unbewusst – innergewerkschaftliche Tabuthe-
men außer Acht, beschneidet das nicht nur die Handlungsfähigkeit der Akteure
und die Veränderungsfähigkeit der Organisation, sondern es bleiben eingefahrene Konflikte als ewige Störenfriede virulent und blockieren die gewünschten
Veränderungsprozesse.

Literatur

Arnkil, Robert (2008): In Search of Missing Links in Disseminating Good Practice –
    Experiences of a Work Reform Programme in Finland. In: International Journal of
    Action Research, Band 4, S. 39-61
Buggeln, Ute (2009): Beteiligung als Ansatz zur Stärkung gewerkschaftlicher Handlungs-
    und Politikfähigkeit. Unveröffentlichter Abschlussbericht über eine Dokumentation
    beteiligungsorientierter Gewerkschaftsarbeit im Auftrag des IG Metall Vorstandes,
    Hamburg
Gustavsen, Björn (1994): Dialog und Entwicklung – Kommunikationstheorie, Aktionsfor-
    schung und Strukturreformen in der Arbeitswelt. Berlin: Edition Sigma
Fricke, Else/Fricke Werner/Schönwälder, Manfred/Stiegler, Barbara (1981): Qualifikation
    und Beteiligung – Das „Peiner Modell". Frankfurt/M./New York: Campus
Fricke, Werner (2005): Das Modell der Dialogkonferenz zur Vernetzung von Wissen-
    schaftlern und Gewerkschaftern als Arbeitskonzept für den Hattinger Kreis. In: Hat-
    tinger Kreis, Interne Manuskripte: Organisationslernen in den Gewerkschaften. Ver-
    fügbar über http://www.hattinger-kreis.de
Fricke, Werner (2009): Innovatorische Qualifikationen. Ihre Entfaltung und Anwendung
    im Prozess des Lernens und Handelns in Arbeitssituationen. In: Bolder,
    Axel/Dobischaft, Rolf (Hrsg.): „Eigen-Sinn und Widerstand". Wiesbaden: VS Ver-
    lag für Sozialwissenschaften, S. 179-206
Kristiansen, Marianne (2007): Relational and Existential Challenges of Practicing Dialog-
    ic Action Research – Working with Social Concrete Blocks in Organizations. In: In-
    ternational Journal of Action Research, 3. Jg, Heft 1 + 2, S. 15-37
Prott, Jürgen (2006): Vertrauensleute – Ehrenamtliche Gewerkschaftsfunktionäre zwi-
    schen Beruf und sozialer Rolle. Münster: Verlag Westfälisches Dampfboot
Pyhel, Jörn (2008): Gewerkschaftliche Mitgliedschaftsloyalität – Eine empirische Analyse
    der IG Metall-Mitgliederbindung in der Fahrzeugindustrie und im Maschinenbau.
    Kassel: Kassel University Press
Schmidt, Eberhard (2006): Die Auseinandersetzung des Hattinger Kreises mit Fragen des
    Organisationslernens in den Gewerkschaften (2000-2006). In: Hattinger Kreis, In-
    terne Manuskripte: Organisationslernen in den Gewerkschaften. Verfügbar über
    http://www.hattinger-kreis.de
Schroeder, Wolfgang/Keudel, Dorothea (2008): Strategische Akteure in drei Welten. Die
    deutschen Gewerkschaften im Spiegel der neueren Forschung, Düsseldorf: Edition
    der Hans-Böckler-Stiftung 219

Tietel, Erhard (2006): Konfrontation – Kooperationen – Solidarität. Betriebsräte in der sozialen und emotionalen Zwickmühle. Berlin: Edition Sigma

Zoll, Rainer (2003): Gewerkschaften als lernende Organisation – Was ist eigentlich das Problem? In: Gewerkschaftliche Monatshefte, 54. Jg. Heft 5, S. 315-321

Von der wissenden zur „Lernenden Organisation" durch kollegiale Beratung und Dialog

Traute Müller und Wolfram Müller

1 Vom Begriff zur Konzeption

Die „Lernende Organisation" als Begriff ist heute selbstverständlich geworden. Beratung, die sich mit diesem Begriff schmückt, erzeugt zuerst ein müdes Lächeln auf das Gesicht von Managern, Betriebsräten sowie Personal- und Organisationsentwicklern. Das haben sie alle schon gehört, und in der Tat stellt der Begriff zu vielen Lernangeboten in Organisationen eine gute Brücke her. Doch wenn wir tiefer einsteigen, wird es spannend. Der Begriff Lernende Organisation ist das Eine und die dahinterliegende Konzeption (Senge 1999) sehr viel mehr. Bei uns erzeugt die Beschäftigung mit der Konzeption eine kreative Spannung, denn die Konzeption und Philosophie ist aufregend und wird noch viel zu wenig genutzt bei allen Formaten im Kontext von Personal- und Organisationsentwicklung.

Die Konzeption ist bisher nur in einigen Aspekten verarbeitet und ihre Umsetzung nicht einfach – ja, nach unseren Erfahrungen zum Teil mühevoll. Wir haben das Modell bei Führungskräften und bei Seminaren mit Betriebsräten eingeführt. Würde uns die Konzeption, die besondere Verknüpfung der Felder von Personal- und Organisationsentwicklung, nicht so begeistern – wir hätten längst aufgegeben. Die einzelnen Elemente der Lernenden Organisation sind wichtig, aber heute keine Sensation mehr. In der selbstverständlichen Verknüpfung dieser Aspekte erfährt die Arbeit einen Qualitätssprung. Wer sich in den Grundlagentext der „Lernenden Organisation" vertieft, der wird sich immer wieder angenehm herausgefordert fühlen, die wesentlichen Erkenntnisse zur Reflexion des Führungshandelns zu nutzen. Ein Lernfeld auch für die Beratungszunft.

Unsere Beratungsfirma „relations" macht Organisations- und Personalentwicklung seit mehr als 30 Jahren. Zielgruppe sind in erster Linie Führungskräfte der privaten Wirtschaft. Seit 2002 hat relations ein spezielles Angebot für Betriebsräte mit dem Fokus auf Führung. Hintergrund für diese Maßnahme ist die Erkenntnis, dass Betriebs- und Personalräte wichtige Führungsaufgaben wahrnehmen. Neben unserem Produkt „Praxisbegleitung für Führungskräfte" gibt es die Praxisbegleitung für Interessenvertretung.

Die Lernende Organisation ist für beide Maßnahmen eine wesentliche Grundlage und ist sowohl für Führungskräfte als auch für Betriebsräte herausfordernd und anregend. Worin liegen die Herausforderungen und die Anregungen? Die Lernende Organisation benennt fünf Disziplinen, die es zu lernen gilt. Persönlichkeitsentwicklung – oder Selbstführung, Teamentwicklung und Systemdenken gehören zum Standard einer ambitionierten Personal- und Organisationsentwicklung. Die mentalen Modelle werden seltener vertieft. Die Verknüpfung im Sinne des Systemdenkens ist spannend und herausfordernd zugleich.

2   Die fünf Disziplinen der Lernenden Organisation

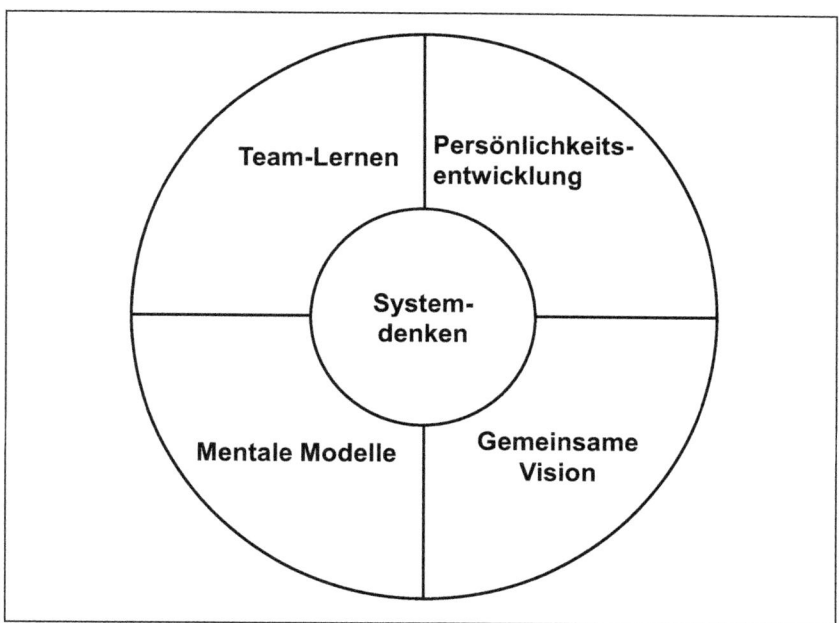

Abbildung 1:   Disziplinen der Lernenden Organisation

In der Praxisbegleitung für Betriebsräte werden alle Disziplinen je nach Erfordernis betrachtet und bearbeitet. Auch wenn wir das Modell gelegentlich am Anfang einer Praxisbegleitung vorstellen, so bleibt es doch abstrakt, weil die dahinter liegenden Bilder und Entwicklungen noch nicht erkennbar sind.

Übersetzen wir die die Erfahrungen der Interessenvertretungen in eine Landkarte der Zustände in Organisationen, die wir gern für unsere Reflexionsprozesse benutzen, dann sind Betriebsräten *das Gebirge der Herausforderungen, der Gipfel des Erfolgs, das Moor der Ohnmacht, das Dorf der sozialen Unterstützung, die Weinberge der Geselligkeit, der Vulkan der Macht, das Schlachtfeld des Konkurrenzkampfes* und *das Dorf Zivilcourage* vertraut – und wenn es gut läuft, dann wird an einigen Orten auch angehalten und eine Denkpause eingelegt. Andere Orte wie *die Insel der Individualität, der Fluss des Bei-sich-selbst-seins, Felder der unproduktiven und unerfüllten Arbeit, die Landstriche der Antreiber, der Abgrund der Überforderung, die Oase der Kreativität und Inspiration, der Leuchtturm der Zukunft, das Meer der Möglichkeiten* werden zwar angesteuert, aber wenig reflektiert.

In Bezug auf die fünf Disziplinen bedeutet das, die Reflexionsfähigkeit zu stärken – im Fokus stehen die Aufdeckung von Visionen und die Selbstführung. Die Disziplin der mentalen Modelle schärft die Wahrnehmung, die verschiedenen Landschaften genauer zu betrachten, um Wege in die produktiven Landschaften zu ebnen.

3   Praxisbegleitung für Interessenvertretungen

Die Praxisbegleitung ist ein Personalentwicklungskonzept, das die Formate Organisationsentwicklung, Coaching und Weiterbildung verbindet und die Führungsaufgaben der Teilnehmenden in den Mittelpunkt stellt (siehe Müller, T. 2008). Es wurde in der Kooperation mit ver.di an die speziellen Aufgaben der gewerkschaftlichen und betrieblichen Interessenvertretungen angepasst und weiterentwickelt.

Die Praxisbegleitung wird von ver.di Hamburg im Fachbereich Verkehr seit 2005 mit sehr gutem Erfolg eingesetzt. Die Fortbildung hat zur systematischen Entwicklung der Kompetenzen des Führungspersonals im Fachbereich und zu Erfolgen in der Mitgliedergewinnung beigetragen (siehe Kamin-Seggewies 2009). Inzwischen setzt auch ver.di NRW die Praxisbegleitung ein. Außerdem sind in einigen Unternehmen wie bei Fraport, ThyssenKrupp und Hapag Lloyd nach dieser Konzeption Betriebsräte begleitet worden. Die Praxisbegleitung stärkt das Wissen, die Handlungsfähigkeit und das Selbstbewusstsein der Teilnehmenden und wird wirksam auf folgenden Ebenen:

- Personelle Weichenstellungen: Teilnehmende aus der zweiten und dritten Reihe entscheiden sich, nach vorn zu gehen und übernehmen Führungsfunktionen in den Unternehmen und bei ver.di.
- Veränderung der persönlichen Haltung: Sie entwickeln Selbstbewusstsein zu den eigenen Führungsaufgaben und wissen um ihre eigene Wirksamkeit.
- Ziele werden gesetzt und strukturierte und systematische Prozesse werden etabliert, wie z. B. die regelhafte betriebliche Mitgliederwerbung oder die Öffentlichkeitsarbeit für den Betriebsrat.

Die grundlegende Konzeption besteht aus folgenden Säulen:

- Verbindliche Bearbeitung eines eigenen Führungsthemas, das sachliche Ziele mit einem persönlichen Entwicklungsziel verbindet
- Kollegiale Beratung, d. h. sich in der Gruppe gegenseitig und partnerschaftlich zu beraten und von unterschiedlichen Wissens- und Erfahrungsständen zu lernen
- Bedarfsorientierte Methodenvermittlung zu den Fragen von Führung
- Organisationsentwicklung durch die Berater/innen (relations und ver.di)

Das persönliche Führungsthema wird als Projekt strukturiert, formuliert und regelmäßig fortgeschrieben. Damit werden Erfolge, Entwicklungen und Blockierungen erkennbar und die Umsetzung regelmäßig reflektiert. Die Praxisbegleitung dauert ca. ein Jahr mit 6 Treffen (siehe relations 2010).

4   Praxisbegleitung für Betriebsräte im Kontext der Lernenden Organisation

Mit der Praxisbegleitung für Interessenvertretungen steht Führung im Fokus

Nach Pechtl (1989: 203) gehören vier Funktionen zur Führung. Führung hat die Funktion der Leitung, der Beratung, der Verhandlung und die Funktion, Mitglied sein in einem Team. In der Praxisbegleitung stärken wir alle vier Funktionen – die Funktion der Leitung und der Beratung sollen in diesem Artikel besonders betrachtet werden.

Die Leitungsfunktion ist die klassische Funktion, mit der Führung verbunden wird. Im Kontext der Lernenden Organisation ist die Leitungsfunktion in allen Feldern der Lernenden Organisation wirksam. Entscheidend ist die Leitungsfunktion bei der Entwicklung von Visionen und der Selbstführung.

4.1 Die Vision und Selbstführung als Disziplinen in der Lernenden Organisation

Eine *Vision* erzeugt Energie und Richtung in der Organisation. Die Mission, eine gemeinsame Bestimmung zu wecken oder freilegen und Zukunftsbilder zu entwickeln, wird ganz unverkrampft gefordert. Senge nimmt eine deutliche Abgrenzung vom technokratischen Denken vor und ist für Betriebsräte die Einladung, an die Wurzeln ihrer Arbeit anzuknüpfen. Die Vision gibt Richtung vor: „Eine gemeinsame Vision ist gleichzeitig das Ruder, das den Lernprozess auf dem richtigen Kurs hält" (Senge 1996: 256).

Wertvoll ist die Erläuterung der verschiedenen Haltungen zu den Visionen. Wer eine Vision verbreiten will, braucht echtes Engagement. Das ist aber nicht ohne Weiteres herstellbar. Eigentlich keine neue Nachricht. Doch Senge unterscheidet klug zwischen den Stufen „echtes Engagement", „gute Soldaten" „widerstrebende Einwilligung" und „Nichteinwilligung" (ebenda: 267). Betriebsräte können mit dieser Skala sehr schnell etwas anfangen. Der Vorteil ist, dass Haltungen in ihren Differenzierungen sichtbar werden. Das erfordert auch verschiedene Interventionen. Zugleich ist diese Skala die Antwort darauf, warum viele Veränderungsvorhaben scheitern: „Die große Mehrheit der Mitarbeiter befindet sich im Zustand der Einwilligung. Sie machen mit (…) aber sie zeichnen sich nicht durch wirkliche Teilnehmerschaft aus" (ebenda: 268).

Ohne individuelles Lernen gibt es keine Lernende Organisation (ebenda: 267). Bei Senge heißt es *Personal Mastery*, als Selbstführung und Persönlichkeitsentwicklung. Es geht um das kontinuierliche Klären der eigenen Vision und um ein möglichst klares Bild der Realität. Mit diesen einfachen Worten wird ein beträchtlicher Anspruch formuliert. Besteht doch die Herausforderung darin, immer wieder sich mit der Vision zu verbinden und Widerstände, Herausforderungen zu überwinden. Die Realität wahrzunehmen bedeutet, die eigene Wahrnehmung zu schärfen, Gegebenheiten anzunehmen, die nicht ins eigene Bild passen und wahrzunehmen, wie die eigene Haltung die Realität beeinflusst.

4.1.1 Bearbeitung der Vision und der Selbstführung in der Praxisbegleitung – Konzeption und methodisches Vorgehen

In der Praxisbegleitung entwickeln alle Teilnehmenden zum Start ein eigenes Führungsthema, das sie während des Zeitraumes von einem Jahr bearbeiten. Das Führungsthema besteht aus einem persönlichen und sachlichen längerfristigen Ziel. Das Führungsthema soll sich an den notwendigen Aufgaben und Zielen des eigenen Gremiums orientieren – aber zugleich den eigenen Aufgabenbereich in

den Blick nehmen. Was soll in einem Jahr anders sein als heute? Was soll er-
schaffen werden und wozu soll ein Beitrag geleistet werden?

Grundlage für die Ziele ist eine Organisationsdiagnose und eine Einschätzung zu den eigenen Entwicklungsfeldern. Die Diagnose wird in verschiedenen
Schritten erreicht. Für das sachliche Ziel setzen die Teilnehmenden sich smarte
Ziele, d. h., sie sind spezifisch, machbar, ambitioniert und realistisch. Betriebsräte, die von ihren Betriebsratsvorsitzenden in die Praxisbegleitung entsandt werden, sollen im weiteren Verlauf ihr sachliches Projekt rückkoppeln, damit die
Unterstützung bei der Umsetzung gewährleistet wird. Die persönlichen Entwick-
lungsziele bleiben vertraulich.

Für die persönliche Ausübung der Führungsaufgabe nutzen wir den Rollen-
begriff. Die Führung kann in unterschiedlichen Rollen ausgeübt werden. Die
Leitungsrolle wird anders ausgefüllt, wenn sie mit den Rollen des Kämpfers oder
Koordinierers, des Visionärs oder des Machers verbunden ist. Wir beziehen uns
vom Verfahren auf das Psychodrama, das das Handeln als Rollenspiel versteht.
In diesem Kontext – aber auch dem Konzept vom „Inneren Team" nach Schulz
von Thun, geht es darum, das eigene Rollenrepertoire zu erweitern, dabei gewünschte Rollen zu aktivieren und auch die vorhandenen Rollen, die ein Schat-
tendasein führen, sinnvoll einzubeziehen. Durch die Aktivierung neuer Rollen
werden das eigene Rollenspiel und das eigene Verhaltensrepertoire erweitert. Für
die eine Person sind es die aufgabenorientierten Rollen, für andere die beziehungsorientierten, strukturgebenden oder innovativen Rollen der Führung.

Aus beiden Zielbereichen – den sachlichen Zielen und der Erweiterung des
Rollenrepertoirs – entsteht das eigene Führungsprojekt. Das wird auch als Projektplan entwickelt. Hierzu haben wir diverse methodische Möglichkeiten ausprobiert. Die klassische Erarbeitung am Flipchart mit den einzelnen Schritten hat
sich eher als Barriere erwiesen. Wir erarbeiten jetzt den Projektplan in Form
einer kleinen Timeline, d. h., wir schreiten die Zeit des Projektplanes ab, definieren die Schritte und ermitteln, was jeweils zu tun ist.

4.1.2 Erkenntnisse zu diesem Teil der Arbeit sowie Schlussfolgerungen

In der Abschlussreflexion mit den Teilnehmern spielt das Führungsthema eine
zentrale Rolle. „Was will ich erreichen?" Dazu besteht für die meisten Betriebsräte am Anfang der Maßnahme nur ein diffuses Bild. Nun setzen sie sich selbst
Ziele. Diese sind sehr unterschiedlich. Vom Aufbau einer professionellen Öffentlichkeitsarbeit für den Betriebsrat, der Überprüfung der Eingruppierung einer
Beschäftigtengruppe, der Einführung eines neuen Arbeitszeitmodells, der Begleitung von Veränderungsprozessen im Unternehmen, der professionelleren Aus-

schussarbeit oder der Arbeit des Betriebsratsgremiums, bis zur Mitgliedergewinnung und Aktivierung im Rahmen der Vertrauensleutearbeit gibt es viele Themen. Das ist ein Beitrag zur Organisationsentwicklung in der Betriebsratsarbeit
und nötigt den Teilnehmern ab, auf allen Ebenen der Lernenden Organisation
Entwicklungen voranzubringen.

Ebenso bedeutsam wie die Setzung eigener Ziele ist der Prozess, der mit der
Wahl und Konzeptionierung des Führungsthemas einsetzt. „Man kann jetzt nicht
mehr zurück". Das Thema zwingt zur konkreten Aufgabenstellung und zwingt
auch dazu, sich mit den Widerständen auseinanderzusetzen, den eigenen und
denen im System. Gerade die Widerstände sind das Interessante. Warum geht es
nicht weiter? Hierzu den eigenen Anteil zu erkennen, aber auch zu sehen, welche
Widerstände systembedingt sind, ist ein wichtiges Reflexionsthema.

Selbstführung ist stark gefragt. Wir haben viele Teilnehmer erlebt, die mit
ihrem Thema ins Stocken geraten sind. Ihr Thema ging nicht weiter. So hatte
eine Teilnehmerin zwar grünes Licht für die Öffentlichkeitsarbeit bekommen –
aber dann hatte sie den Eindruck, dass es keine Unterstützung für sie gab. Sie
hatte keine Lust mehr – auch keine Lust, andere Kollegen zu motivieren. Sie
musste sich mit ihrer eigenen Lustlosigkeit, andere anzusprechen und zu motivieren, auseinandersetzen. Viel lieber erledigte sie die Dinge selber – das ging
auch viel schneller. Im Prozess erkannte sie, dass ihr vieles in ihrem Gremium
nicht gefiel. Die Arbeit schien ihr nicht gut organisiert, zuviel Arbeit lastete auf
wenigen Schultern, aber sie hatte bisher nicht den Mut gefunden, ihre Unzufriedenheit offen anzusprechen. Nun musste sie initiativ werden.

Das Führungsthema zeigt auf, was vordergründig und im Hintergrund bei
der Realisierung der Ziele im Wege steht. Das kontinuierliche Klären der eigenen Vision findet hier statt. Das geht nur mit Selbstführung und Selbstbewusstsein in dem Sinne, „sich seiner selbst mehr bewusst zu werden – auch in welchem Rahmen ich wie agiere" – wie es ein Teilnehmer in der Abschlussreflexion
treffend zum Ausdruck brachte.

4.2 Mentale Modelle und Teamlernen nach der Lernenden Organisation

„Auch wenn die Menschen nicht (immer) in Übereinstimmung mit ihren verlaut-
barten Theorien handeln, handeln sie doch in Übereinstimmung mit ihren *prakti-
zierten Theorien* (ihren mentalen Modellen) (Senge 1999: 214). Mentale Modelle
sind Annahmen über Sachverhalte, die unser Handeln steuern. Ein Betriebsratsvorsitzender, der davon überzeugt ist, dass die Belegschaft an seiner Arbeit interessiert ist, wird daraus andere Schritte ableiten als derjenige, der von immer
mehr Interesselosigkeit und Apathie ausgeht. Dabei ist nicht das Problem, dass

die eine Überzeugung richtig ist und die andere falsch. „Problematisch ist, wenn die Überzeugungen im Verborgenen operieren. Die Überzeugungen an die Oberfläche zu holen und sie sich genauer anzusehen, ist die Aufgabe.

Wertvoll ist außerdem der Begriff der *„Abwehrroutinen"*, die „unsere mentalen Modelle vor einer kritischen Untersuchung schützen" (Senge 1999: 303). „Die wollen doch gar nicht mitarbeiten" oder „dafür haben wir keine Zeit" sind klassische Abwehrroutinen, mit der mehr Beteiligung aller BR-Mitglieder in der Gremienarbeit erstmal abgewehrt wird. „Ich kann mein Thema nicht voranbringen, weil der Betriebsratsvorsitzende mich nicht unterstützt", ist eine klassische Abwehrroutine, wenn das Führungsthema nicht vorankommt. Die eigenen Überzeugungen zu reflektieren und zu erkunden, wie sie das eigene Verhalten steuern, ist eine der schwierigsten und wichtigsten Aufgaben. Ebenso persönliche Bilder und tief verwurzelte Annahmen aufzudecken und wahrzunehmen, wie sie die eigene Wahrnehmung lenken. Besonders wichtig ist, den Widerspruch zu den eigenen Visionen zu erkennen.

Das Teamlernen als Disziplin der Lernenden Organisation unterscheidet sich nicht von anderen Konzepten. Betont wird im Konzept der Lernenden Organisation, dass gute Teams sich gerade dadurch auszeichnen, dass sie Konflikte haben – aber in der Lage sind, sie produktiv zu lösen. Wieder wird auf die Fähigkeit verwiesen, mit Abwehrroutinen umzugehen.

4.2.1 Bearbeitung der mentalen Modelle und das Teamlernen in der Praxisbegleitung

Die *Kollegiale Beratung* ist ein Kernstück der Praxisbegleitung. Alle Teilnehmer bringen Fragen beim Fortgang ihres Führungsthemas in die kollegiale Beratung ein. Das Gute der kollegialen Beratung ist, dass alle Teilnehmer entweder Beratung nutzen oder beraten. Die Kollegiale Beratung, eine besondere Form des Coachings, in der die Teilnehmenden lernen, sich – mit Blick auf ihr eigenes Führungsthema – gegenseitig kollegial zu beraten. Ziel dieser Maßnahme ist u. a., dass sich die Teilnehmenden nach Abschluss der Praxisbegleitung auch ohne externe Anleitung kollegial beraten können (siehe Müller, T. 2008). Alle Teilnehmenden sind bei der Kollegialen Beratung entweder in der Leitungsfunktion, denn sie bringen ihr Thema ein, für das sie verantwortlich sind, oder sie sind in der Beratungsfunktion. Das Vorgehen erfolgt in einer einfachen, aber professionellen Vorgehensweise. Die Beratung folgt den Grundsätzen der Prozessberatung und nicht der Fachberatung. Allerdings entsteht ein besonderer Mix, da wir als externe Berater/innen professionelles Beratungswissen einbringen und die Teilnehmer in der kollegialen Beratung lernen, professionelle

Grundsätze immer mehr zu nutzen. Ein wichtiger Grundsatz ist die Unterscheidung zwischen der Diagnosephase und der Beratung. Erst wenn das Beratungsanliegen geklärt ist, kann beraten werden. Um gut zu beraten wird gelernt:

- Aktives Zuhören
- Gezieltes und erkundendes Fragen
- Einfühlendes Verstehen
- Selbstwahrnehmung
- Hypothesenbildung
- Eine strukturierte Gesprächsführung
- Beachtung von Feedbackregeln
- Methodenwissen

Zum Kerngeschäft von Betriebsräten gehört die Beratung von Beschäftigten. Dennoch stellen wir immer wieder fest, wie nützlich die Einführung einer Beratungsstruktur ist.

Als Feedbacknehmer besteht die Herausforderung, sich nicht zu rechtfertigen, einfach zuzuhören und nachher zu entscheiden, was für mich nützlich war und was nicht. Beim Feedbackgeben ist es wesentlich, die Beratungsstruktur einzuhalten. Die erkundende Haltung einzunehmen, ist sehr ungewohnt. Raum zu lassen für ein tieferes Nachdenken, um die wesentlichen Punkte zu treffen.

Mit der *Erkundung der mentalen Modelle* entsteht eine wichtige Disziplin, die Beratung tiefgründiger und nachhaltiger zu gestalten. Ein talentierter Betriebsrat, der sein Führungsthema nicht auf die Schiene brachte und hierfür die äußeren Umstände verantwortlich machte, kam erst weiter, als er sich mit seinem inneren Zweifel befasste, ob er überhaupt in der Politik des Betriebsrats mitmischen wollte und dafür persönlich geeignet ist. Einer dynamischen und außerordentlich erfolgreichen Betriebsratsvorsitzenden gelang es trotz zahlreicher Bemühungen nicht, die Zusammenarbeit mit der Opposition in ihrem Gremium besser zu gestalten, bis sie sich mit ihrer Überzeugung auseinandergesetzt hatte, dass sie diese Zusammenarbeit aus tiefstem Herzen wirklich nicht wollte.

Auch der Begriff der *Abwehrroutinen* ist – einmal gesetzt – eine wirkliche Hilfe, um diese zu reflektieren. Die Aufgabe besteht darin, Abwehrroutinen zu identifizieren, ohne sie zu verstärken. Auch in der kollegialen Beratung haben wir es in den Gruppen mit Abwehrroutinen zutun. „Ich habe keinen Beratungsbedarf" – eine typische Abwehrroutine. Eine Intervention, die ermöglicht – möglichst unaufgeregt – diese Abwehrroutinen zu untersuchen, fördert Reflexionsprozesse. Dann wird zum Beispiel offen die Sorge ausgedrückt, sich mit seinen schwachen Seiten zu zeigen oder dass noch nicht genügend Vertrauen in der Gruppe ist. Die Beratungsanliegen werden danach häufiger und offener gezeigt.

Unsere Erfahrung: Alle Disziplinen der Lernenden Organisation können in der Gruppe bearbeitet werden. *Welche Vision haben wir für die Gruppe? Welchen Beitrag leiste ich? Was wäre in Sachen Team-Lernen dran? Welche mentalen Modelle sind von Bedeutung und welche Abwehrroutinen sind im Spiel?* Auch das Systemdenken wird dann klar. *Wie kann das Gesamtsystem weiterentwickelt werden – wo liegt der zentrale Hebel?* Mit diesen Fragen sind alle in der Beratungsfunktion für das Lernteam tätig und das Modell der Lernenden Organisation wird verständlich und nützlich.

4.2.2 Erkenntnisse und Schlussfolgerungen

Die Stärkung der Beratungskompetenz löst Impulse aus, die klassische Beratung des Betriebsrats optimaler zu gestalten. Sich Zeit zu nehmen für die Beratung, nicht mal eben in der Mittagspause zu beraten, waren dazu wichtige Anregungen. Es sollte ein guter Rahmen sichergestellt werden. Dies ist inhaltlich wichtig, damit auch das Beratungsanliegen wirklich geklärt werden kann; es schafft der Beratung mehr Anerkennung und gibt ihr einen größeren Wert. Unsere Erfahrung ist, dass es in der *Beratungsfunktion* leichter ist, sich der Disziplin der mentalen Modelle zu nähern als in der *Leitungsfunktion.* So ist es nun mal. Die Abwehrroutinen bei Anderen zu erkennen, ist leichter als die eigenen zu sehen. Doch ist der Grundsatz erstmal verständlich, dann ist der Zugang zu den eigenen Glaubenssätzen und Überzeugungen sehr viel besser herzustellen. Die Begrifflichkeiten ‚mentale Modelle‘ und ‚Abwehrroutinen‘ sind ungewohnt – nicht allein für Betriebsräte. Dennoch – allein der *Begriff Abwehrroutinen* ist für Lernprozesse in Organisationen Gold wert. Abwehrroutinen werden nicht zum persönlichen Problem einzelner Personen, sondern sie sind ein selbstverständlicher und gelegentlich auch nützlicher Teil in Organisationen. Professionalität bedeutet allerdings, sich mit den Abwehrroutinen zu befassen und zu klären, wie sie Zielsetzungen unterminieren.

Damit sind wir bei der Disziplin des Systemdenkens. Werden alle Disziplinen miteinander verknüpft, dann entsteht das Denken im Gesamtsystem und es ist zu entscheiden, wo der jeweilige Hebel für neue Lernprozesse anzusetzen ist.

5   Lernende Organisation und Dialog

Das hier verwendete Modell des Dialogs bezieht sich auf David Bohm (1998). In seinem Modell des Dialogs macht Bohm den Versuch, ein vertieftes und intensiveres Verstehen in Gesprächen zu ermöglichen. Gefühle, Wertungen, Vorannahmen und individuelle und kollektive Erfahrungen, die das Denken und Handeln der Dialogpartner bestimmen und prägen, sollen bewusst zum „Gegenstand" des Gesprächs werden und somit ein tieferes Verstehen der Gesprächspartner ermöglichen. Der „eigentliche" Sachverhalt des Gesprächs bleibt damit nicht länger isoliert von den jeweiligen individuellen und kollektiven Voraussetzungen der Gesprächspartner, sondern wird in den individuellen und organisationalen Kontext der jeweiligen Gesprächsteilnehmer gestellt. In der Folge von David Bohm entwickelte Peter Senge (1999) das Modell des Dialogs als ein tragendes mentales Muster der Lernenden Organisation. Das Modell des Dialogs stellt für unseren Ansatz der Führungskräfteentwicklung, wie er bisher beschrieben wurde, eine sinnvolle und notwendige Ergänzung dar. Dieses Modell erlaubt eine vertiefte Reflexion des eigenen Gesprächsverhaltens und der Gesprächsorganisation in der Gruppe. Mentale und organisationale Muster können erkannt und weiterentwickelt werden.

Wir wollen auf den folgenden Seiten die theoretischen und begrifflichen Grundannahmen vorstellen, die unser Verständnis von Dialog kennzeichnen. Zunächst werden wir den Begriff des Dialogs, wie wir ihn hier verstehen, darlegen, danach werden wir erläutern, warum Dialog gerade in politischen und gewerkschaftlichen Organisationen aus unserer Sicht auf sehr spezifische organisatorische und normative Voraussetzungen trifft. Sodann versuchen wir darzustellen, mit welchen praktischen Kommunikationsmodellen wir in der konkreten Arbeit in Gruppen mit Führungskräften mit dem Dialogmodell arbeiten.

6   Der Begriff des Dialogs

Im Dialog werden handlungsleitende mentale Modelle neu strukturiert – v. a. Modelle, die in Organisationen als kulturelle Handlungsmuster Eingang gefunden haben und damit zur Norm für Problemlösungen und Entscheidungsfindung geworden sind. Gedanken und Ideen der am Dialog beteiligten Personen fließen ineinander, und neue Gedanken und Ideen entstehen, die kollektiv gehalten werden. Dialog so verstanden, ist ein kollektiver Denkprozess – und nicht mehr auf einzelne der Gruppe linear zurückzuführen – Ideen und Lösungen werden zu kollektiven Produkten der Gruppe. Dabei entstehen neue Erkenntnisse und Handlungsimpulse. Unterschiedliche Sichtweisen und Interpretationen von Situationen und Problemen in der Organisation werden zusammengetragen, und es entsteht ein dichtes Geflecht der Einschätzung der Realität, welche zu einer gemeinsam getragenen Sichtweise führt. Oft widersprüchliche Daten, Ziele und Erfahrungen werden im Dialog verarbeitet und eröffnen eine gemeinsam getragene Perspektive auf die Organisation.

Dieser spezifischen hier gemeinten Form des Dialogs liegen nach Lau-Villinger (2001) die folgenden vier Prinzipien zugrunde:

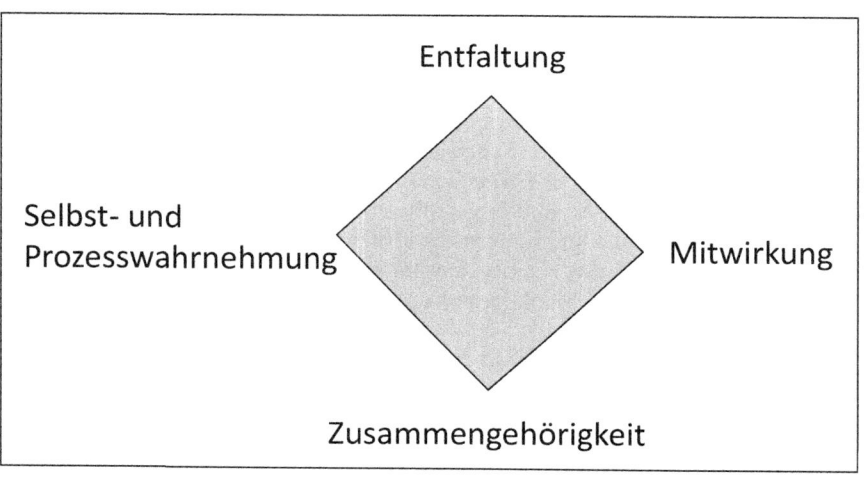

Abbildung 2: Prinzipien des Dialogs (nach Lau-Villinger)

Diese vier Prinzipien lassen sich in Anlehnung an Lau-Villinger folgendermaßen beschreiben:

- *Entfaltung*: Dieses Prinzip basiert auf der Annahme, dass Fragen/Themen zu gegebenem Zeitpunkt an die Oberfläche drängen und darauf warten, bearbeitet zu werden.
- *Mitwirkung*: Dieses Prinzip basiert auf der Annahme, dass wir als Menschen ein aktiver Bestandteil eines umfassenden Systems sind und sich in uns die Dynamik des Umfeldes widerspiegelt. Als Teil des Ganzen erleben wir eine Verbundenheit mit der Welt und können Anteil nehmen.
- *Zusammengehörigkeit*: Dieses Prinzip basiert auf der Annahme, dass während der Bearbeitung von Fragen und Themenstellungen der Wunsch nach Stimmigkeit, Sinnhaftigkeit und Vollständigkeit entsteht.
- *Selbst- und Prozesswahrnehmung*: Dieses Prinzip basiert auf der Annahme, dass wir als Menschen die Wirkungsweise und die Muster von Handlungen verstehen wollen und hierzu die Reflexion laufender Prozesse hilfreich ist. Darüber hinaus verfügen wir über die Fähigkeit der Selbstwahrnehmung,

die uns ermöglicht, unser Denken und Fühlen zu beachten und zu reflektieren, um dadurch unser Verhalten zu steuern.

Dialog ist also hier mehr als „miteinander sprechen" und lässt sich annäherungsweise übersetzen mit, „die Dinge und Menschen zur Sprache bringen", indem Probleme und Sachverhalte ebenso wie die dazugehörigen individuellen Hintergründe, Motive und Sichtweisen gemeinsam dargestellt werden. Sie können somit gemeinsam auf ihre Verflochtenheit geprüft, hinterfragt, entflochten – also im Gespräch hin und her gewendet und aus allen Perspektiven angeschaut werden. Dadurch kann eine neue Sichtweise entstehen, bisher unbekannte oder vernachlässigte Sichtweisen und Zusammenhänge werden deutlich und können in das Gespräch einbezogen werden. Das bekannte Spiel „Du sagst etwas und ich entgegne dir – stelle dir etwas entgegen" – wird durchbrochen, wenn ich frage: „Wie meinst du das ...? Was genau veranlasst dich ...? Was genau meinst du damit ...? Kannst du mir ein Beispiel geben? Dem kann ich folgen, aber dort stellt sich mir die Frage ...?"

Ein Beispiel aus der Moderationspraxis in Gewerkschaften hierzu: In einer Planungsklausur von Betriebsräten und hauptamtlichen Gewerkschaftssekretären/innen einer Region stand der Punkt Mitgliedergewinnung in den Betrieben an. Die bisherigen Aktivitäten wurden vorgestellt und die dazugehörigen Erfolgsquoten. Niemand in der Runde war mit dem Erreichten zufrieden. Es wurde der Vorschlag eingebracht, dass für die kommende Zeitperiode in jedem Betrieb spezifische Aktionen oder Projekte entwickelt werden sollten, in denen über mehrere Wochen ganz konkret Mitgliedergewinnung betrieben werden sollte. Damit sollte die Mitgliedergewinnung aus der Alltagsarbeit hervorgehoben werden, und sollten sich die Kräfte in den gesteckten Zeiträumen besser bündeln lassen. Bis dahin klingt die Diskussion sehr vernünftig und sachbezogen. Die Argumente und Beiträge, die aber daraufhin die Diskussion bestimmten, gingen in die Richtung, eine Gegenposition aufzubauen, nämlich wie aufwendig Projekte sind, was man schon in der Vergangenheit alles versuchte, dass die Arbeitsbelastung schon zu groß ist, um Weiteres aufzunehmen, dass es grundsätzlich sehr schwierig ist, überhaupt Kollegen/innen für die Gewerkschaft zu gewinnen. Die Distanz zwischen den „Befürwortern" und „Entgegnern" wuchs mit jedem neuen Beitrag. Die Argumente wurden zusehends grundsätzlicher und abstrakter. Die Diskussion fand erst eine Wendung, als einige in der Runde wissen wollten, wer denn schon mit solchen Kleinprojekten Erfahrungen gesammelt hätte und einige kurze Berichte und Beispiele dazu geben könne. Es wurde dabei deutlich, dass sie sehr auf die Situation des Betriebs zugeschnitten und nur sehr beschränkt übertragbar waren. So konnten Andere einsteigen, mit Ideen, was davon für ihr betriebliches Umfeld übertragbar sein könnte oder welche Ideen sie hätten, die bei ihnen umsetzbar sein könnten. Ab diesem Zeitpunkt begann die Gruppe gemeinsam zu denken, die Polarisierung des Anfangs war beendet, es konnte ein Raum entstehen, in dem nachgefragt, erklärt, an Ideen gemeinsam weitergesponnen werden konnte. Es entstand ein Dialog, in welchem eine ganze Reihe von betrieblichen Kleinprojekten für Mitgliedergewinnung erarbeitet werden konnten.

Bevor wir den Wendungen nachspüren, wie es zu diesem Ergebnis der Entfaltung, Zugehörigkeit und Mitwirkung in dem geschilderten Beispiel kam, wollen wir der fast reflexhaften Einstiegssequenz nachgehen, und damit der Frage, warum eine Position oder Idee sofort eine Gegenposition hervorruft.

7   Dialog in politischen und gewerkschaftlichen Organisationen

Mentale Modelle im Inneren von Organisationen werden geprägt durch die Funktionen, die den Organisationen im gesellschaftlichen und politischen Umfeld zugewiesen werden oder die sie sich selbst als Auftrag oder Mission geben. Von ihrer Funktion her ist es Aufgabe von Gewerkschaften, Positionen oder Gegenpositionen zu politischen oder unternehmerischen Entscheidungen und Programmen zu formulieren und diese öffentlich zu proklamieren und durchzusetzen. Sich im gesellschaftlichen Diskurs eindeutig zu positionieren, ist „lebensnotwendig" für gewerkschaftliche Organisationen. Sie erfahren damit ihre Legitimation als Trägerinnen des politischen Mandats durch ihre Mitglieder. Gelingt ihnen dieses eigenständige und deutliche Positionieren nicht mehr, verlieren sie ihre Geltung und Bedeutung im öffentlichen Diskurs. Politische Funktionsträger und Führungskräfte der gewerkschaftlichen Organisationen (ehrenamtlich wie hauptamtlich) werden – so unsere Einschätzung – auch nach ihrer Kompetenz ausgewählt, sich eindeutig öffentlich – innerhalb und außerhalb der Organisation – positionieren zu können. Das organisationale Muster „sich positionieren" wird somit mentales Muster auch in der innerorganisatorischen Kommunikation: Positionen und Gegenpositionen aufbauen zu können – in der Lage sein, Ideen und Vorstellungen trennscharf gegenüber anderen Ideen abheben zu können und Unterschiede deutlich zu machen, gehört ebenso hierher, wie Meinungsführerschaft und Definitionsmacht zu Begriffen und Themen zu übernehmen. Dieses mentale Modell ist dominantes Muster innerhalb gewerkschaftlicher (politischer) Organisationen und wird zu einer handlungsleitenden Kompetenz.[1]

Hierzu ein weiteres Beispiel aus der gewerkschaftlichen Workshop-Praxis: Bei einem Workshop zum Thema „Verbesserung des Kommunikationsflusses"

---

[1] Siehe den Begriff der politischen Debatte bei Serafin/Pieper im vorliegenden Band.

mit den einzelnen Bereichen einer Abteilung und der Geschäftsleitung wurde
dieses mentale Muster deutlich: Das zuständige Geschäftsleitungsmitglied nahm
beide Tage an diesem Workshop teil. Initiiert wurde der Workshop von der Ab-
teilungsleiterin. Zielsetzung des Workshops war u. a. die Verbesserung des In-
formationsflusses zwischen Geschäftsleitung und Abteilung. Während des
Workshops ergriff das Geschäftsleitungsmitglied das Wort und erläutere aus dem
Stegreif 20 Minuten, was unter Dialog in diesem besonderen Fall zu verstehen
und wie dieser umzusetzen sei. Sein Monolog wurde beendet – oder besser un-
terbrochen – indem alle Anwesenden nach 20 Minuten zu lachen begannen. Es
war kein Auslachen, sondern ein Lachen der Erkenntnis, dass genau mit dieser
Form, „das Problem des Workshops zu definieren" (indem man sich monolo-
gisch positioniert), dieses nicht gelöst werden konnte, dass hierzu vielmehr ein
gemeinsames Nachdenken, Argumentieren und Zuhören notwendig sei.

Dieses Beispiel soll zeigen, dass das mentale Muster „sich zu positionieren"
in Kommunikationsprozessen nicht hinreichend ist, um komplexe Probleme in
Organisationen zu lösen. Gleichwohl, so unsere Beobachtung wird dieses Muster
oft in politischen und gewerkschaftlichen Organisationen als *das* handlungsleitende Kommunikationsmuster für die Problemlösung angesehen. Das organisationale und funktionale Muster des öffentlichen Diskurses ist in den innerorganisatorischen Diskurs als mentales Muster und damit handlungsleitende Kompetenz übernommen worden.

8   Zentrale Aspekte im Dialog

In den folgenden Ausführungen wollen wir zentrale Aspekte des hier gemeinten
Modells des Dialogs aufzeigen, welche zu einem produktiven Umgang mit Erfahrungen und Wissen in politischen Organisationen beitragen können.

8.1 Kommunikationsebenen im Dialog

Dialog im hier verwendeten Modell lässt sich auf zwei Kommunikationsebenen
beschreiben: der Ebene des Plädierens und der Ebene des Erkundens. Beide
Ebenen sind notwendig, Sachverhalte zu erkunden und Lösungen zu erlangen,
jedoch haben sie im Verlauf des Dialogs je ihre Zeit, um den Dialog voranzubringen – zu einer gemeinsamen Sicht der Dinge, dem Ergründen der Sachverhalte und dem Finden von Lösungen.

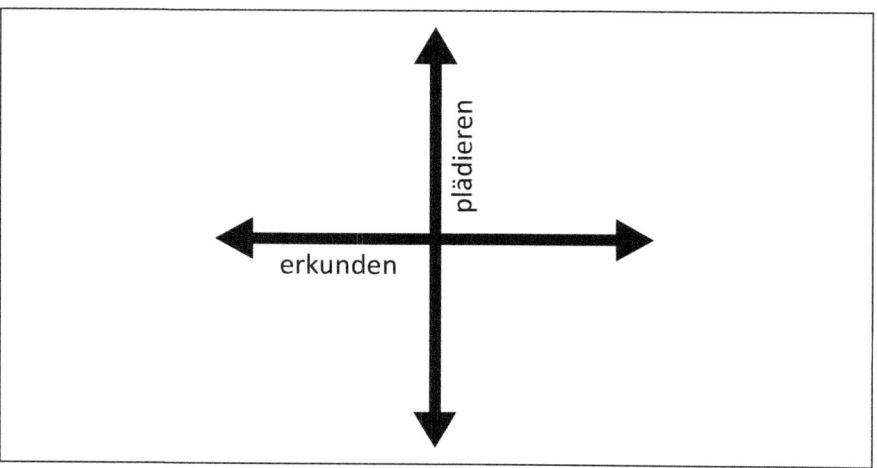

Abbildung 3:   Ebenen im Dialog (nach Lau-Villinger)

Beiden Ebenen können bestimmte Fähigkeiten und Fertigkeiten zugeordnet werden, mit welchen auf der jeweiligen Ebene produktiv und konstruktiv agiert
werden kann: Produktives Plädieren beinhaltet (nach Lau-Villinger 2001):

- über bestimmte Teilaspekte Ihrer Meinung sprechen,
- Ihre Gedankengänge verdeutlichen, die zu dieser Ansicht geführt haben,
- Ihre Ansicht anhand konkreter Beispiele erläutern, sodass Andere nachvollziehen können, wie Sie zu Ihren Schlussfolgerungen gekommen sind,
- verdeutlichen, dass Ihre Einschätzungen zu Ereignissen, anderen Personen
  oder zu Ihnen selbst nur Interpretationen sind,
- eindeutig äußern, was Sie von anderen Personen wollen. Beschreiben Sie
  die konkreten Wege und Kriterien, sodass anschließend nachvollziehbar ist,
  ob Sie und die Anderen den Anforderungen gerecht geworden sind.

Produktives Erkunden verlangt nach Lau-Villinger:

- in Verbindung mit Ihren Fragen Ihr eigenes Denken, Ihre Annahmen und
  Ihr Verständnis der jeweiligen Situation erläutern,
- die Standpunkte Anderer untersuchen und gleichzeitig Ihr eigenes Urteilen
  und Beurteilen außer Kraft setzen,
- sich selbst fragen, was Sie möglicherweise nicht berücksichtigt haben,

- Andere ermuntern, Ihre Standpunkte zu hinterfragen bzw. zu überprüfen,
- nach anderen Ansichten fragen,
- fragen, was außer Acht gelassen wurde, bzw. fehlt,
- fragen, was passieren wird, wenn man in diese Richtung weitergeht,
- das Denken erforschen, was hinter dem jeweiligen Handeln steht.

In dieser Erläuterung der Ebenen wird deutlich, dass die Ebene des Plädierens (im Vorhergehenden auch als Positionieren bezeichnet) zwar ein wichtiges Kommunikationsmuster für gelingenden Dialog darstellt, aber nur in Verbindung mit der Ebene des Erkundens wirklich konstruktiv wirken kann. Die Ebene des Plädierens allein führt zum klaren Herausarbeiten von Unterschied und Position. Sie bleibt aber ohne die Ebene des Verbindens durch Erkunden blind gegenüber den individuellen und organisatorischen Hintergründen und Motiven und unproduktiv für neue gemeinsame Lösungen. Ebenso verlangt die Ebene des Erkundens nach der ergänzenden Positionierung, um Alternativen und Unterschiede deutlich aufzeigen zu können. Unser erstes Beispiel aus einem Workshop zeigt deutlich, dass die Gruppe erst produktiv werden konnte, als die Ebene des Positionierens durch die Ebene des Erkundens ergänzt wurde.

8.2 Handlungsrollen im Dialog

Im produktiven Dialog lassen sich vier Handlungsrollen unterscheiden, die wiederum den beiden Kommunikationsebenen zugeordnet sind
Diese vier Rollen lassen sich nach Lau-Villinger wie folgt idealtypisch charakterisieren – idealtypisch deshalb, da hier schon die Vielfalt oder notwendige Bandbreite des Handelns beschrieben ist, wenn die Rolle „gelungen" wahrgenommen wird (siehe Abbildung 4):

- Mover oder Initiator
  Der *Mover* sagt, in welche Richtung er oder die Gruppe sich bewegen sollte, er greift Themen auf, macht Vorschläge etc. Führungskräfte konzentrieren sich oft auf diese Rolle und geben diese im Dialog zugunsten einer flexiblen Rollennutzung auf, um damit zu einer kollektiven Wissensgenerierung beizutragen.
- Bystander oder Prozessbeobachter
  Der *Bystander* verkörpert eine Art Beobachter des Interaktionsprozesses und äußert seine Wahrnehmungen über vorhandene Handlungsmuster und potentiell fehlende Aspekte in dem geführten Dialog.

- Follower oder Unterstützer
  Der *Follower* unterstützt den Mover. Er erkundet die Aussagen, fordert den Mover auf, seine Aussagen umfassender zu beschreiben.
- Opposer oder Herausforderer
  Der *Opposer* stellt sich dem Mover entgegen, überprüft die Aussagen des Movers, nimmt entgegengesetzte Standpunkte ein.

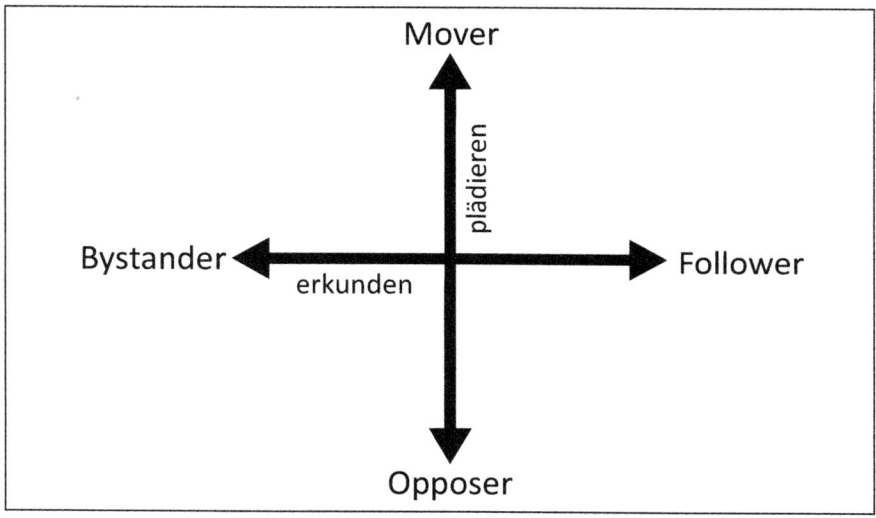

Abbildung 4:   Handlungsrollen im Dialog (nach Lau-Villinger)

Wie beide Ebenen in der Kommunikation belebt werden müssen, damit ein produktiver Dialog entstehen kann, so müssen während des Dialogs auch alle Rollen von den Beteiligten aktiviert und besetzt werden. Hier ist es gerade fruchtbar, dass diese Rollen nicht nach der funktionalen Rolle in der Organisation besetzt werden – also die Führungskraft die Rolle des Movers einnimmt –, sondern dass gerade die Führungsperson sich darin übt, die Rollen des Prozessbeobachters oder des Unterstützers einzunehmen. Die Rollenübernahme während des Gesprächs wird bewusst gewechselt – hier kann der Prozessbeobachter oder Bystander die Rollenübernahme thematisieren und damit einen Wechsel der Rollen herbeiführen. Die Gruppen, die länger mit diesem Modell arbeiten, wechseln die Rollen untereinander bewusst, die Gruppe „spürt", welche Rollenbesetzung das Thema und damit die Gruppe weiterbringt.

In der praktischen Anwendung des Modells in Intervisionsgruppen ist es daher wichtig, dass die Personen ihre eigenen Präferenzen und intuitiven Handlungsimpulse erkennen, die ihnen die eine oder andere Rolle näher oder ferner scheinen lässt, sie zu übernehmen. Dieses Erkennen der eigenen Muster ermöglicht bekanntermaßen, neue, ungewohnte Handlungsmöglichkeiten wahrnehmen und ausprobieren zu können.

Als sehr hilfreich hat sich hier die Methode des „reflecting Teams" erwiesen, in welcher bewusst der Prozess des Dialogs nach Rollenübernahme und Kommunikationsebenen „von außen" untersucht und der Gruppe gespiegelt wird. „Welche Rollen wurden von wem übernommen?" „Auf welcher Ebene wurde vor allem in welcher Phase kommuniziert?" „Welche Auswirkungen hat dies auf das Ergebnis, auf den Prozess gehabt?", sind hier einfache aber hilfreiche Leitfragen für das „reflecting Team".

8.3 Kompetenzen im produktiven Dialog

Aus dieser Darstellung ergeben sich folgende Kompetenzen, die dem Dialogischen Kommunikationsmodell zugrunde liegen oder in der Anwendung des Modells erlangt werden können als mentale Handlungsmuster.

Zum einen lassen sich den beiden Ebenen und den vier Rollen wiederum vier Handlungskompetenzen zuordnen:

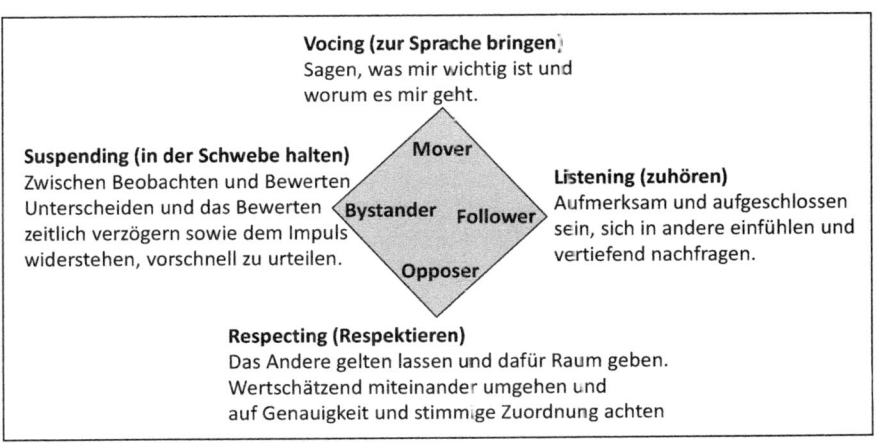

Abbildung 5:   Handlungskompetenzen in den Dialog-Rollen (nach Lau-Villinger)

Gelingt es, die Rollen im Dialog dynamisch zu besetzten, die Ebenen zur Geltung zu bringen und die Handlungskompetenzen dabei einzusetzen, erhalten wir die grundlegenden Kompetenzen für einen produktiven Dialog: In der Lage sein,

- eine Balance zwischen Plädieren und Erkunden zu finden,
- die dialogischen Handlungsrollen dynamisch zu nutzen,
- die dialogischen Handlungskompetenzen flexibel anzuwenden.

Diese drei Kompetenzbereiche bilden die Grundlage für die Anwendung des Dialog-Modells in Lerngruppen. Das Modell dient hierbei als Landkarte, um dialogische Gespräche in Gruppen neu steuern und justieren zu können. Die Teilnehmerinnen und Teilnehmer können sich bewusst darin üben, die Ebenen des Plädierens und Erkundens zu beschreiten, ebenso die Rollen der damit verbunden Gesprächsführung einzunehmen, zu wechseln und zu reflektieren. Grundlegend hierbei ist, dass die eigenen intuitiv agierten mentalen Modelle in Gesprächen bewusst werden und damit durch neue Handlungsmöglichkeiten erweitert werden können. Intervisionsgruppen in Qualifizierungsangeboten für Führungskräfte und Projektverantwortliche eignen sich hierfür sehr gut, da durch das strukturierte Vorgehen und methodische Interventionen (z. B. reflecting Team) die mit dem Dialog-Modell verbundenen mentalen Modelle geübt, reflektiert und damit erlernt werden können.

Aus dem Gesagten wird deutlich, dass die Kompetenzausrichtung zu klarer Positionierung in der Qualifizierung von hauptamtlichen und ehrenamtlichen Führungskräften in der gewerkschaftlichen Arbeit durch die Qualität des Erkundens und (Selbst-)Reflektierens erweitert werden muss. In der Geschichte der gewerkschaftlichen Bildung standen gerade die Kompetenzen im Fokus der Qualifizierung, die zur Formulierung trennscharfer Positionen und klarer Interessengegensätze führten. Diese einseitige Ausrichtung und die damit verbundenen mentalen Modelle können jedoch das innere Wachstum der Organisation beeinträchtigen. Deshalb ist der Dialog nicht allein Handwerkszeug, sondern auch Teil einer Vision der gewerkschaftlichen Arbeit und erfordert Lernprozesse auf allen Ebenen der Lernenden Organisation. Die Formate von kollegialen Beratungsgruppen und angeleiteten Lerngruppen bieten hier die Möglichkeit, im Team begleitet Selbstentwicklungsschritte zu einer Erweiterung der eigenen mentalen Modelle hin zum produktiven Dialog zu vollziehen und damit der Vision der Lernenden Organisation näherzukommen.

Literatur

Bohm, David (1998): Der Dialog. Das offene Gespräch am Ende der Diskussionen. Stuttgart: Klett-Cotta

Isaacs, William (2002): Dialog als Kunst gemeinsam zu denken. Bergisch Gladbach: Verlag EHP

Kamin-Seggewies, Bernt (2009): Erste Erfahrungen mit der Praxisbegleitung für Betriebsräte und Vertrauensleute im Verkehrsbereich. Hamburg: relations GmbH (unveröffentlicht)

Lau-Villinger, Doris (2001): Wissensvermittlung im Dialog. In: Rump, Jutta/Lau-Villinger, D. (Hrsg.): Management-Tool Knowledge-Management. Köln: Fachverlag Deutscher Wirtschaftsdienst

Müller, Traute (2008): Praxisbegleitung – Ein Konzept für die Führungskräfteentwicklung. In: OSC, Jg. 15, Heft 1, S. 26-38

Pechtl, Waldefried (1989): Zwischen Organismus und Organisation. Wegweiser und Modelle für Berater und Führungskräfte. Linz: Verlag Veritas

relations GmbH (2004): Bericht über den Erfahrungsaustausch mit Anwendern. Hamburg (unveröffentlicht)

relations GmbH (2009): All Guidance is Self Guidance. Hamburg (unveröffentlicht)

Senge, Peter M. (1999): Die fünfte Disziplin. Stuttgart: Klett-Cotta

„Gruppenfindungsdingsbums" – Erfahrungen von Interessenvertretern/innen mit Beratungsprozessen

Simone Hocke

Einleitung

Die einschlägige Beratungsliteratur umfasst zu einem überwiegenden Anteil Praxisberichte von Beratern und Beraterinnen, aber auch die Wissenschaft beschäftigt sich zunehmend mit dem Feld der Beratung. Meist aus einer bestimmten Disziplin heraus setzt sie sich mit bestimmten Aspekten des Beratungsprozesses theoretisch auseinander bzw. erforscht diese empirisch (siehe Degele/Münch/Pongratz/Saam 2001, Göhlich/König/Schwarzer 2007, Haubl 2009). Diese Vielfalt der (disziplinären) Perspektiven macht das Beratungs- und das Forschungsfeld aus und bringt erst dessen Komplexität zur Geltung. Auch ich nehme als Erwachsenenbildnerin eine bestimmte Perspektive ein. Ich verstehe die Beratung in und von Organisationen als Unterstützung individueller, kollektiver und organisationaler Lernprozesse und damit als „Lern(unterstützungs)praxis" (Göhlich/König/Schwarzer 2007: 7).

Meinem Eindruck nach herrscht in der Beratungswissenschaft jedoch eine gewisse Subjektlosigkeit in Bezug auf die Beratenen. Zu Wort kommen vorwiegend die professionell Beratenden und die Wissenschaftler/innen bzw. die „neue Hybrid-Profession des Wissenschaftler-Beraters" (Iding 2001: 81). Das mag für den Beratungsprozess selbst, der beobachtet und analysiert wird, noch angehen, aber gerade in Bezug auf die Wirkung von kollektiven Beratungsformen tut sich durch diese Fokussierung eine Lücke auf. Wenn in einem von Unsicherheit geprägten Feld wie der Beratung das daraus folgende Standardisierungsdefizit die Konsequenz hat, dass die beteiligten Akteure selbst bestimmen, was Erfolg bedeutet (Kühl 2001: 212), dann scheint es mir vordringliche Aufgabe einer Beratungsforschung zu sein, die Beratenen danach zu fragen.

Einerseits ist der folgende Beitrag als Anregung für die weitere Forschung in diesem Bereich gedacht. Andererseits soll – da ich Beratungsforschung als „Kooperations- und Dialogform" (Schrödter 2007) verstehe – eine Reflexions- und Diskussionsanregung für die Praxis präsentiert werden. Die Praxis der Beratung umfasst für mich die Berater/innen und die Beratenen. Ziel dieses Artikels ist es deshalb, die Perspektive der Beratenen – in diesem Fall Betriebs- und Personalräte/innen – zu beleuchten und damit einen kleinen Beitrag zu einer kritischen Beratungsforschung zu leisten.

In diesem Artikel werden daher die Interessenvertreter/innen selbst zu Wort kommen und ihre Erfahrungen mit Beratungsprozessen schildern. Hierbei geht es ausschließlich um Prozessbegleitung und um Beratung, die das Gremium als Gruppe zum Adressaten hat. Begleitet wurden die geschilderten Prozesse entweder von hauptamtlichen Mitarbeitern/innen von Gewerkschaften und deren Bildungsstätten, von angestellten Beratern/innen aus Beratungsunternehmen oder von selbstständigen Beratern/innen.

Grundlage dieses Artikels sind Gruppendiskussionen, die ich im Rahmen meines Dissertationsprojektes[1] mit insgesamt 45 Interessenvertretern/innen zum Thema Konflikte in BR-/PR-Gremien geführt habe. In diesen Gruppendiskussionen berichten Interessenvertreter/innen von den Konfliktthemen, den Beteiligten, den Strategien im Umgang mit und der Bewältigung von Konflikten, die in der Zusammenarbeit im Gremium entstehen. Im Zusammenhang mit den Konfliktstrategien und Konfliktbearbeitung werden auch kollektive Unterstützungsprozesse thematisiert, die von den Gremien in Anspruch genommen werden.

Folgenden Fragen werde ich nachgehen: Welche Barrieren und Anlässe für Beratungsprozesse schildern die Interessenvertreter/innen? Wie benennen sie den Beratungsprozess? Von welchen Inhalten berichten sie? Welche Aspekte entscheiden aus Sicht der Interessenvertreter/innen über den Verlauf der Beratung? Wie bewerten sie deren Prozess und das Ergebnis? Abschließend ziehe ich aus den Ergebnissen einige Schlussfolgerungen für die Beratungsforschung und -praxis.

1   Der Auftakt – Barrieren und Anlässe bei der Suche nach Unterstützung

Die Gründe, die ein Betriebsratsgremium dazu veranlassen, sich externe Unterstützung zu suchen und einen Beratungsprozess in Anspruch zu nehmen, sind breit gefächert. Bei rechtlichen und betriebswirtschaftlichen Problemen gehört es zum normalen Geschäft des Betriebsrats, sich mit Sachverstand und Fachberatung unterstützen zu lassen, da die vielfältigen komplexen Herausforderungen ohne Expertise kaum zu bewältigen sind (Deiß/Heidling 2001). Hier verfügen die Gremien meist über ein gutes Netzwerk, auf das sie zurückgreifen können. Bei der internen Organisation der Betriebsratsarbeit und der Gestaltung der inneren Beziehungen im Gremium sieht dies anders aus. *„Bei zwischenmenschlichen Problemen – wen willst du denn da fragen?"* So äußert sich ein BR-Mitglied und

---

[1] Arbeitstitel: „Konflikte in Betriebsratsgremien als Lernanlass", gefördert durch die Universität Hamburg und die Hans-Böckler-Stiftung

macht damit deutlich, dass es hier eine gewisse Orientierungslosigkeit gibt und das Gremium nicht so selbstverständliche Strukturen zur Verfügung hat, wie in fachlichen Beratungsfragen. Zwei Betriebsrätinnen, die von eskalierten Konflikten in ihren Gremien berichteten, antworteten auf die Frage nach externer Unterstützung:

> Barbara: Ham' wir noch nicht gemacht ne, auf die Idee sind wir noch nicht gekommen.
> Elke: Doch, ich hab das schon paar Mal versucht anzustoßen damals und dann bin ich immer ausgelacht worden und auf taube Ohren gestoßen.[2]

Hier wird einerseits angesprochen, dass es schon voraussetzungsvoll ist, auf die Idee zu kommen, eine Beratung in Anspruch zu nehmen. Dazu muss man zu dieser Art von Dienstleistung irgendeinen Bezug haben, wissen, dass es so etwas gibt, wann es sinnvoll ist und nicht zuletzt wissen, an wen man sich wenden kann. Aber noch eine weitere Barriere wird angesprochen: Im Gremium braucht es für den Beschluss, eine Beratung zu nutzen, eine Mehrheit. Der Vorschlag kann auf unterschiedliche Einstellungen und Vorbehalte im Gremium treffen. Es bedarf oft einiges an Überzeugungsarbeit bzw. strategischem Feingefühl, wenn BR-Mitglieder einen Beratungsprozess initiieren und eine Mehrheit im Gremium gewinnen wollen. So sagt eine Betriebsrätin, dass sie nur überzeugen konnte, indem „ich das strategisch eingetütet hab'. Ich hab' verschiedene Leute gefragt, wie steht ihr dazu und könnt ihr euch das vorstellen und ist das sinnvoll. Also auch abgeklopft, ob ich da alleine bin oder nicht." Größer wird die Barriere jedoch, wenn der Konflikt im Gremium zwischen unterschiedlichen Fraktionen ausgetragen wird und es eine klare Mehr- und Minderheitenfraktion gibt. Ein BR-Mitglied einer Minderheitenfraktion fände eine Konfliktbearbeitung mit professioneller Unterstützung gut, aber „dafür muss man ja erstmal einen Beschluss hinkriegen. Die Mehrheit sieht das halt anders oder die übersieht uns als Minderheit total". Da die Mehrheitsfraktion in diesem Gremium ihre Interessen durchsetzen kann, ohne die Minderheit einbeziehen zu müssen, gibt es von deren Seite auch keinen Problemdruck und keine Einsicht in die Notwenigkeit einer Konfliktbearbeitung. Der benötigte Mehrheitsbeschluss für einen Beratungsprozess ist einerseits eine wichtige Vorklärung im Gremium, um eine breite Bereitschaft für den Prozess zu erzeugen, andererseits aber auch eine Hürde für Minderheiten im Gremium, ihrerseits Konflikte zur Klärung zu bringen.

Anders als in betrieblichen Teams, wo Beratungsprozesse meist von der Führungskraft initiiert werden, braucht es im BR-Gremium den Konsens einer breiten Mehrheit. Formal würde auch ein Mehrheitsbeschluss reichen, aber das

---

[2] Alle aufgeführten Namen sind selbstverständlich anonymisiert.

ist zu wenig Motivation für den Prozess. Zudem hat auch in den BR-Gremien, der/die Vorsitzende oft eine Schlüsselrolle beim Zustandekommen einer Beratung. Die befragten (stellvertretenden) BR-Vorsitzenden äußern sich mit einer anderen Selbstverständlichkeit, als die BR-Mitglieder.

> Mareike: Also so 'ne Klausurtagung finde ich auch super wichtig. Wir im Gremium hatten eben auch das Problem, dass wir neu waren und dass da eben so ganz starke Einzelcharaktere bei waren. Ich bin dann so nach den Sitzungen, wenn ich 'ne Sitzung geleitet habe, bin ich nach Hause und hab' gesagt, ich schmeiß' die Sachen alle hin. Ich kann das nicht mehr, ich kann mit den Kollegen auf dieser Basis hier nicht zusammenarbeiten.

Wenn der Vorschlag von der Betriebsratsspitze ausgeht bzw. diese von der Sinnhaftigkeit einer Prozessbegleitung überzeugt ist, scheint auch in BR-Gremien einem solchen Prozess weniger entgegen zu stehen.

Anlass im eben genannten Fall war die Neuzusammensetzung des Gremiums nach der Wahl sowie die Tatsache, dass ein geringer Zusammenhalt und starke Individualisierungstendenzen die Atmosphäre im Gremium dominierten. Hinzu kommt auf der Seite der stellvertretenden Vorsitzenden, die in diesem Gremium das Hauptgeschäft betreibt, das Erreichen der eigenen Grenzen und ein ausgeprägter Problem- und Leidensdruck.

Als Anlässe für Beratungsprozesse nennen die befragten Interessenvertreter/innen einerseits Konflikte und Probleme in der Zusammenarbeit des Gremiums, andererseits aber auch das Minimieren von Konfliktpotentialen sowie die Professionalisierung der Zusammenarbeit. Vor allem zu Beginn einer Amtszeit oder zur Zwischen-Bilanzierung, um die weitere Ausrichtung der Zusammenarbeit zu klären, verfolgen die Anlässe eher das Ziel der Professionalisierung und sind damit klassische Anlässe, die aus der Teamentwicklung bekannt sind (Gellert/Novak 2007: 144 ff.). Neben diesen Anlässen erfolgt die Bearbeitung von Konflikten meist aus einem anderen Druck heraus: um überhaupt als Gremium wieder arbeitsfähig zu werden. Dieser Druck kann individuell von einzelnen BR-Mitgliedern und kollektiv als ganzes Gremium erlebt werden, aber auch von außen kommen: *„Wir haben aber auch schon mal versucht in einem Workshop auf Forderungen unsrer VK-Leitung hin das Ganze in den Griff zu kriegen"*. Die Vertrauenskörper(VK)-Leitung – das gewählte Leitungsteam der im Betrieb vertretenen Gewerkschaftsmitglieder – hat dieses Gremium vermutlich deshalb zu einer Konfliktbearbeitung angehalten, weil die Konflikte in die Belegschaft hinein gestrahlt haben und damit auch der Ruf des Betriebsrats im Betrieb auf dem Spiel stand. Je nach Intensität der Beziehungen des Gremiums zur Gewerkschaft wirkt sich dieser Ruf unmittelbar auf die Gewerkschaftsmitglieder im Betrieb aus.

Gemeinsam an den von den Betriebsräten/innen beschriebenen Anlässen ist, dass es um die bessere Bewältigung der betriebsrätlichen Praxis und damit um verbesserte Handlungsfähigkeit geht. Das heißt. Ausgangspunkt ist eine praktische Problemstellung bzw. ein Konfliktgeschehen. Die sich daraus ergebende normative Zielperspektive des Beratungsprozesses ist es, durch einen kollektiven Lernprozess Praxis gelingender zu gestalten.

2   Das Etikett – Was steht drauf?

Begrifflich war bisher die Rede von Beratungsprozessen und Prozessbegleitung. Dieses Praxisfeld ist jedoch kein einheitliches, sondern ein in unterschiedliche Disziplinen, Ansätze, Verfahren und Methoden ausdifferenziertes Feld, was auch in der sich damit befassenden Literatur deutlich wird (Nestmann/Engel/Sickendiek 2007). Einen Einblick in die Vielfalt von Beratung allein im Bereich der Interessenvertreter/innen liefert das vorliegende Buch. Auch wenn auf theoretischer Ebene begriffliche Grenzziehungen versucht werden, u. a. zwischen Training, Beratung und Supervision (Pallasch/Reimers/Mutzeck 2002), zwischen Teamentwicklung und Teamberatung (Gellert/Novak 2007) oder zwischen Mediation, Moderation und Supervision (Irle 2001), werden die Begriffe in der Literatur nicht einheitlich verwendet. Im praktischen Feld sind die Grenzen zwischen einzelnen Verfahren durch vielfältige Überschneidungen kaum zu erkennen und schon gar nicht für „Beratungslaien". Dies spiegelt sich auch in einer begrifflichen Verwirrung bei der Benennung des Beratungsprozesses durch die Betriebsräte/innen wider.

> Peter: Wir haben auch schon mal ein zweitägiges oder dreitägiges, ähm ja, Gruppenfindungsdingsbums gemacht. Also eigentlich wollten wir uns mal zusammensetzen und mal so über drei Tage drüber reden, wie wir weitergehen im Betriebsrat über die nächsten Jahre.

Das „Gruppenfindungsdingsbums" entpuppt sich in seiner mitgelieferten Erklärung als Rahmen für die Zukunftsplanung. Diese kann hier sowohl strategische als auch sozio-dynamische Aspekte umfassen, im Sinne von: ‚Wie richten wir unsere politische Strategie als Gremium aus?' und ‚Wie wollen wir zusammenarbeiten und unsere Beziehungen gestalten?' Weitere von den Betriebsräten/innen verwendete Begriffe aus dem Spektrum der Teamentwicklung sind „Teamfindung", „Teambildung" oder „Teamworkshop". Allerdings sind die inhaltlichen Bedeutungen durchaus unterschiedlich. Neben der eben angesprochenen Entwicklungsdimension werden auch Konfliktbearbeitungen damit verbunden: *„Da gehen also zwischenmenschliche Reibereinen los, wo wir das dann*

in dieser Amtsperiode gepackt haben, so 'n Teambildungsseminar anzugehen".
Gemeinsam ist den Begriffen, dass das Betriebsratsgremium als Team bzw. als
Gruppe im Mittelpunkt steht und sich finden, bilden oder entwickeln will oder
soll.

Ein weiterer von den befragten Betriebsräten/innen verwendeter Begriff ist
„Klausurtagung":

> Mareike: Wir haben auch schon mal so eine – wir haben es Klausurtagung genannt –
> die dann über drei Tage, wo wir uns also komplett aus dem Betrieb zurückgezogen
> haben und dann nur über unsere Probleme geredet haben.

Klausurtagung ist ein gängiger Begriff im Alltag vor allem politischer Gremien.
Er rekurriert auf den Rahmen der Veranstaltung, eben wie hier geschildert: meist
mehrtägig und außerhalb des Betriebs sowie unter Ausschluss der Öffentlichkeit.[3] Eine Klausurtagung kann inhaltlich auch eine verlängerte Betriebsratssit-
zung ohne externe Unterstützung sein. Allerdings handelt es sich bei den in den
Gruppendiskussionen erwähnten Klausurtagungen immer um extern begleitete
Veranstaltungen. Die inhaltlichen Bedeutungen, die aus den Erklärungen der
Betriebsräten/innen deutlich werden, decken sich mit denen aus dem Begriffsfeld
der Teamentwicklung (s. o.). Es geht um die Weiterentwicklung des Gremiums
ebenso wie um die Bearbeitung von Problemen und Konflikten. Hier reiht sich
auch der Begriff der Zukunftswerkstatt ein: *„Wir ha'm so 'ne Art Werkstatt gemacht, wie heißt die jetzt? Zukunftswerkstatt, und ha'm versucht, unsere Probleme da zu lösen"*.

Neben Teamentwicklung, Klausurtagung und Zukunftswerkstatt werden
auch die Begriffe „Workshop", „Moderation" und „Mediation" ohne nennenswerte Unterschiede in der inhaltlichen Abgrenzung verwendet.[4]

---

[3] Klausur: Herkunft spätlateinisch clausura „Verschluss, Einschließung". Klausurtagung: Tagung
unter Ausschluss der Öffentlichkeit (Duden. Das große Fremdwörterbuch 2000).
[4] „Klausurtagung" kann als Oberbegriff gesehen werden, denn er sagt nichts über Inhalte, Ziele und
angewandte Methoden, sondern eher etwas über den Rahmen der Veranstaltung aus. Moderation,
Zukunftswerkstatt und Mediation sind methodische Verfahren. „Moderation ist ein Handwerk und
eine Kunst zur Verbesserung der menschlichen Kommunikation" (Kleber/Schrader/Straub: 9). Moderation kann auch speziell als Konfliktmoderation gefasst werden. Dann sind die Inhalte der Moderation die „Klärung und Lösung sachlicher und zwischenmenschlicher Konflikte" (Redlich 2004: 31).
Mediation ist „die Vermittlung in Streitfällen durch unparteiische Dritte, die von allen Seiten akzeptiert werden." (Besemer 2001: 14). In der „Zukunftswerkstatt" wird im übertragenen Sinne an der
Zukunft gewerkt. Mittels kreativer Techniken werden Problemlösungen erarbeitet (Jungk/Müllert
1989). Der Begriff „Teamentwicklung" bezieht sich eher auf das Ziel des Beratungsprozesses. Gel-
lert/Novak (2004: 271) grenzen die Teamentwicklung als Entwicklungsprozess des Teams aus sich
selbst heraus von Teamberatung ab. Ausgangspunkt der Teamberatung sei ein konkreter Problemdruck.

Dass der Name, den man dem geplanten bzw. durchgeführten Beratungsprozess gibt, immer auch mit der jeweiligen Unternehmenskultur zusammen-
hängt, deren Teil der Betriebsrat ist, macht die folgende Passage deutlich:

> Katja: Wir haben ja 'nen Kick-off gemacht, so heißt das bei uns, die erste Off-site –
> 'Tschuldige, ich kann nicht anders, bei uns ist das so, dieses Deutsch-Englisch
> (lacht, andere lachen auch). Also wir sind zweieinhalb Tage nach draußen gegangen,
> außerhalb des Betriebes gegangen und haben da dann einfach uns die Karten gelegt.

Die Betriebsrätin kommt aus einem technischen Entwicklungsunternehmen und
verwendet die ihr aus dem betrieblichen Alltag vertrauten Begriffe des „kick-off"
für die Auftaktveranstaltung des BR-Gremiums nach der Wahl. Sie erklärt mit
„off-site" dann weiter, dass diese Veranstaltung außerhalb des Betriebs stattfand.
Die Formulierung „uns die Karten gelegt" kann für Offenlegung und Transparenz stehen und für einen Blick in die Zukunft: Was wird kommen? Wo wollen
wir hin?
    Es kann davon ausgegangen werden, dass sowohl der individuelle, der kol-
lektive im Gremium und der unternehmenskulturelle Sprachgebrauch für die
Benennung des Beratungsprozesses von Bedeutung sind. Es fällt dabei auf, dass
der Begriff Supervision, der in der Beratungsliteratur für Teams eine große Rolle
spielt (u. a. Rappe-Giesecke 2009, Pühl 1998), von den Betriebsräten/innen nicht
verwendet wird. Es kann sein, dass Supervision wie auch Coaching eher in der
Einzelberatung verortet wird und nicht als kollektiver Beratungsprozess bekannt
ist. Es kann aber auch sein, dass hier nach wie vor der Umstand zutrifft, der
schon in den 1990er Jahren die Anfragen nach Supervision bei Gewerkschaften
in Grenzen hielt: „Hier gibt es wohl viele Ängste und Vorbehalte, dass dies eine
Therapie sei" (Hof 2000: 36). Dennoch finden sich typische Themen von Super-
visionsprozessen, wie die Klärung von Rollen, in den Inhalten der stattfindenden
Beratungsprozesse wieder (s. u.).
    Eine vielfältige Verwendung der Begrifflichkeiten zeigt sich auch bei der
Benennung der Berater durch die Betriebsräte/innen: „Moderator", „Referent",
„Spezialist", „der Teamchef, der uns da gecoacht hat", „die Klausurtagung mit so
einem ähm Mediator". Es ist anzunehmen, dass hierbei auch das Selbstverständnis und die Selbstbezeichnung der Berater eine Rolle spielt. Wenn die Prozessbegleitung von einem/r hauptamtlichen Kollegen oder Kollegin der Gewerkschaft durchgeführt wird, dann benennen die Betriebsräte/innen dies konkret:
*„Da hatten wir uns dann Hilfe geholt von unserem Gewerkschaftssekretär, der
ist dann mit uns in Klausur gegangen, haben wir einiges aufgearbeitet".*
    Gemeinsam ist den unterschiedlichen Begrifflichkeiten, die von den Be-
triebsräten/innen genutzt werden, dass der Beratungsprozess zwei- bis dreitägig
ist und außerhalb des betrieblichen Rahmens stattfindet, meist in einer Bildungs-

stätte oder in einem Hotel. Gemeinsam ist weiterhin die externe Begleitung, das heißt, es kommt ein Akteur dazu, der nicht Teil des BR-Gremiums ist. Letztendlich ist es für die Betriebsräte/innen relativ irrelevant, welcher Begriff, welches Label verwendet wird. Relevanter ist die Frage, was jeweils inhaltlich und methodisch gemacht wird, und vor allem, was es dem Gremium für die Zusammenarbeit bringt.

3   Der Inhalt – Was ist drin?

Die schon beschriebenen Anlässe bestimmen natürlich die Inhalte des Beratungsprozesses. In der Phase der Auftragsklärung werden zwischen Beratern/innen und Beratenen Vereinbarungen dazu getroffen, was das konkrete Anliegen des Gremiums ist und was der/die Berater/in für die Bearbeitung dieses Anliegens empfiehlt und anbieten kann. Bei betrieblichen Teams ist der Auftraggeber meist die Führungskraft, und mit ihr wird das Auftragsgespräch geführt. Im Gegensatz dazu ist bei BR-Gremien per Beschluss das ganze Gremium Auftraggeber. Da der/die Vorsitzende das Gremium im Rahmen der Beschlüsse nach außen vertritt und oft auch die Initiative von ihm/ihr ausgeht, wird das Gespräch zur Auftragsklärung meist mit den Vorsitzenden geführt. Hier besteht einerseits die Gefahr, sich vorschnell auf dessen/deren subjektive Problemsicht einzuschränken, diese zu übernehmen und den Beratungsprozess allein daran auszurichten. Andererseits ist eine Schwierigkeit, dass den Gremien oft das eigene Anliegen gar nicht so klar ist und dadurch sehr allgemein und unspezifisch formuliert wird. Es stellt sich dann oft erst im Beratungsprozess heraus, um was es wirklich geht (Beerhorst u. a. 2000: 203). Die Klärung des Kontraktes zwischen Gremium und Berater/in wird in der Einstiegsphase der Beratung fortgesetzt und bezieht spätestens dann alle BR-Mitglieder ein (Pühl 1990).
       Laut Muhr (2007: 52) ist in einem Beratungsprozess immer von „interessierten Akteuren" auszugehen. Die einzelnen BR-Mitglieder oder im Gremium existierende Fraktionen und Gruppierungen können mit dem Beratungsprozess unterschiedliche Interessen und Ziele verbinden. Diese werden aber nicht immer offengelegt, sondern eventuell erst später sichtbar oder laufen nur unterschwellig mit. Anzunehmen ist, dass die eigene Interessenlage auch Einfluss darauf hat, welche Themen und Inhalte des Beratungsprozesses sich bei den Betriebsräten/innen besonders einprägen.
       Was berichten nun die Betriebsräte über das, was sie in Beratungsprozessen als Inhalte erlebt bzw. als „interessierte Akteure" in Erinnerung behalten haben?

Kornelia: Mir war es damals immer wichtig, dass gleich zu Beginn einer Legislatur-periode sozusagen ein Workshop gemacht wir: Was wollen wir, wo wollen wir hin, was haben wir für Ziele, welche Rolle spielen wir eigentlich und ich als Einzelner? Und dazu haben wir uns einen Spezialisten geholt, der das alles moderiert, damit wir da strukturiert rangehen.

Die Betriebsratsvorsitzende macht hier deutlich, dass die Initiative für den durchgeführten „Workshop" von ihr ausging. Im Weiteren spricht sie vom gan-zen Gremium, das sich Unterstützung von einem „Spezialisten" für Methode und Struktur geholt hat. Inhalte der Prozessbegleitung sind die Ausrichtung und die Ziele des Gremiums gewesen, d. h. die Bearbeitung von strategischen und auf-gabenbezogenen Themen. Außerdem spricht die Vorsitzende von einer Rollen-klärung des Gremiums als Ganzes („wir") und von einer Rollenklärung der ein-zelnen BR-Mitglieder. Damit erwähnt sie neben aufgabenbezogenen Themen auch die „Gruppe" und das „Ich in der Gruppe" als thematische Elemente. Die drei Elemente: Aufgabe, Gruppe und Einzelne sind Bestandteile des Modells der Themenzentrierten Interaktion, welches konzeptionell sehr oft für Teamentwick-lungsprozesse genutzt wird (Gellert/Novak 2004: 141)˙ Die Schilderungen der befragten Betriebsräte/innen bezeugen, dass diese drei Elemente in den Bera-tungsprozessen tatsächlich auch wahrgenommen werden, wenngleich mit unter-schiedlicher subjektiver Gewichtung. Ein Betriebsratsvorsitzender betont bei-spielsweise besonders: *„Das war ganz wichtig, auch mal die eigene Rolle zu erkennen, die man in dieser Gruppe spielt."*

Weitere Inhalte, die die Betriebsräte erwähnen, liegen auf der strategischen und arbeitsorganisatorischen Ebene: *„Was wird uns vom Konzern denn vorgege-ben, was wir uns an Arbeit denn erwarten, wie woll'n wir darauf reagieren und einen Arbeitsplan mal aufzustellen"*, auf der Ebene der Motivationsklärung der einzelnen BR-Mitglieder: *„Mit welchen Ambitionen bin ich zur Wahl angetre-ten"* sowie auf Ebene gruppenbezogener Feedbackprozesse: *„Da sollte jeder die andern einschätzen und sich selbst einschätzen"*.

Von Bedeutung für die Betriebsräte ist auch die Klärung der Frage: Wie ge-hen wir miteinander um? Welche Regeln geben wir uns?

Michael: Dass wir dann auch darüber geredet haben, weil ich eben auch ein Techni-ker bin und das auch nicht gelernt habe, so ein Team zu führen, dass man eben wirk-lich Spielregeln auch vereinbaren muss, schon alleine, was auch die Gesprächsfüh-rung angeht, also Rednerliste dieses ganze simple Zeug. Wo ich aber auch am An-fang nicht drauf gekommen bin, und wo immer wieder Emotionen hochgingen, Rei-berein waren, manche haben sich ganz schnell zu Wort gemeldet und die Schüchter-nen haben sich dann nie getraut.

Dieser Betriebsratsvorsitzende sieht es als Lernprozess, dass er im Beratungsprozess auch seine Führungskompetenzen ausbauen kann – Kompetenzen, die er
anscheinend in seiner bisher eher fachlichen Berufslaufbahn nicht entsprechend
entwickeln konnte. Vorteilhaft ist, dass er nicht isoliert als Einzelner in einem
von ihm besuchten Seminar lernt, wie hilfreich Gesprächsregeln sind, sondern
dass das Gremium gemeinsam Gesprächsregeln vereinbart und dadurch ein kollektiver Lernprozess stattfinden kann. Die unterstützenden Aspekte, die dieser
Vorsitzende in den Gesprächsregeln sieht, sind eine sachlichere, konstruktivere
und eine in den Redeanteilen der einzelnen BR-Mitglieder ausgewogenere Gesprächsführung.

Die erwähnten Feedbackprozesse, aber auch andere Themen und Inhalte im
Beratungsprozess können Anlass sein, bisher im Gremium unterschwellig ausgetragene Konflikte sichtbar werden zu lassen und eine offene Austragung anzuregen:

> Mareike: Da ist dann aber auch wirklich alles auf den Tisch gekommen, was einen
> wirklich an deinem Gegenüber stört. Man hat also wirklich gesagt: „Hör mal, du
> lässt mich nicht ausreden" oder: „Das und das finde ich an dir blöd!" Und das hat
> auch Tränen gegeben richtig und Geschrei. Aber danach, nach diesen drei Tagen
> war das ganz gereinigtes Wetter, sagt man so?

Diese Betriebsrätin schildert einen Klärungsprozess, der auf einer moderierten
Klausurtagung stattfand und – so klingt es – sich aus dem Prozess heraus entwickelt hat. Die Gremienmitglieder haben sich Rückmeldungen über störende Verhaltensweisen gegeben. Das hohe Maß an Emotionalität, das sich dabei Luft
verschaffte, und die Formulierung, dass es „auf den Tisch kommt", lässt vermu-
ten, dass die Situation im Gremium schon länger angespannt und konflikthaft
war. Diese Arbeitnehmervertreterin hat das Aufbrechen der Konflikte und die
Sichtweisenklärung als reinigend für das Klima im Gremium empfunden. Während die Konflikte in diesem Gremium erst in der Beratung gremienöffentlich
angesprochen wurden, waren die Konflikte im folgenden Gremium bereits Anlass des Beratungsprozesses.

> Clemens: Als dann die Zeit nach der Wahl diese heftigen Konflikte waren, wir ha-
> ben dann einen Moderator gehabt, der hat also – ja, alleine durch die geschickte Art
> und Weise, wie der die Leute aus der persönlichen Reserve gelockt hat, erstmal auf-
> getaut, dass überhaupt erstmal wieder Dialog da war und ein Miteinander, egal ob
> das jetzt kontrovers war und mal heftig, doch ein bisschen beleidigend war, aber die
> Schweigsamkeit, die Stille, die war erstmal aufgebrochen.

In der Konfliktklärung, die dieses Gremienmitglied schildert, geht es darum, den abgebrochenen Dialog zwischen den Konfliktbeteiligten wieder herzustellen. Er schildert es als die Kompetenz des Moderators, die BR-Mitglieder zum Gespräch zu bewegen. Die offene Auseinandersetzung, auch wenn sie emotional aufgeladen und nicht immer fair stattfindet, ist für ihn besser als „die Stille" während des Abbruchs der Kommunikation.

Abschließend lässt sich sagen, dass die Themen, die von den Interessenvertreter/innen benannt werden, quer zur Benennung des Prozesses liegen. Das heißt, egal ob der Beratungsprozess als Klausurtagung, als Workshop oder als Teamentwicklung bezeichnet wird, sind die inhaltlichen Themen: Strategische Ausrichtung und Ziele klären, Aufgaben zusammenstellen, Arbeitspläne erarbeiten, Motivationen klären, Rollenklärung, Vereinbarungen zur Gesprächsführung treffen, Feedbackprozesse sowie Konfliktklärung und -bearbeitung.

4   Knackpunkte aus der Perspektive der beratenen Interessenvertreter/innen

Als „Knackpunkte" bezeichne ich Aspekte im Beratungsprozess, die von den Betriebsräten/innen als entscheidend für das Gelingen oder Misslingen einer Beratung wahrgenommen werden. Eine kritische Beratungsforschung fragt auch danach, warum Beratungsprozesse scheitern oder anders verlaufen als geplant. Je nachdem, wie und ob überhaupt die Berater ihre Qualitätssicherung gestalten, bekommen sie vom Misslingen der Beratung gar nichts mit, weil dies erst in der fehlenden Umsetzung der Veränderungen im Betriebsratsalltag zutage tritt, wenn der Beratungsprozess beendet ist. Oder sie schätzen die Beratung als gescheitert ein, während der Beratene sie für erfolgreich hält (Hasenzagl 2007: 366). Die subjektiven Sichtweisen, ob eine Beratung erfolgreich war, können durchaus auseinandergehen, da dies von vielfältigen Faktoren abhängt:

4.1 Bereitschaft und Beteiligung der Interessenvertreter/innen

Ein Knackpunkt, den die Betriebs- und Personalräte/innen als wesentlich für das Gelingen von Beratungsprozessen benennen, ist die Bereitschaft der Mitglieder.

> Otto: Also ich hab mich ja auch damals dazu entschieden, extern jemand zu holen. Die Ansätze waren gut, nur ich sag einfach mal, wenn bei den Betroffenen nicht die Bereitschaft da ist, sich drauf einzulassen, ist das alles für die Mütz.

In der Schilderung dieses Vorsitzenden klingt es, als hätte er mittels Mehrheitsbeschluss im Gremium entschieden, mit einigen „Betroffenen" etwas zu klären
bzw. entschieden, dass einige „Betroffene" etwas zu klären hätten. Nur die „Betroffenen" waren anscheinend nicht bereit dazu. Der Mehrheitsbeschluss, der
oben als Barriere für den Einstieg in einen Beratungsprozess beschrieben wurde,
wird hier zur Transferbarriere. Wenn eine Mehrheit entscheidet, in einen Klärungsprozess zu gehen, kann es eine Minderheit geben, für die die „Freiwillig-
keit" der Beratung gar nicht zutrifft. Diese „Minderheit" kann in einem Gremium
mit neun Mitgliedern immerhin vier Mitglieder umfassen. Hier kann man die
Frage stellen, inwiefern schon der Entscheidungsprozess im Gremium sympto-
matisch für das zu klärende Problem ist. Denn auch wenn es laut Betriebsverfassungsgesetz ausreicht, Beschlüsse mit einer einfachen Mehrheit zu fassen,
schließt dies eine Entscheidung für den Beratungsprozess im Konsens nicht aus.
Andererseits ist zu fragen, ob und wie mit dieser Ausgangslage der Beratungsprozess gelingend gestaltet werden kann, oder ob hier Beratungsprozesse – vor
allem wenn es dabei um die Bearbeitung von Konflikten im Gremium geht –
nicht auch am Eigensinn und Eigeninteresse der Beratenen ihre Grenzen finden.
So resümiert ein Betriebsrat: „*Wie das dann wirklich umgesetzt wird, wenn welche total stur sind, da hilft das dann auch nicht weiter*".

Andererseits kann die Bereitschaft und die aktive Beteiligung aller BR-
Mitglieder auch zu einem kollektiven Erfolgserlebnis führen: „*War ganz klasse.
Wir haben aber auch alle, das hat die Frau dann da auch gesagt, alle ganz,
ganz, ganz stark mitgearbeitet*". Diese Betriebsrätin hebt die starke Mitarbeit
aller Mitglieder als ausschlaggebendes Kriterium für den positiven Verlauf der
Beratung hervor. Wichtig ist ihr auch, dass das Gremium diese Rückmeldung
von der Beraterin bekommen hat.

Im Zusammenhang mit Bereitschaft bzw. eben auch Widerstand gegen den
Beratungsprozess kommt ein weiterer Aspekt dazu: die Nichtteilnahme.

> Christa: Es hat wohl mal so 'n – wie nennt sich das? – so 'n Teamfindungsseminar
> gegeben für ein früheres Gremium. Was der Vorsitzende angeleiert hat, an dem er
> aber dann nicht teilgenommen hat. Hab ich gehört ho ho (lacht) von der Seite her, ist
> das nicht so besonders vielversprechend.

Das offenbar zum „Mythos" gewordene misslungene Teamfindungsseminar
eines früheren Gremiums, bei welchem der Vorsitzende zwar Initiator, aber nicht
Teilnehmer war, veranlasst diese Betriebsrätin dazu, sich von einem Beratungsprozess nichts zu erhoffen. Hier wird deutlich, dass ein Knackpunkt im Teilneh-
merkreis liegt. Ein Beratungsprozess, bei welchem wesentliche Funktions- und
Meinungsträger fehlen, hat wenig Chancen auf eine gelungene Umsetzung in der
Arbeit des Gremiums und zudem Folgen für die Motivation der BR-Mitglieder.

Ebenso wichtig ist es bei Konfliktbearbeitungen im Gremium, dass möglichst alle Konfliktbeteiligten anwesend sind (Besemer 2001: 14). Außerdem wird deutlich, dass auch „misslungene" Beratungsprozesse in ihren Folgen nachhaltig sein können, vor allem in der Konsequenz – selbst nachfolgender Betriebsratsgenerationen – zukünftig auf externe Unterstützung zu verzichten.

4.2 Vorbehalte gegenüber Beratenden und Prozedere

Ein weiterer von den Betriebsräten/innen benannter Knackpunkt sind die Vorbehalte gegenüber den Beratern bzw. deren beruflicher Herkunft. Ein Betriebsrat äußert über seine BR-Kollegen: *„Die echten Pappnasen sagen dann: Psychologin, ich bin doch nicht krank, geh ich doch nicht hin!"* Vorbehalte und Unsicherheiten bei seinen Betriebsratskollegen/innen sieht auch der folgende BR-Vorsitzende:

> Ewald: „Viele wollen da gar nicht hin, die finden da die tollsten Ausreden, die Kinder müssen da mal herhalten, die man dann nicht irgendwie unterbringen kann oder irgendwelche anderen Sachen, oder ‚ach nee, ich hab keine Lust und immer dieses Gerede' und so, aber oft sind die Leute dann danach letztendlich doch angetan, weil es sie weiterbringt."

Aus den Äußerungen zur Nichtteilnahme am Beratungsprozess schlussfolgert der Vorsitzende, dass die BR-Kollegen/innen am liebsten nicht teilnehmen würden. Es können sich hierin Ängste und Vorbehalte gegenüber dem Prozedere sowie die Ungewissheit, was einen bei so einer Veranstaltung erwartet, ausdrücken. Ein anderer Aspekt kann auch das subjektive Interesse sein, bestimmte Dinge gar nicht klären zu wollen, weil das zu erwartende Resultat nicht den eigenen Zielen entspricht. Zu bedenken ist auch, dass es eben tatsächlich schwierig ist, die Kinderbetreuung mit den mehrtägigen Bildungs- und Beratungsprozessen, die eine Betriebsratsarbeit von den Einzelnen erfordert, zu vereinbaren.

Die Vorannahmen zum Beratungsprozess, aber auch die arbeits- und familiärbedingten Belastungen der Betriebsräte/innen wirken sich auf die Bereitschaft aus, sich auf den Beratungsprozess einzulassen und darin mitzuwirken. Wie der obige Vorsitzende schildert, können existierende Bedenken durch positive Erfahrungen im Beratungsprozess und dessen Auswirkungen verändert und eine Einsicht in die Sinnhaftigkeit solcher kollektiver Lernprozesse geschaffen werden.

4.3 Das „zweite Seminar" – die informelle Ebene

Neben dem eigentlichen Beratungsprozess läuft für das BR-Gremium noch eine zweite, eher informelle Ebene mit.

> Sandra: Grundsätzlich ist es 'ne ganz, ganz gute Sache, weil tatsächlich man nach diesen zweieinhalb Tagen, also sind ja auch zwei Abende, wo man miteinander reden kann, also 'ne ziemlich gute Grundlage hat, miteinander umzugehen.

Die Betriebsrätin spricht hier weniger von den Arbeitsphasen, die von den Prozessbegleitern strukturiert werden, als von den Abenden, an denen die Gremien – meist sich selbst überlassen – Zeit haben, miteinander ins Gespräch zu kommen. Zeit, die im stressigen Alltag zwischen der eigenen beruflichen Tätigkeit und dem Engagement als Betriebsrat/rätin oft nicht bleibt. Diese Möglichkeit zur Interaktion und die Einbeziehung vielleicht auch privater Themen macht ein neues und anderes Kennenlernen der Betriebsratsmitglieder möglich. Damit wird, so diese Betriebsrätin, eine „gute Grundlage" für den weiteren Umgang miteinander geschaffen.

Das „zweite Seminar", das außerhalb der offiziellen Arbeitsphasen in den Pausen und am Abend stattfindet, wird auch von Bildungsverantwortlichen mit einer eigenen Bedeutung versehen. In der IG Metall Rahmenkonzeption für die Bildungsarbeit steht, dass im „zweiten Seminar" eine Fortsetzung und Vertiefung des „ersten" Seminars stattfinden kann. Positionen und Argumente können überdacht und angesprochen werden, die sonst keinen Platz gefunden hätten. Aber es können auch Ausgrenzungsprozesse auftreten, die sonst im Seminar nicht so sichtbar wurden. Hier wird von den Bildungs- und Beratungsexperten Sensibilität gefordert (IG Metall 1998: 77). Das heißt, die informelle Ebene, die sich ihren Raum im „zweiten Seminar" sucht, kann zum Knackpunkt werden: Einerseits kann sie den Gruppenzusammenhalt fördern, wenn gemeinsame Gespräche und Aktivitäten stattfinden; andererseits aber auch behindern, wenn mittels Ausgrenzung die Konfliktthemen ausagiert werden, die im Beratungsprozess vielleicht gar nicht angesprochen werden oder keinen Platz haben.

4.4 Professionalität und Eigeninteressen der Berater

Neben den Knackpunkten, die eher bei den Interessenvertretern/innen als Beratene verortet sind, wurden Knackpunkte benannt, die eher die Beratenden betreffen.

> Katja: Ich halte nicht sehr viel von dem Moderator, der war sehr parteiisch, sehr un-koordiniert, (...) für mich ist das sehr schwer auszuhalten. Wenn man denn 'nen Profi einkauft und der das nicht kann, da krieg ich 'nen Hals.

Die Kritik dieser Betriebsrätin gilt der Haltung und der Kompetenz des Moderators. Sie drückt ihren Anspruch an dessen Professionalität aus, macht deutlich, dass das Gremium auch eine Dienstleistung einkauft und damit ein Recht auf eine bestimmte Leistung hat. Es macht sie wütend, wenn dieser Anspruch nicht eingelöst wird. Mit der Parteinahme spricht die Betriebsrätin die Verletzung der zur professionellen Norm gewordenen „Neutralität" an. Auch andere Betriebsräte/innen weisen kritisch auf diesen Knackpunkt hin. Ein Betriebsrat berichtet von einer Klausurtagung, die hauptsächlich dazu genutzt wurde, den strategischen Umgang mit zwei BR-Mitgliedern zu besprechen. Darauf entstand die Nachfrage einer Betriebsrätin:

> Kornelia: Habt ihr einen externen Moderator oder so was gehabt?
> Peter: Ja, wir hatten einen externen Moderator, aber das fand ich sehr unglücklich, der war nicht ganz parteilos.

Einen Teil der Verantwortung, dass dieses Thema so viel Raum während der Klausurtagung einnahm, lokalisiert dieser Betriebsrat beim Moderator, der „nicht ganz parteilos" gewesen sei. Der Anspruch der „Allparteilichkeit und Neutralität" steht hier in zweierlei Hinsicht zur Debatte: akteursbezogen und inhaltsbezogen. Akteursbezogen meint, auf die beteiligten Konfliktparteien gerichtet. Aus Sicht dieses Betriebsrats scheint der Moderator im Beratungsprozess Partei für eine Seite ergriffen zu haben. *Inhaltsbezogen* meint das Thema, das im Beratungsprozess bearbeitet, und das Ergebnis, das erreicht wurde. Die Kritik des Betriebsrats – „*Im Grunde genommen ist dabei nichts weiter rausgekommen, als dass wir über zwei Leute gesprochen haben und versucht haben, denen also bestmöglich nachzuweisen, wie wir die loswerden.*" – spricht die Inhaltsebene an. Er ist unzufrieden mit dem inhaltlichen Verlauf und dem Ergebnis. Für ihn ist das nicht der Inhalt, den er mit „Klausurtagung" verbindet. Akteursbezogen wird eine Neutralität der Berater erwartet. Aber wie sieht es mit deren inhaltlicher Neutralität aus? Geht die inhaltliche Distanzierung so weit, dass man jedes gewünschte Thema moderiert? Gehört dazu auch die strategische Vorbereitung der Ausgrenzung von Betriebsratsmitgliedern (unklar bleibt, ob die Betroffenen anwesend waren)? Oder an welcher Stelle setzt die beraterische Ethik reflexive Grenzen? Schreyögg (1990) zeigt, dass die Verbesserung der bestehenden Praxis sowohl in instrumenteller und als in ethischer Absicht erfolgen kann. Sie plädiert dafür, dass die Bestimmung dessen, was als ethisch „richtig" gelten soll, im Beratungsprozess kommunikativ bearbeitet wird.

Die Kritik des obigen Betriebsrats an der fehlenden Parteilosigkeit des Moderators wirft die Frage auf, ob der Moderator vielleicht ein Interesse am Ausscheiden von BR-Mitgliedern hatte. Eine Untersuchung von Muhr zeigt, dass
auch Berater Eigeninteressen haben und die allumfassende Neutralität eine Illu-
sion ist. „Beratungsthemen und Beratungsanlässe haben keineswegs ein homo-
genes Ziel, sondern werden zum Spielball interessierter Akteure; und zu diesen
zählen auch Berater" (Muhr 2007: 51). Er arbeitet an einem konkreten Beratungsprozess zwischen Geschäftsführung und Betriebsrat die Interessen der beteiligten Akteure heraus und kommt zu dem Schluss, dass die „Neutralität" der
Berater nicht umstandslos vorauszusetzen, sondern Ergebnis eines Aushand-
lungsprozesses ist (ebenda: 57). Dazu muss aber die „Neutralität" erst infrage
gestellt und thematisiert werden.

Die Interessenlage ist auch vom Kontext der Berater mitbestimmt.

> Albert: Es lief auch zuerst ganz gut, bis wir gemerkt haben, dass auch die beteiligte
> IG Metall eigentlich gar nicht ernsthaft bei der Sache war. Es hat alles nur was mit
> der Wahl zu tun gehabt, die ja bevorstand.

Die Zukunftswerkstatt, die dieses Gremium durchgeführt hat, wurde von hauptamtlichen Kollegen der Gewerkschaft moderiert. Der Sprecher vermutet bei den
Beratern mehr eigene Interessen an der bevorstehenden Betriebsratswahl und
weniger Interesse am Klärungsprozess im Gremium. In den Beratungsprozess
spielen die politischen Interessen der Trägerorganisation hinein und dies bei
gewerkschaftlichen Trägern wie bei wirtschaftlichen Beratungsunternehmen. Bei
selbstständigen Beratern/innen läuft unterschwellig meist ein Existenzsiche-
rungsinteresse mit (Muhr 2007: 56).

Neben dem Anspruch an eine professionelle Haltung der Beratenden werden auch bestimmte Kompetenzen von ihnen erwartet.

> Katja: Auch mitzukriegen, wo sich Leute was in die Tasche lügen und das aus denen
> rauszukitzeln, um wirklich zu ‘nem Konsens und ‘ner Einigung zu kommen. Sodass
> der Gegenüber auch das Gefühl hat, ja du verstehst mich, ich versteh dich, wir beide
> können jetzt wieder nebeneinander laufen, ne. Und das muss ein Mediator echt kön-
> nen.

Die Sprecherin beschreibt hier, was sie von einem Mediator erwartet. Als Mediator bedürfe es einer sensiblen Wahrnehmung. Weiterhin ginge es darum, den
einzelnen Sichtweisen und bisher unbenannten Hintergrundinteressen Raum zu
geben und diese zu erhellen, sowie gegenseitiges Verständnis zu befördern und
eine gemeinsame Konfliktlösung zu erarbeiten. Aus ihren weiteren Schilderungen wird deutlich, dass sie eine Abgrenzung zu Moderation vornimmt und sie die

Kompetenzen, die eine Moderation erfordert, als geringer einschätzt: „*Bei der Moderation geht das gerade noch, aber bei der Mediation ist das sehr, sehr schwierig.*" Es wird deutlich, dass sie hier auf eigene Erfahrungen zurückgreift, die ihr ein differenziertes Bild von den Verfahren der Moderation und Mediation ermöglichen. Ihre Schlussfolgerung kann so verstanden werden, dass eine Konfliktbearbeitung im Gremium andere Kompetenzen erfordert als die Moderation beispielsweise der Erstellung eines Arbeitsplans. Praktisch stellt sich hier das Problem, dass der/die Prozessbegleiter/in auch bei Letzterem mitten in einer Konfliktbearbeitung landen kann:

> Lena: Da kam der Moderator wieder und wollte mal so abklopfen, wie weit wir mit unsren Zielen sind. Ja und in der Sitzung war er eigentlich eher damit beschäftigt, den Schlichter zu spielen. Also denn wurden da alle Konflikte plötzlich auf diesen Tisch gepackt, was so vorher so grüppchenweise irgendwie nur diskutiert worden ist und er musste denn halt irgendwie nur gucken, die Streithähne so 'n bisschen auseinander zu kriegen.

In Abgrenzung zu Katja (s. o.) betont Lena, dass sie in ihrem Gremium einen Moderator als Prozessbegleitung hatten. Bei einem Follow-up, in dem es um eine Bilanzierung der Ziele gehen sollte, seien die Konflikte aufgebrochen und der Moderator unerwartet in die Rolle des Schlichters gekommen. Er habe vorwiegend deeskalierend auf die Konfliktbeteiligten wirken müssen.

Zusammenfassend kann man sagen, dass die Betriebsräte/innen als Knackpunkte für das Gelingen oder Misslingen einer Beratung beide Akteure im Blick haben: die Beratenen (als Einzelne und als kollektiven Akteur) und die Berater. Damit komme ich zu einem letzten Aspekt. Neben den beschriebenen Knackpunkten im Prozess der Beratung ist ein weiterer wichtiger Aspekt die Gestaltung des Transfers in die alltägliche Betriebsratsarbeit. Deutlich wird dies vor allem an den rückblickenden Bewertungen der Betriebsräte/innen.

5 Die Bewertung des Ergebnisses – Was kommt raus?

Am gelungenen Transfer, also der Wirkung des Beratungsprozesses in die betriebsrätliche Alltagspraxis hinein, wird von den Betriebsräten/innen letztendlich die gelungene oder misslungene Beratung gemessen.

> Kerstin: Also wir haben ja auch solche Seminare gemacht, so Workshops. Ich weiß nicht, ich hatte da nie das Gefühl, dass das anschließend anders war. An den beiden Tagen fand man sich eigentlich ganz toll und im Alltagsgeschäft brach genau das al-

les wieder hervor, was vorher war. Von meiner Warte her hat das einen geringen
Nachhaltigkeitsfaktor gebracht.

Diese Vorsitzende kritisiert, dass sie keine nachhaltigen Veränderungen im
Gremium durch die Beratungsprozesse wahrgenommen hat. Aus ihren weiteren
Schilderungen wird deutlich, dass die Schwierigkeiten im Gremium vor allem in
der Aufgabenverteilung und Arbeitsplanung liegen. Während der Beratung
schienen die Probleme gelöst, aber im folgenden Alltag traten wieder alte Muster
in den Vordergrund. Aus ihrer Sicht folgerichtig initiiert sie keine solchen Workshops mehr. Sie macht sich dabei nicht weiter auf die Suche nach den Ursachen
für den fehlenden Transfer, sondern zieht pauschale Konsequenzen – nach dem
Motto: Beratung ist ganz nett, bringt aber nichts.

Den fehlenden Transfer bemängeln auch andere, kommen dabei jedoch
teilweise zu anderen Schlussfolgerungen. So resümiert ein Betriebsrat über den
Beratungsprozess: *„Ich fand ja den Weg, den man mal angefangen hatte mit der
Zukunftswerkstatt, der war ja gut. Bloß er hätte zu Ende geführt werden müssen
und das ha'm wir nicht mehr gemacht".* Er kommt also zu der Einsicht, dass der
Prozess nicht abgeschlossen war und einer Fortsetzung bedurft hätte.

Selbst bei bestehendem Wunsch und hinlänglicher Motivation zu Veränderungen zeigen sich in der konkreten Interaktion im Gremium Schwierigkeiten.

Elke: Hat auch denn am Anfang positiv denn geklappt, dass das Verhältnis besser
wurde und jeder so akzeptiert wurde und jeder konnte seine Meinung kundtun. Aber
nach 'ner gewissen Zeit sind wir wieder in diesen alten Trott reingerutscht irgendwie.

Hier wird deutlich, dass trotz der erarbeiteten alternativen Handlungsmöglichkeiten und der Einsicht, dass diese hilfreich wären, sich im Alltag lang praktizierte
und etablierte Muster wieder durchsetzen können.

Deshalb ziehen sich Transferaktivitäten – d. h. Interventionen, die die Umsetzung in die Praxis vorbereiten – idealerweise schon durch die unmittelbare
Beratung. Hier übernimmt der/die Berater/in seinen/ihren Teil der Verantwortung für die Umsetzung und Nachhaltigkeit der Lernprozesse. Doch die Maßnahmen der Berater sind auch hier nur die eine Seite, die zu einem gelungenen
Transfer beitragen kann. Die andere Seite sind die beratenen Interessenvertrete-
rinnen selbst und die vielfältigen Transferbarrieren, auf die sie – wieder im betriebsrätlichen Alltag angekommen – stoßen. Hier besteht auch ein Zusammenhang zu dem oben angesprochenen Knackpunkt der Bereitschaft und Beteiligung
der Betriebsräte/innen an Veränderungsprozessen. Vielleicht gibt es ja gute
Gründe und politische Interessen, alles so zu lassen, wie es ist.

Kornelia: Sie mussten dann zugeben, wir haben eigentlich gar nichts getan, ging alles im Alltagsgeschäft irgendwie unter und der hat das ganz deutlich eben auch zur Sprache gebracht und irgendwie hieß das dann plötzlich: ,Ach, wir haben doch gar keine Probleme, das stimmt doch alles gar nicht, was der sagt'. Ich hab' immer gesagt, es wird die Welt, die wird sich SCHÖN geredet. Wir haben keine Probleme, also brauchen wir auch diesen Referenten gar nicht, was soll das alles?

Diese Vorsitzende spricht hier eine nicht zu unterschätzende Transferbarriere an: das Alltagsgeschäft der Betriebsratsgremien, welches meist stressig und von vielfältigen Spannungsverhältnissen geprägt ist. Die Reflexion dieser Barriere braucht einen angemessenen Raum im Beratungsprozess. Spätestens bei einem Follow-up wird die fehlende Umsetzung zwangsläufig zum Thema oder alle (inklusive Berater/in) schaffen es, diese Klippe geschickt zu umschiffen. Im obigen Fall hat der Berater es zum Thema gemacht. Allerdings ist er damit, so interpretiert es diese Vorsitzende, auf den fehlenden Veränderungswillen der BR-Mitglieder und auf deren Widerstand getroffen. Einen Widerstand, der sich in der Infragestellung des Beraters und des Beratungsprozesses ausdrückt. Unklar bleibt, ob es überhaupt eine Problemsicht der BR-Mitglieder gab oder ob der Berater die Problemsicht der Vorsitzenden übernommen hat.

Da das Ziel der Beratung in einer verbesserten Praxis besteht, hat eine aus Sicht der Betriebsräte „gelungene" Beratung letztlich auch zur Folge, dass sich die Einsicht in den Sinn unterstützender Beratung erhöht.

Mareike: Es ging mit großer Motivation weiter. Und jetzt versuch' ich das fürs nächste Jahr, also ich würde das gerne einmal im Jahr machen, noch mal zu organisieren, dass der Arbeitgeber so etwas noch mal zahlt, weil, dann kann man das noch mal aufarbeiten, sehen, was für Ziele hast du erreicht, wo musst du noch hin. Also das war sehr, sehr hilfreich.

Die Wirkung, die die Betriebsrätin hier anspricht, ist vor allem eine Steigerung der Motivation im Gremium. Außerdem hält sie es für sinnvoll, es nicht bei einer einmaligen Maßnahme zu belassen, sondern in einer Fortsetzung Bilanz zu ziehen und neue Ziele abzustecken. Um einen nachhaltigen Entwicklungs- und Lernprozess im Gremium in Gang zu setzen, ist die Absprache von Folge- und Bilanzierungsterminen eine wesentliche Transferaktivität. Eine Hürde, die in diesem Zusammenhang von der Betriebsrätin angesprochen wird, stellt die Finanzierung durch den Arbeitgeber dar, welche immer wieder neu verhandelt werden muss.

Die Sicherung und Reflexion der Beratungsergebnisse in weiteren Beratungen oder Follow-up-Treffen ist für einige Betriebsräte aufgrund ihrer Erfahrungen selbstverständlich geworden. So äußert ein Betriebsrat: *„dass man also nach* *'nem Jahr oder nach 'ner gewissen Zeit das Ganze wiederholen muss. Dann mal Revue passieren zu lassen, was hat sich tatsächlich verändert."* Die Initiative für die Bilanzierung der Ergebnisse geht wohl meist von den Gremien aus. Aber auch die Aktivität des Beraters wird von einer Betriebsrätin positiv bewertet: *„Zum Glück hab ich jetzt gehört, dass der Moderator noch mal nachgefragt hat, ob wir noch mal so 'ne Nachbereitung brauchen."* Durch die Nachfrage und Initiative der Berater können die Gremien in ihrem Transfer weiter unterstützt werden, zugleich ist dies für die Berater selbst eine Maßnahme der eigenen Qualitätssicherung.

Es lässt sich also resümieren, dass die befragten Arbeitnehmervertreter/innen ihre Erfahrungen mit Beratungsprozessen unterschiedlich bewerten und dass der Erfolg der kollektiven Beratungsprozesse vor allem an der Umsetzung und damit der Veränderung der Betriebsratspraxis gemessen wird.

6   Schlussbetrachtung

Im vorliegenden Text konnte gezeigt werden, dass trotz vielfältiger Anlässe und Themen von den Betriebsräten/innen übergreifende Knackpunkte identifiziert und Bewertungskriterien für einen erfolgreichen Beratungsprozess angelegt werden. Diese Perspektive sollte in Praxis und Forschung mehr aufgegriffen werden.

Anregungen dafür könnte eine Adaption des „Change Explorer" liefern (Greif/Seeberg 2007). Der Change Explorer ist ein methodisches Instrumentarium, welches sowohl für „wissenschaftliche Untersuchungen zur Analyse der Erfolge und Misserfolge bei organisationalen Veränderungen" als auch für „praktische Zielsetzungen zur Evaluation" eingesetzt werden kann. In Interviews mit Unterstützung von Kurzfragebögen werden Bewertungsmerkmale und Erfolgsfaktoren erhoben. Bewertungsmerkmale sind die subjektiv bedeutsamen Kriterien, an denen der Erfolg oder Misserfolg gemessen wird. Erfolgsfaktoren sind die Ursachen, die aus subjektiver Sicht zum Erfolg oder Misserfolg geführt haben. Mittels Strukturlegetechnik werden die Zusammenhänge von Bewertungsmerkmalen und Erfolgfaktoren sichtbar gemacht und in einen zeitlichen Verlauf eingebettet (Greif/Seeberg 2007). Die Vielfalt der unterschiedlichen Sichtweisen in einem Gremium sowohl bezogen auf die Bewertungskriterien als auch auf die Erfolgsfaktoren könnte Anlass sein, sich in einen gemeinsamen Reflexionsprozess zu begeben und eventuell daraus weitere Verbesserungsmaßnahmen abzuleiten.

Betrachtet man mit diesen Begrifflichkeiten noch einmal die im vorliegenden Artikel beschriebenen Erfahrungen der Betriebsräte/innen, lassen sich folgende Bewertungsmerkmale zusammentragen:

- Nachhaltigkeit
- Verbesserung der Kommunikation im Gremium
- Umsetzung der geplanten Maßnahmen im betriebsrätlichen Alltag
- Motivation für die weitere Betriebsratsarbeit

Alle Bewertungsmerkmale betreffen die Verbesserung der Betriebsratspraxis.
Die konkreten inhaltlichen Bedeutungen der Merkmale müssten in Untersuchungen weiter ausdifferenziert werden, um ein Bild davon zu bekommen, was die
Betriebsräte/innen konkret meinen, wenn sie „Nachhaltigkeit" sagen.
    Die Zusammenstellung der von den Betriebsräte/innen benannten Erfolgs-
bzw. Misserfolgsfaktoren lässt sich einteilen in akteursbezogene sowie struktur-
und inhaltsbezogene Faktoren.
Akteursbezogen auf das Betriebsratsgremium:

- Bereitschaft der BR-Mitglieder für den Beratungsprozess
- Veränderungsbereitschaft bzw. Widerstand von BR-Mitgliedern
- Beteiligung der BR-Mitglieder im Beratungsprozess
- Teilnahme möglichst aller BR-Mitglieder, vor allem der Funktionsträger-
  und Meinungsführer am Beratungsprozess
- Einstellungen der BR-Mitglieder gegenüber den Beratern/innen
- Ängste und Unsicherheiten der BR-Mitglieder gegenüber dem Prozedere
  einer Beratung

Akteursbezogen auf die Berater/innen:

- Vorbereitung und Koordination der Berater
- Neutralität bzw. Parteinahme
- Ethische Ansprüche der Berater
- Interessen der Berater bzw. dahinterstehender Organisationen
- Kompetenzen der Berater: Sensibilität, Kommunikation und Dialog anre-
  gen, Verständnis fördern, zu Einigungen und Lösungen anregen, Konflikte
  und Emotionen aushalten, deeskalierend wirken, Moderieren und Struktu-
  rieren
- Erfahrungen der Berater mit Teamentwicklungsprozessen

Struktur- und inhaltsbezogene Faktoren:

- Art und Weise des Zustandekommens der Beratung – Initiative und Entscheidungsprozess im Gremium
- Protagonisten und Umfang der Auftragsklärung
- Bearbeitete Inhalte und Themen in der Beratung
- Raum und Nutzung der informellen Freizeit-Ebene, das „zweite Seminar"
- Wiederholung und Bilanzierung des Prozesses
- Längerfristige Prozessbegleitung
- Abschluss des Beratungsprozesses
- Bewältigung des (stressigen) Alltagsgeschäfts

Irrelevant für den Erfolg scheint aus Perspektive der Beratenen die Bezeichnung des Beratungsprozesses zu sein. Der Auseinandersetzung um die begrifflichen Abgrenzungen einzelner Ansätze und Methoden erscheint vor diesem Hintergrund eher als Marktstrategie der Beratenden im Konkurrenzkampf um Einzigartigkeit.

Insgesamt ergibt sich ein recht differenziertes Bild, das dennoch um viele Faktoren erweiterbar erscheint. Für die Beratungspraxis ergibt sich daraus, dass sowohl die Interessenvertreter/innen als auch die Berater/innen die obige Zusammenstellung der Bewertungskriterien und Erfolgsfaktoren als Anregung für Auftragsklärungen, Beratungsprozesse und Nachtreffen nutzen können, um gemeinsame Reflexions- und Diskussionsprozesse zu initiieren. Es ist jedoch zu bedenken, dass die Zusammenstellung abgehoben ist vom konkreten Beratungsprozess, da alle befragten Interessenvertreter/innen unterschiedliche Beratungsprozesse in unterschiedlichen Gremien erlebt haben. Aufschlussreich wäre sicher die Untersuchung der Frage, wie sich die Bandbreite der Sichtweisen auf einen konkreten Beratungsprozess eines Gremiums darstellt und welche Zusammenhänge zwischen Bewertungsmerkmalen und Erfolgskriterien bestehen, um darüber mit dem Gremium ins Gespräch zu kommen.

Über derartig angelegte Forschungen könnten wichtige Erkenntnisse über Wirkungszusammenhänge aus der Beratungspraxis gewonnen und durch Evaluationsprozesse für die Praxis nutzbar gemacht werden. Die Evaluationen sollten dabei das Ziel verfolgen, „als zentrale Informationsquelle für die Förderung von Qualität" zu dienen und den „verborgenen Wert" des Beratungsprozesses zu entdecken (Wesseler 2009).

Literatur

Beerhorst, Joachim/Bergmann, Jupp/Herzer, Hans/Schuchmann, Kerstin (2000): Beratungsanfragen und Beratereinsatz. In: IG Metall Vorstand (Hrsg.): Bildung und Beratung. Frankfurt, S. 199-207

Besemer, Christoph (2007): Mediation. Vermittlung in Konflikten. Königsfeld: Stiftung Gewaltfreies Leben

Degele, Nina/Münch, Tanja/Pongratz, Hans J./Saam Nicole J. (Hrsg.) (2001): Soziologische Beratungsforschung. Perspektiven für Theorie und Praxis der Organisationsberatung. Opladen: Leske + Budrich

Deiß, Manfred/Heidling, Eckhard (2001): Interessenvertretung und Expertenwissen. Anforderungen und Konsequenzen für Betriebsräte und Gewerkschaften. Düsseldorf: Hans-Böckler-Stiftung

Gellert, Manfred/Nowak, Claus (2007): Teamarbeit, Teamentwicklung, Teamberatung. Ein Praxisbuch für die Arbeit in und mit Teams. Meezen: Limmer

Göhlich, Michael/König, Eckard/Schwarzer, Christine (Hrsg.) (2007): Beratung, Macht und organisationales Lernen. Wiesbaden: VS Verlag für Sozialwissenschaften / GWV Fachverlage GmbH Wiesbaden (Springer-11776/Dig. Serial)

Göhlich, Michael/König, Eckard/Schwarzer, Christine (2007): Beratung, Macht und organisationales Lernen. Eine Einführung. In: Göhlich/König/Schwarzer, S. 7-19.

Greif, Siegfried/Seeberg, Ilka (2007): Der Change Explorer – ein Instrumentarium zur Exploration und Beratung von Veränderungen in Organisationen. In: Gruppendynamik und Organisationsberatung, 38. Jg., Heft 4, S. 371-387.

Hasenzagl, Rupert (2007): Die Wirkung von Beratern. In: Gruppendynamik und Organisationsberatung, 38. Jg., Heft 4, S. 351-370.

Haubl, Rolf/Hausinger, Brigitte (Hrsg.) (2009): Supervisionsforschung. Einblicke und Ausblicke. Göttingen: Vandenhoeck & Ruprecht

Hof, Gerd (2000): Bildungs- und Beratungsstrukturen in der Bildungsstätte Lohr. In: IG Metall Vorstand (Hrsg.): Bildung und Beratung. Frankfurt, S. 35-43.

Iding, Hermann (2001): Hinter den Kulissen der Organisationsberatung. Macht als zentrales Thema soziologischer Beratungsforschung. In: Degele, Nina/Münch, Tanja/Pongratz, Hans J./Saam, Nicole J. (Hrsg.): Soziologische Beratungsforschung. Perspektiven für Theorie und Praxis der Organisationsberatung. Opladen: Leske + Budrich, S. 71-85

IG Metall (1998): Rahmenkonzeption für die Bildungsarbeit der IG Metall. Online verfügbar unter http://www2.igmetall.de/homepages/bnet/dasprojekt/verffentlichungen.html

IG Metall Vorstand (Hrsg.) (2000): Bildung und Beratung. Frankfurt

Irle, Günter (2001): Mediation – Moderation – Supervision: Ein Vergleich. In: Gruppendynamik und Organisationsberatung, 32. Jg., Heft 1, S. 5-20

Jungk, Robert/Müllert, Norbert R. (1989): Zukunftswerkstätten. Mit Phantasie gegen Routine und Resignation. München: Heyne (Überarb. und aktual. Neuausg.)

Klebert, Karin/Schrader, Einhard/Straub, Walter (1991): Moderationsmethode. Gestaltung der Meinungs- und Willensbildung in Gruppen, die miteinander lernen und leben, arbeiten und spielen. Hamburg: Windmühle GmbH

Kühl, Stefan (2001): Professionalität ohne Profession. In: Degele, Nina/Münch, Tan-
ja/Pongratz, Hans J./Saam, Nicole J. (Hrsg.): Soziologische Beratungsforschung.
Perspektiven für Theorie und Praxis der Organisationsberatung. Opladen: Leske +
Budrich, S. 209-237

Muhr, Thomas (2007): Beratung und Macht. Organisationsberatung aus mikropolitischer
Perspektive. In: Göhlich, Michael/König, Eckard/Schwarzer, Christine. (Hrsg.): Beratung, Macht und organisationales Lernen. Wiesbaden: VS Verlag für Sozialwissenschaften / GWV Fachverlage GmbH Wiesbaden (Springer-11776/Dig. Serial),
S. 49-68

Nestmann, Frank/Engel, Frank/Sickendiek, Ursel (2007): Das Handbuch der Beratung.
Ansätze, Methoden und Felder. Tübingen: dgvt-Verlag

Pallasch, Waldemar/Mutzeck, Wolfgang/Reimers, Heino (2002): Beratung – Training –
Supervision. Eine Bestandsaufnahme über Konzepte zum Erwerb von Handlungs-
kompetenz in pädagogischen Arbeitsfeldern. Weinheim: Juventa-Verlag

Pühl, Harald (1990): Erstkontakt, Beginn und Nachfrageanalyse in der Team-Supervision.
In: Pühl, Harald (Hrsg.): Handbuch der Supervision. Berlin: Ed. Marhold im Wiss.-
Verl. Spiess, S. 161-174

Pühl, Harald (1998): Team-Supervision. Von der Subversion zur Institutionsanalyse.
Göttingen: Vandenhoeck & Ruprecht

Rappe-Giesecke, Kornelia (2009): Supervision für Gruppen und Teams. Heidelberg:
Springer, (4., aktualisierte Aufl.)

Redlich, Alexander (1997): Konflikt-Moderation. Handlungsstrategien für alle, die mit
Gruppen arbeiten. Hamburg: Windmühle Verlag

Schreyögg, Astrid (1990): Die ethische Dimension in der Supervision. In: Pühl, Harald
(Hrsg.): Handbuch der Supervision. Berlin: Ed. Marhold im Wiss.-Verl. Spiess, S. 9-
21

Schrödter, Wolfgang (2007): Beratungsforschung. In: Nestmann, Frank/Engel,
Frank/Sickendiek, Ursel (Hrsg.): Das Handbuch der Beratung. Disziplinen und Zugänge. Tübingen: dgvt-Verlag, S. 809-824.

Wesseler, Matthias (2009): Evaluation und Evaluationsforschung. In: Tippelt, Ru-
dolf/Hippel, Aiga (Hrsg.): Handbuch Erwachsenenbildung/Weiterbildung. Wiesbaden: VS Verlag für Sozialwissenschaften / GWV Fachverlage GmbH Wiesbaden
(Springer-11776/Dig. Serial), S. 1031-1048

Teambildung mit Betriebsratsgremien

Erhard Tietel

Einleitung

Teambildung mit Gremien von Arbeitnehmervertretungen, seien es Betriebsratsgremien in privatwirtschaftlich verfassten Unternehmen und Einrichtungen, seien es Personalratsgremien im Öffentlichen Dienst oder seien es Mitarbeitervertretungen in sog. ‚Tendenzunternehmen' (z. B. Kirchen, Caritas, Diakonie, Innere Mission, konfessionelle Krankenhäuser etc.) findet gegenwärtig unter turbulenten ökonomischen, arbeitsvertraglichen und psycho-sozialen Bedingungen in all diesen Bereichen statt (Haubl/Voß 2009; Tietel 2009a). Gremien der betrieblichen Interessenvertretung, die vor Jahren noch einen Schwerpunkt ihrer Arbeit darauf legen konnten, für die Einhaltung gesetzlicher Bedingungen und – in enger Verbindung mit den Gewerkschaften – für die Verbesserung finanzieller, arbeitsorganisatorischer und sozialer Standards in den Betrieben zu sorgen, sind heute einbezogen in umfassende Reorganisations- und Rationalisierungsmaßnahmen und beschäftigen sich mit der Verhinderung bzw. Verzögerung von Personalabbau, mit Ausgründungen, prekären Arbeitsverhältnissen und nicht zuletzt mit der Umsetzung von Sparmaßnahmen (Tietel 2009b; Drott 2010). Aus dem – hier nur angedeuteten[1] – Wandel in den betrieblichen Arbeitsbeziehungen resultiert für die betrieblichen Interessenvertretungen eine enorm gewachsene Komplexität mit einer ganzen Reihe von widersprüchlichen Anforderungen, Dilemmas und Paradoxien, die nicht nur die einzelnen Arbeitnehmervertreter vor immense Herausforderungen stellen, sondern nicht selten das gesamte Gremium einer großen Zerreißprobe aussetzen. Von den neuen betriebspolitischen Konstellationen geht zudem ein erheblicher Professionalisierungsdruck auf die Arbeitnehmervertretung aus, sodass auch die Binnenstrukturen von Gremien nicht unverändert bleiben können (Minssen/Riese 2007). Die Nachfrage nach prozessbezogenen Fortbildungen, die neben ökonomischen und juristischen Expertisen auch ‚weiche' Fortbildungs- und Beratungsinhalte wie Konflikttraining, Mediation, Teambildung, Supervision und Coaching umfasst, dokumentiert dies eindrücklich.

---

[1] Siehe hierzu ausführlich mein Buch „Konfrontation – Kooperation – Solidarität. Betriebsräte in der sozialen und emotionalen Zwickmühle (Tietel 2006, 2. Aufl. 2008).

Meine Erfahrungen mit entsprechenden Bildungs- und Beratungsangeboten an der Akademie für Arbeit und Politik der Universität Bremen[2] bestätigen die gewachsenen Anforderungen an die Rolle der betrieblichen Interessenvertreter. So zeigt sich in den Supervisionen und Coachings sehr anschaulich, unter welchem immensen Druck, welchen widersprüchlichen Anforderungen und ständigen Konflikten Arbeitnehmervertreter ihre tagtäglichen Aufgaben angehen und mit welch starker innerer Belastung dies häufig einhergeht; die Teambildungsseminare mit kompletten Gremien veranschaulichen eindrücklich, wie schwierig es ist, sich von den Spannungs- und Konfliktfeldern der betriebspolitischen Wirklichkeit nicht auch als Gremium blockieren, gegeneinander ausspielen, ja spalten zu lassen. Angetreten, eine durchsetzungsfähige Interessenvertretung im Betrieb zu praktizieren, geht zuweilen ein beträchtlicher Teil der Zeit und Kraft in den Kleinkrieg von persönlichen Anfeindungen und Unterstellungen zwischen den Betriebsratsmitgliedern statt in die Klärung von Zielen, die Priorisierung von Aufgaben und die Vorbereitung von Entscheidungen in anstehenden Sachfragen. Teambildung, so die These des vorliegenden Beitrags, kann als eine Möglichkeit verstanden werden, Gremien der betrieblichen Interessenvertretung bei der Bewältigung ihrer Teamdynamik und bei ihrer Professionalisierung beizustehen. Der Schwerpunkt meiner Ausführungen liegt dabei weniger auf der theoretischen oder methodologischen Begründung der Teambildung, als darauf, anschaulich zu beschreiben, wie ein derartiges Teambildungsseminar konkret aussieht und welche Verfahren, Methoden und Arbeitsschritte hierbei zum Einsatz kommen.

1   „Als Team sind wir unschlagbar."

Unter dem etwas reißerischen Titel „Als Team sind wir unschlagbar." biete ich seit Ende der 90er Jahre Teambildungsworkshops an, die in aller Regel mit dem kompletten Gremium stattfinden. Das können Gremien kleiner Firmen oder Einrichtungen mit drei, fünf oder sieben Gremienmitgliedern sein, das können Gremien mittlerer Betriebe sein mit ein bis zwei Freigestellten und einer Gremiengröße von neun, elf oder dreizehn Mitgliedern – immer noch eine Gruppengröße, bei der jeder mit jedem persönlich in Beziehung stehen kann.[3] Das können aber auch Gremien größerer Betriebe sein, ‚mein' größtes Gremium hatte 23 Mitglieder und eine ausdifferenzierte Binnenstruktur: Hier war das Betriebsratsbüro mit

---

[2] Zu den diesbezüglichen Weiterbildungs- und Beratungsangeboten der Akademie für Arbeit und Politik der Universität Bremen siehe das unter dem Titel „Wenn die Rolle ins Rollen kommt" erschienene Mitteilungsheft Nr. 31/32 (2006) der Akademie (siehe: www.aap.uni-bremen.de).
[3] Laut Rudolph/Wassermann (2002, S. 57) betrug im Jahr 2002 die durchschnittliche Anzahl von Mitgliedern in Betriebsratsgremien bundesweit sieben Mandatsträger.

seinen fünf Freigestellten und einer Sekretärin eine eigene Gruppe in der Gruppe und das gesamte Gremium eher eine kleine ‚Organisation‘ als ein heimeliger sozialer Kosmos.[4] Mir persönlich, das hat sich im Laufe der Jahre herausgestellt, liegen kleine und mittlere Gremien eher als die komplexe Dynamik der Interessenvertretung von Großbetrieben oder großen Einrichtungen – nicht zuletzt vielleicht auch, weil die Vielfalt der Themen- und Fragestellungen, in die Arbeitnehmervertretungen in Großbetrieben verwickelt sind, und die komplexe Binnendynamik dieser Gremien eher einen kontinuierlichen Organisationsentwicklungsprozess erfordern, der sinnvollerweise auch von mehr als einem Berater begleitet werden sollte. Hier biete ich dann lieber Workshops für einzelne Ausschüsse oder Projektgruppen an, so beispielsweise für den Betriebs- oder den Personalausschuss oder für die Gruppe von Freigestellten, die eigene Orte der Selbstreflexion und der Klärung brauchen, wie sie ihre Zusammenarbeit koordinieren und ihre Arbeitsaufgaben strukturieren und angehen wollen.

Die Anliegen, mit denen sich Gremien an mich wenden, können ganz unterschiedlich sein: Nach der alle vier Jahre stattfindenden Betriebsratswahl steht die Frage an, welche Ziele man in den kommenden Jahren angehen möchte, welche Prioritäten man hierbei setzen will und welche arbeitsteilige Struktur hierfür günstig erscheint. Manche Gremien möchten nach einem oder zwei Jahren ‚Bilanz‘ ziehen und schauen, ob sie auch weiterhin ‚richtig‘ aufgestellt sind oder ob ‚nachjustiert‘ werden muss. Manchmal sind es akute Konflikte im Gremium, die die Gremienmitglieder aus eigener Kraft nicht zu bewältigen wissen und die im geschützten Rahmen eines moderierten Workshops mal in Ruhe betrachtet und besprochen werden sollen und – so auf allen Seiten die Bereitschaft dazu da ist – auch ein Stück weit gelöst werden können. Mal geht es um das Ausscheiden eines Vorsitzenden und die Klärung der Nachfolge – was dann der Frage nicht unähnlich ist, wer denn ‚Hoferbe‘ wird, ob und wie der ‚Alte‘ auf eine gute Weise abtreten und der oder die Neue auf eine akzeptierte Weise übernehmen kann. Mal geht es um rivalisierende Gruppierungen im Gremium, mal um die Vorbereitung einer Klausur mit der Geschäftsleitung, immer wieder auch um die Frage, wie man die wöchentliche oder vierzehntägige Sitzung effektiver und zufriedenstellender gestalten kann. Häufig möchte die oder der Vorsitzende ein Feedback über ihren/seinen ‚Führungsstil‘ und ihrerseits/seinerseits Erwartungen an die anderen Gremienmitglieder formulieren – Rollenklärung also, ein ausgesprochen wichtiges Thema für selbstorganisierte und demokratisch strukturierte Gruppen, wie es Interessenvertretungsgremien im Kontext hierarchisch strukturierter Or-

---

[4] Bei mittleren und größeren Betrieben sind nicht selten die Frauenbeauftragte oder die Schwerbehindertenvertreter integrierter Teil des Gremiums und kommen dementsprechend auch zur Teambildung mit. Manche Betriebe ermöglichen zusätzlich den ersten Ersatzmitgliedern die Teilnahme am Seminar.

ganisationen nun einmal sind. Schließlich geht es, um diese Punkte nicht zu
vergessen, um die Fragen, wie man seine Präsenz im Betrieb erhöhen, seine
Kontakte zu den Beschäftigten intensivieren, seine Öffentlichkeitsarbeit verbessern, die Betriebs- oder Personalversammlungen kommunikativer und spannender gestalten und gegebenenfalls auch Beschäftigte an der Arbeit der Interessenvertretung beteiligen kann – ein bunter Strauß von Anliegen also. Ergänzt wird
dies manchmal um spezifische Weiterbildungsanliegen wie Kommunikations-
training, Gesprächs- und Verhandlungsführung oder Konfliktanalyse, die in das
Programm des Workshops integriert werden, wenn hierfür ausreichend Zeit vorhanden ist.

Eine günstige Zeitdauer für einen Teambildungsworkshop sind zwei Tage,
mit einigen Gremien habe ich drei Tage gearbeitet, manche Gremien hatten nur
einen Tag zur Verfügung. Manche Workshops bleiben Einzelveranstaltungen,
mit einigen Firmen bzw. Einrichtungen hat sich über Jahre hin eine gewisse
Kontinuität von Workshops – und darüber eine längerfristige Begleitung der
Arbeit des Gremiums – herausgebildet.

2   Besonderheiten von Teams der betrieblichen Interessenvertretung

Gremien oder Teams der betrieblichen Interessenvertretung unterscheiden sich
von Fachteams oder betrieblichen Abteilungen dadurch, dass ihre Mitglieder von
den Beschäftigten gewählt werden. In den Fällen, in denen es mehrere Listen
gibt, entscheidet über die Wahrscheinlichkeit der künftigen Mitgliedschaft im
Gremium der eigene Platz auf der Liste. Dieser wird von der die jeweilige Liste
aufstellenden Gruppe bestimmt. Bei gewerkschaftlichen Listen geschieht dies in
der Regel so, dass die gewerkschaftlich Engagierten (so vorhanden: die Vertrauensleute) des Betriebs über die Reihenfolge abstimmen. Im Falle der „Persön-
lichkeitswahl" stehen alle sich zur Wahl stellenden Kandidaten auf einer einzi-
gen Liste. Die Wähler haben soviele Stimmen, wie es Gremienmitglieder geben
wird, und können diese nach ihrem Gutdünken an einzelne Kandidaten vergeben.
In diesem Fall entscheidet dann die Anzahl der Stimmen, die man bekommen hat
und damit die eigene ‚Popularität' (oder ‚Lobby') im Betrieb, ob man Mitglied
des Gremiums wird. In jedem Fall sitzt nach der Wahl meist eine recht bunt
zusammengesetzte ‚Gruppe' am Tisch der „konstituierenden Sitzung", eine
Gruppe, die keine Personalabteilung und auch kein Projekt- oder Abteilungsglei-
ter nach bestimmten fachlichen und/oder persönlichen Kriterien aufgabenbezo-
gen ausgesucht hat. Diese wählt ihre/n Vorsitzende/n und deren/dessen Stellver-
treter/in und legt – ab einer bestimmten Betriebsgröße – fest, wer für die Tätigkeit als Arbeitnehmervertreter von der Arbeit freigestellt wird. Die Vorsitzenden

solcher Gremien haben nun ihrerseits einen höchst widersprüchlichen – bzw. wie ich an anderer Stelle beschrieben habe (Tietel 2007) – paradoxen Status: Zwar sitzen sie dem Gremium vor, haben dementsprechend eine ganze Reihe gesetzlicher Aufgaben, unterliegen aber andererseits in ihren Entscheidungen und Aktivitäten dem sog. „Gremienbeschluss" und sind insofern von ihrem Team abhängig (das sie auch jederzeit wieder absetzen kann)

Die Aufgaben eines Gremiums der betrieblichen Interessenvertretung sind einerseits in den entsprechenden Gesetzen (sei es das Betriebsverfassungs-, das Personalvertretungs- oder das Mitarbeitervertretungsgesetz) geregelt, die Ziele, Visionen und konkreten Tätigkeiten ergeben sich jedoch mindestens ebenso sehr (und zunehmend mehr) aus den je konkreten betrieblichen Gegebenheiten und Themenstellungen und nicht zuletzt aus dem eigenen Selbstverständnis.

3 Inhalt und Ablauf des Teambildungsworkshops

Obgleich jeder Teambildungsworkshop betriebsspezifische Schwerpunkte hat und hierfür im Vorfeld meist ausführliche Gespräche – davon in der Regel eines mit dem gesamten Gremium – stattfinden, gibt es so etwas wie einen ,ideellen Fahrplan' für ein zweitägiges Seminar, der immer dann zum Einsatz kommt, wenn ein Gremium von sich aus nur sehr allgemeine Vorstellungen hat und die Gestaltung des Workshops weitgehend mir überlassen will. Diesen ,Fahrplan' will ich im Folgenden vorstellen, wobei ich bei den einzelnen Arbeitsschritten auf Beispiele aus den zahlreichen Teambildungs-Workshops zurückgreife, die ich bisher mit betrieblichen Interessenvertretungen durchgeführt habe.

Das Team als Sozialkörper

Ausgangspunkt der Teamentwicklung ist die Einsicht, dass Entwicklungsprozesse von Teams grundsätzlich auf drei Ebenen ablaufen (Heintel 1995, S. 196):

- einer *strategisch-zielorientierten*: Welche Interessen und Visionen haben wir? Welche Ziele und Strategie verfolgen wir? Welche Aufgaben stellen sich uns? Welchen Themen wenden wir uns zu? usw.;
- einer *strukturellen*: Welche Positionen und Rollen gibt es im BR? Welche Zuständig- und Verantwortlichkeiten? Welche Formen geben wir uns, um sowohl gemeinsam als auch arbeitsteilig unsere Arbeit zu organisieren? Und last, but not least

- einer *emotionellen, beziehungsorientierten*: Wie läuft bei uns die Verständigung? Wie klappt die Zusammenarbeit? Wie ist die Atmosphäre im Gremium? Welche Vorstellungen und Bilder haben wir voneinander? Welche manifesten oder latenten Konflikte behindern die effektive und zufriedenstellende Zusammenarbeit?

Ziel der Teambildung ist es dementsprechend, einen Ort zu schaffen für die Entwicklung der Gruppe auf all diesen Ebenen, wozu nicht zuletzt die Schaffung einer Aufmerksamkeit und eines kollektiven Bewusstseins über die Bedeutung und die Verflochtenheit dieser drei Ebenen gehört. Mit Heintel kann man sagen, dass das zentrale Ziel der Teamentwicklung darin besteht, die „Selbststeuerung" des Teams auf den verschiedenen Ebenen zu stärken. Die im Folgenden geschilderte Workshopkonzeption kann dementsprechend als der Versuch angesehen werden, unter Berücksichtigung der drei Ebenen von Teamentwicklung die Verbesserung der Selbststeuerungsfähigkeit von betrieblichen Interessenvertretungen zu unterstützen. Dies geschieht wesentlich in den folgenden vier Schritten – die, um das noch einmal zu wiederholen – je nach Ausgangslage und Anfrage unterschiedlich gewichtet werden können:

- *Was kommt auf uns zu?*
  Hier wird an der Frage gearbeitet, was gegenwärtig und in absehbarer Zeit auf den Betrieb und damit auf den Betriebsrat zukommt und welche Erwartungen und Anforderungen die Beschäftigten, die Geschäftsleitung, die Gewerkschaft usw. an die Interessenvertretung haben.
- *Was sind unsere eigenen Ziele und Interessen?*
  Der Klärung dieser Frage kommt ein hoher Stellenwert zu, denn erst die Formulierung der eigenen Visionen, Ziele und Interessen ermöglicht es, Schwerpunkte zu setzen und zu einer sinnvollen Organisationsform und Arbeitsverteilung zu kommen.
- *Wie sind wir als Gremium – wie werden wir zum Team?*
  Die ,Schlagkraft' der Interessenvertretung hängt nicht zuletzt davon ab, wie sich die Beziehungen untereinander und die Zusammenarbeit im Team gestalten, wie die Einzelnen mit ihren Fähigkeiten und Fertigkeiten in das Team eingebunden werden können und sich im Gremium ein Gemeinschaftsgeist herausbildet.[5]

---

[5] Der Wunsch oder Anspruch, ein „Team" zu sein, hat einen nicht zu unterschätzenden problematischen Aspekt: Meist haben Gremien das Gefühl, dass sie eben „kein Team" oder „noch kein Team" sind und setzen sich damit sozusagen in ein gefühltes „Minus", von dem fraglich bleibt, ob sie je eine Chance haben, ins gefühlte „Plus" eines funktionierenden Teams zu wechseln. Zudem ist zumindest bei großen Gremien auch inhaltlich fraglich, ob es sinnvoll ist, sie als ein Team zu konzipieren. Ich

■ *Wie wollen wir künftig unsere Betriebsratsarbeit strukturieren, unsere Ziele umsetzen und unsere Prioritäten angehen?*
Hier geht es um Konsequenzen aus dem zuvor Erarbeiteten und um konkrete Planungen und erste konkrete Verabredungen für die Zeit nach dem Seminar.

Sind die inhaltlichen, zeitlichen, räumlichen, finanziellen und kulinarischen Aspekte eines Workshops geregelt, die Erwartungen und Ziele einigermaßen geklärt und auch die Bedenken – kein Teambildungsworkshop ohne Bedenken und Ängste! – angesprochen, treffe ich das Gremium zur vereinbarten Zeit am verabredeten Ort, der eine Bildungsstätte oder ein Tagungshotel ebenso sein kann, wie die Räumlichkeiten der Akademie oder Schulungsräume der betreffenden Firma (in den letzteren Fällen dann ohne gemeinsame Übernachtung).

3.1 Der Seminarbeginn: Morgendlicher Muntermacher und ‚Kennenlernen'

Manchmal beginne ich das Seminar nach der Begrüßung, der Vorstellung des Programms sowie der Erläuterungen der Rahmenbedingungen mit einer kurzen ‚Eingangsrunde', beispielsweise mit der Frage: „Was müsste hier in den beiden Tagen geschehen, damit ich morgen Abend zufrieden nach Hause fahre?" Dies ist dann sinnvoll, wenn die Vorbesprechung lange zurückliegt oder wenn ich beim Vorgespräch mit dem Gremium den Eindruck hatte, dass die Erwartungen an das Seminar sehr vage blieben. Manche Seminare beginne ich mit einem „Morgendlichen Muntermacher", beispielsweise der bewährten „Haus-Baum-Hund"-Übung (Antons 1992, S. 115), bei der jeweils zwei Teilnehmer einen Stift gemeinsam in die Hand nehmen und ohne zu sprechen ein Haus, einen Baum und einen Hund malen.
Die Besprechung dieser unkomplizierten und meist ausgesprochen erheiternden Übung führt zu einem ersten Nachdenken und Austausch über das Wechselspiel von Aktivität und Passivität, über verschiedene Kooperationsformen und über die Bedeutung nonverbaler Aspekte, innerer Bilder und wechselseitiger Unterstellungen im Kooperationsprozess.
Oft schließt sich an diese Formen des Seminarauftakts eine „Kennenlern-Runde" an, die auch bei jenen Gremien, deren Mitglieder sich seit Jahren kennen und die ‚so etwas' zunächst als ziemlich überflüssig ansehen, zu einer vertieften Wahrnehmung voneinander führt. Hinter dem Stichwort „Kennenlernen" verber-

---

vertrete in letzter Zeit vermehrt, dass es vielleicht eher darum gehen könnte, ein gut funktionierendes Gremium zu werden, das versucht, sich in Richtung auf das zu entwickeln, was es sich unter einem guten Team vorstellt bzw. was es am Teamgedanken schätzt.

gen sich z. B. sogenannte „sozio-metrische Aufstellungen", bei denen sich die
Teilnehmer nach verschiedenen Kriterien mit jeweils verschiedenen Gremienmitgliedern in unterschiedlichen ‚Untergruppen' wiederfinden. Eine erste Aufstellung kann entlang der Frage geschehen: „Wo bin ich geboren?" und die Teilnehmer haben die Aufgabe, eine Art geographische Landkarte ihrer Geburtsorte
im Raum ‚herzustellen'. Bei einem Bremer Gremium beginne ich mit denen, die
in Bremen geboren sind, dann kommen diejenigen dazu, deren Geburtsort um
Bremen herum liegt (wobei Entfernungen und Himmelsrichtung beachtet werden), und dann gesellen sich nach und nach alle anderen dazu. Besonders erhei-
ternd ist es, wenn Teilnehmer aus fernen Ländern kommen. Wo ‚stellt' man sie
hin? Den Geburtsorten folgt dann beispielsweise der „Alterswurm" und damit
die Aufgabe an die Teilnehmer, eine Reihe zu bilden, an deren einem Ende
der/die Jüngste und an deren anderem Ende der/die Älteste steht. „Und bitte ohne
zu sprechen oder sich sonst irgendwie Informationen zu signalisieren!" Das
‚Auflösen' des Alterswurms und damit auch die Feststellung, wer sich zu alt
oder zu jung eingeschätzt hat, die Betrachtung von Altersschwerpunkten und
Alterslücken im Gremium etc. bietet meist Stoff sowohl für flapsige Bemerkun-
gen als auch für ernsthafte Gedanken über die Altersstruktur im Gremium. Es
folgen Aufstellungen zur Anzahl der Amtszeiten im Gremium (eher viele ‚alte
Hasen' oder eher viele ‚Neulinge'), zu Abteilungszugehörigkeiten (in welchen
Bereichen sind wir präsent und wo nicht?), zur Länge der Betriebszugehörigkeit
und dann immer auch zu Fragestellungen, die aus der Gruppe selbst kommen.
Ein besonders Highlight ist meist die Frage nach der eigenen Stellung in der
Geschwisterreihe – eine Frage, die man nur dann vertiefen sollte, wenn man
Erfahrung im gruppenöffentlichen Umgang mit persönlichen Themen hat. Wer
war zu Hause Älteste/r, Jüngste/r, irgendwo dazwischen (Zweiter von Fünf oder
Mittlerer von Drei ...) oder aber Einzelkind?

Ich befrage die einzelnen Gruppen dann nach ihrer persönlichen und vielleicht prototypischen Erfahrung mit dieser Position in der Geschwisterreihe
(„Wie war es, zu Hause der/die Älteste zu sein?" usw.). Dies geht teilweise ziemlich nah, evoziert schöne und schwierige Erinnerungen: die Erfahrung beispielsweise, dass man als Älteste/r für die nachkommenden Jüngeren Sorge zu tragen
hatte, dass man zugleich aber auch ‚Vorkämpfer/in' war und erleben musste,
dass den Jüngeren manches viel umstandsloser gestattet wurde. Die Erfahrung,
dass man nach ein paar Jahren als kleiner Prinz oder Prinzessin erleben musste,
wie ein Brüderchen oder ein Schwesterchen auf die Welt kam und einen schlag-
artig vom Thron der elterlichen Aufmerksamkeit und vielleicht auch Zuneigung
verdrängte, Rivalitäten um die Stellung bei den Eltern, Solidarität aber auch
Konflikte zwischen den Geschwistern, zwischen Jungs und Mädchen – alles
Dinge, die auch in der „Geschwistergruppe" eines Gremiums untergründig eine

Rolle spielen (Tietel 2007). Darüber nachzudenken, ob und wie die eigene Position in der Geschwisterreihe Ähnlichkeiten mit der eigenen Stellung und Rolle im Gremium hat, ist zuweilen sehr erhellend und springt der Einen oder dem Anderen häufig von selbst ohne all zu großes Nachhelfen des Moderators ins Auge, so wenn eine stellvertretende BR-Vorsitzende äußert, dass sie als Älteste von sechs Geschwistern eine Art Zweitmutterrolle zu ‚spielen' hatte und sich an die vielen Aufgaben und Verantwortlichkeiten erinnert, die sie übernehmen musste – ein fast direktes Spiegelbild ihrer heutigen Rolle innerhalb ihres Gremiums.

Eine Eröffnungs-Alternative, die vor allem für Gremien sinnvoll ist, deren Mitglieder sich im betrieblichen Alltag nicht so häufig sehen und sprechen, besteht darin, einen „Marktplatz" zu simulieren, auf dem die Teilnehmer flanieren, sich in Ruhe umgucken, wer noch alles da ist, den Einen oder Anderen begrüßen und sich schließlich mit einem Gremienmitglied, mit dem man in letzter Zeit wenig Gelegenheit hatte, sich auszutauschen, auf „einen Kaffee" zu verabreden. Die sich so gebildeten Paare setzen sich dann zusammen oder gehen miteinander spazieren und tauschen sich darüber aus, wie es ihnen gegenwärtig als Betriebsrat/rätin geht – was anschließend vom jeweils anderen in verdichteter Weise in das Gremium eingebracht wird. Dadurch entsteht meist eine konzentrierte und verdichtete Zusammenschau der Themen, die die Einzelnen gegenwärtig beschäftigen, ihrer persönlichen Stimmungslage und ihrer Gestimmtheit als betriebliche/r Interessenvertreter/in und meist auch der Atmosphäre im Gremium. Aspekte, auf die im Laufe des Workshops in der einen oder anderen Weise zurückzukommen sein wird.

Ein letzter Einstieg, den ich hier noch nennen möchte, bezieht sich auf Workshops, die kurz nach der Betriebsratswahl stattfinden. Wahlen sind fast immer persönlich und gruppendynamisch turbulente Ereignisse – angefangen von den Fragen, ob man wohl wiedergewählt wird, auf welchen Listenplatz man kommt oder bei Persönlichkeitswahlen, auf welchem Rang in der Gunst der Belegschaft man gelandet ist. Im Vorfeld und Umfeld von Wahlen inszenieren sich Wünsche und Ängste, persönliche Eitelkeiten und Rivalitäten, Wahlen können aber auch zu Verschiebungen in den politischen Kräfteverhältnissen im Gremium führen. Hier kann es anstehen, einzeln oder gemeinsam ‚Wunden zu lecken' oder sich einmal darüber auszutauschen, was der ‚Wahlkampf' bei einem selbst und in der Gruppe ausgelöst hat, um zumindest etwas affektiv ‚entlastet', gemeinsam die neue Amtszeit in Angriff zu nehmen.

Die Anfangssequenz des Workshops verfolgt somit durchaus verschiedene Ziele. Sie soll nicht nur ‚auflockern', sondern die Teilnehmer auf die Gruppe einstimmen und darauf, dass die gemeinsame Arbeit für die verabredete Zeitspanne nicht nur an einem anderen Ort, sondern auch in einer anderen als der gewohnten Weise erfolgt. Sie soll von Anfang an darauf einstimmen, dass betriebspolitische, strukturelle, gruppendynamische und persönliche Aspekte auf eine andere Art verbunden werden, als dies im betrieblichen Alltag möglich ist. Sie soll von Anfang an signalisieren, dass hier und heute etwas „anders" ist und damit sowohl die Einzelnen als auch das Gremium als Ganzes dazu einladen, dieses zuweilen ungewohnte und befremdliche „Andere" als Chance zu begreifen, sich selbst zu öffnen und sich auch untereinander mit einer gewissen Offenheit zu begegnen. Nicht zuletzt beobachten die Teilnehmer in der Anfangssequenz eines Seminars sehr sensibel, ob sie dem Seminarleiter zutrauen können, sie auch auf unwegsamem Gelände zu begleiten und ob dieser voraussichtlich auch dann einen stabilen und haltbaren Seminarrahmen bietet, wenn schwierige Themen und Konflikte auf den Tisch kommen. Am Ende dieser unterschiedlich lang dauernden Anfangssequenz ist dann insofern ein Teil der emotionalen Arbeit bereits geleistet, als der *sozio-emotionale Boden* dafür bereitet ist, wie im Folgenden die betriebspolitischen und die aufgaben- und teambezogenen Themen angegangen werden.

3.2 Strukturen und Zuständigkeiten im Gremium

Je nach Aufgabenstellung, zur Verfügung stehender Zeit und meinem Eindruck vom Gremium geschieht der Einstieg in die ‚inhaltliche' Arbeit durch eine kurze Auflistung, welche Strukturen und Zuständigkeiten es im Gremium gegenwärtig gibt. Dies ist einer der wenigen Orte im Seminar, wo ich explizit den oder die Vorsitzende/n ans Flipchart bitte, um dort mit Unterstützung durch die Anderen die formelle Struktur des Gremiums zusammenzutragen und aufzuschreiben. Dies dient zum einen der Besinnung darauf, welche Strukturen man sich gegeben hat und es dient mir dazu, eine genauere Vorstellung von der bestehenden Arbeitsteilung im Gremium zu gewinnen. Szenisch gesehen ist interessant, welche Strukturelemente und Zuständigkeiten wie genannt werden, welche zunächst einmal vergessen werden und erst durch Nachfragen ans Licht kommen, an welchen Stellen etwas kontrovers diskutiert wird etc. – dies ermöglicht mir nicht zuletzt, in verdichteter Form ein vertieftes Bild von den latenten Strukturen und den informellen Zuständigkeiten im Gremium zu bekommen.

Die Aufforderung, zu benennen, welche Ausschüsse oder Projektgruppen gut funktionieren und welche eher ‚Problemkinder' sind, weist schon einmal auf Klärungsbedarf und potentielle Arbeitsaufgaben voraus. Da alle ‚Produkte' – von den „Haus-Baum-Hund"-Bildern bis hin zu inhaltlichen Flipchart- oder Metaplan-Bögen (so das räumlich geht) an den Wänden aufgehängt werden und den Fortgang des Workshops sinnfällig dokumentieren, kann später von den Teilnehmern oder von mir darauf zurückgegriffen werden.

Der erste große inhaltliche Schwerpunkt steht dann unter der oben bereits genannten Fragestellung: „Was kommt auf uns zu?"

3.3   „Was kommt auf uns zu?"

Bevor die eigenen Interessen, Visionen, Ziele und Strategien diskutiert und Prioritäten erwogen werden, ist es sinnvoll, gewissermaßen mit einem Außenblick auf die eigene Arbeit zu beginnen. Hierzu teilt sich das Gremium in zwei Gruppen: Eine Gruppe, die sich mit der Frage beschäftigt, welche Erwartungen und Anforderungen gegenwärtig und in absehbarer Zeit von der Geschäftsführung an die Arbeitnehmervertretung gerichtet werden und eine zweite Gruppe, die sich mit den Erwartungen und Anforderungen der Belegschaft an ihre Interessenvertretung beschäftigt – meist nehme ich die Gewerkschaften noch als eine weitere Gruppe auf, die Erwartungen und Ansprüche an die betriebliche Interessenvertretung hat. Die Gruppen arbeiten in getrennten Räumen und halten ihre Ergebnisse auf Flipchart-Bögen fest. Häufig fällt es den Gremienmitgliedern gar nicht so leicht, sich in die Perspektive der relevanten Anderen hineinzuversetzen, und auf den ‚Blättern' finden sich zunehmend Stichworte, die eher darüber Auskunft geben, was die Gremienmitglieder ihrerseits von ihren Gegenübern wollen. Hier ist es dann der Job des Seminarleiters, die Gruppe darauf aufmerksam zu machen und sie zu ihrer Aufgabenstellung zurückzuführen. Wichtig ist auch, durch eine genaue Einführung in diesen Arbeitsschritt dafür zu sorgen, dass die Fragestellung möglichst konkret und detailliert beantwortet wird. Hierfür dienen ein paar Punkte auf einem Flipchart, beispielsweise die Frage, womit sie es wohl als Gremium künftig vermehrt zu tun haben werden. Die Ergebnisse der beiden Gruppen werden im Plenum vorgestellt und erläutert, die jeweils Anderen bekommen die Möglichkeit, hierzu Fragen zu stellen und die Punkte zu ergänzen.

3.4   Was sind unsere eigenen Visionen, Ziele und Interessen?

Von den Erwartungen und Anforderungen der relevanten Gegenüber geht es dann über zur Frage, was in diesem Kontext die eigenen Interessen, Visionen, Ziele und Strategien des Gremiums sind – bzw. sein sollen/werden. Dieser Selbstverständigungsprozess, der die Grundlage sowohl für die längerfristige Perspektive als auch für die Prioritätensetzung der Gruppe in der nächsten Zeit bildet, geschieht im Plenum – meist mittels mehrerer mit Moderationspapier bestückter Metaplanwände. Die Ausgangsfrage für diesen Arbeitsschritt kann sehr unterschiedlich sein. Manchmal beginnt die Zielbestimmung mit einem Rückblick, beispielsweise einer „Jahresbilanz" oder – wenn der Workshop in der Mitte der Amtszeit stattfindet – einer „Zwischenbilanz". Dann lauten die Fragen beispielsweise: „Was hatten wir uns vorgenommen?", „Was haben wir erreicht?", „Was wollen wir an neuen Zielen aufnehmen?" Oder – stärker bezogen auf die Frage der Visionen: „Was für ein BR/PR wollen wir im ‚Jahr X' für unsere Geschäftsführung und für die Beschäftigten sein?" In die Zielfindung werden die Ergebnisse des vorhergehenden Arbeitsschrittes einbezogen, die sichtbar an der Wand hängen. Welche Ziele ergeben sich aus den Erwartungen und Anforderungen von Geschäftsleitung und Belegschaft? Oder aus dem, womit sie in absehbarer Zeit verstärkt konfrontiert sein werden? Welche Ziele ergeben sich aber auch aus dem eigenen Selbstverständnis und den eigenen (betriebs)politischen Interessen und Positionen? Jedes einzelne Gremienmitglied ist hier gefordert, seine Sicht zu äußern und zur Zielfindung und Perspektivendiskussion beizutragen. Die Prioritätensetzung ist dann der nächste Schritt. Dies geschieht beispielsweise durch ein ‚Punkten' gemäß der Frage „Welche drei Vorhaben würde ich für das kommende Jahr priorisieren?" Dadurch erhält die Gruppe auch eine Rückmeldung darüber, welche Themen für die Mehrheit des Gremiums eine hohe Relevanz besitzen und sozusagen hoch ‚besetzt' sind.

3.5 Einstieg in die Themen- oder Konfliktbearbeitung

Am Nachmittag des ersten Tages ist meist noch ein wenig Zeit, entweder in kleinen Gruppen in die Ausarbeitung einiger konkreter Themen einzusteigen oder aber in der gesamten Runde ein Konflikt-Thema anzugehen, das im bisherigen Workshopverlauf ans Licht gekommen ist und das im Alltag die effektive Arbeit und die Kooperation im Gremium mehr oder weniger untergründig behindert. Eine meiner Grundüberzeugungen hinsichtlich der hier in Rede stehenden Teambildungsworkshops ist es, dass es nicht zielführend ist, die „Leichen im Keller" zu belassen und koste es was es wolle – neudeutsch ausgedrückt – ressourcen- und lösungsorientiert nach vorne zu schreiten. Es erscheint mir sinnvoller, für latente Themen, Gefühle oder Atmosphären aufmerksam zu sein, die die Energien des Gremiums binden und dann an bestimmten Punkten inne zu halten und ein derartiges Thema explizit aufzugreifen.[6] So erschloss sich beispielsweise im Seminar mit einem Gremium aus einem Kleinbetrieb der Chemiebranche, dass ihnen eine Aktion, die sie vor einiger Zeit durchgeführt hatten, doch sehr

---

[6] Zu Konzepten der Konfliktklärung siehe den Beitrag von Roland Kunkel-van Kaldenkerken, Carla van Kaldenkerken, Susanne Legler im vorliegenden Band sowie Pühl (2010).

auf den Magen geschlagen ist. Sie hatten – ohne diese wirklich zu fragen – im Namen der Belegschaft eine öffentliche politische Verlautbarung abgegeben, was ihre Geschäftsleitung ziemlich erfolgreich dazu benutzte, den Betriebsrat auf einer eigens hierzu einberufenen Belegschaftsversammlung ‚vorzuführen'. Vorwürfe innerhalb des Gremiums, Schuldgefühle gegenüber der Belegschaft – aber auch Ärger auf die Belegschaft und die Geschäftsführung –, die trotzige Haltung, dass ihre Aktion dennoch richtig war und sie so etwas wieder machen würden, waren einige der Haltungen und Affekte, die im Binnenleben des Gremiums nach wie vor eine große Rolle spielten. Wir unterbrachen deshalb den geplanten Fortgang des Workshops und beschlossen, diese Aktion noch einmal mit etwas Abstand zu reflektieren, in der Absicht, die Energien des Teams wieder stärker auf die anstehenden Aufgaben richten zu können. Die Konfliktbearbeitungsmethode, die mir für diese Fragestellung angemessen erschien und mit der ich in der Vergangenheit gute Erfahrungen gemacht hatte, ist das „sozio-dramatische Dreieck".

Perspektivenwechsel mittels des sozio-dramatischen Dreiecks

Beim sozio-dramatischen Dreieck bilden sich drei Gruppen, die jeweils einen der drei Konfliktpartner repräsentieren. Im vorliegenden Beispiel waren dies Geschäftsleitung, Beschäftigte und Betriebsrat. Jede Gruppe bekommt etwas Zeit, sich auf ihre Argumentation vorzubereiten. Inzwischen bereitet der Moderator im Seminarraum auf dem Boden ein großes Dreieck vor. Jede der Gruppen besetzt dann eine Ecke des Dreiecks und das Konfliktgespräch beginnt. Schon hier ist es nicht nur interessant, welche Argumente von der jeweiligen Gruppierung ins Feld geführt werden, sondern auch, entlang welcher ‚Schienen' Koalitionsangebote gemacht werden bzw. jeweils ein Dritter ausgeschlossen wird oder aber die Sündenbockrolle zugeschoben bekommt. Wenn die Argumentation so richtig am Laufen ist (das macht man ganz nach Gefühl, vielleicht so nach ca. 10-15 Minuten), unterbricht der Seminarleiter und fordert jede Gruppe auf, im (oder gegen den) Uhrzeigersinn eine Dreiecksspitze weiter zu rücken. Plötzlich ist also die Geschäftsleitung Belegschaft, die Belegschaft wird zum Betriebsrat und die bisherigen Betriebsräte finden sich am Ort der Geschäftsleitung wieder. Nachdem sich die erste Irritation über diesen überraschenden Wechsel gelegt hat, geht die Diskussion in etwa da weiter, wo die Debattierenden vor der Zäsur waren; nach einer Weile unterbricht der Seminarleiter erneut und die Diskutierenden rücken abermals ein Eck – oder einen Schenkel – des Dreiecks weiter. Diese Methode bietet die kaum zu überschätzende Chance, dass alle Mitspieler jede der drei Konfliktpositionen nicht nur durch Beobachtung, sondern durch die eigene

Übernahme dieser Rolle und die Identifizierung mit dieser erfahren. Sie lernen damit nicht nur die Stärken und Schwächen der jeweiligen Rolle kennen, sondern auch die emotionalen Aspekte, die sich mit der jeweiligen Position verbinden. Welche Gefühle stellen sich an den verschiedenen Ecken ein? Wo fühlt man sich mächtig? Wo besonders ohnmächtig? Wo fühlt man sich wohl, wo besonders unwohl etc.? Die anschließende Aufarbeitung dieser Übung fördert ein deutlich komplexeres Verständnis der strittigen Angelegenheit zutage und ermöglicht darüber, dass die Gruppe einen größeren Denkraum hinsichtlich der Komplexität des Themas und die Einzelnen in ihrem Innenraum mehr psychische Bewegungsfreiheit gewonnen haben. Meist kommt es auch zu einer Verständigung über Handlungsoptionen, die ihnen in dieser Weise vorher nicht möglich waren. Im angedeuteten Beispiel hat der Betriebsrat noch während des Workshops einen offenen Brief an die Belegschaft formuliert, in dem er sich für seine Eigenmächtigkeit, ohne Legitimation im Namen der Belegschaft gesprochen zu haben, entschuldigt hat, gleichzeitig aber noch einmal auf eine auch für die Belegschaft annehmbare Weise erläutern konnte, was ihm an der Aktion wichtig war und warum er seine Aktion – wenn schon nicht der Form nach, so doch inhaltlich – nach wie vor für wichtig (und richtig) hält. Damit konnte das Team nachträglich dem Versuch der Geschäftsleitung erfolgreich entgegentreten, einen Keil zwischen Betriebsrat und Beschäftigte zu treiben. Im Workshop war die Atmosphäre nach diesem Arbeitsschritt spürbar entspannter, man merkte förmlich, wie den Teilnehmern eine Last von den Schultern gefallen war. Eine Last nicht nur deshalb, weil sie nach außen hin eine Lösung gefunden hatten, sondern auch, weil sie es über einige Wochen nicht geschafft hatten, miteinander in einer produktiven Weise (jenseits der Dynamik von Vorwurf, Legitimation, Beschämung und Schuld) über diesen Vorgang zu sprechen. Anschließend konnten sie sich viel befreiter (wieder) den anstehenden Aufgaben zuwenden.

Das „Team-Dreieck" – ein heuristisches diagnostisches Instrumentarium

Häufig flechte ich in die Konfliktbearbeitung ein wenig ‚Theorie' ein, wie beispielsweise Ausführungen über das sich an die themenzentrierte Interaktion Ruth Cohns (1976) anlehnende „Teamdreieck" (siehe Abbildung 1).
      Das Teamdreieck mit seinen drei Polen: Thema – Person – Gruppe bildet ein heuristisches diagnostisches Instrument zur Beurteilung des eigenen Gremiums: Sind wir sowohl spürbar eine Gruppe (haben wir eine uns umhüllende und zusammenhaltende ‚Gruppenhaut')? Gibt es trotz eines möglicherweise starken und sicheren Gruppengefühls hinreichend Freiheit für die Sichtweisen und Interessen der Einzelnen? Kann sich jede Kollegin und jeder Kollege als Einzelner

im Gremium verwirklichen? Wie viel Unterschied, eigene ‚Handschrift' und gegebenenfalls auch Abweichung darf sein und hält die Gruppe aus? Und schließlich: Orientiert sich das Geschehen im Gremium hinreichend an den Inhalten der betrieblichen Interessenvertretung, an den Zielen, Strategien und Prioritäten, die sich das Team gesetzt hat?

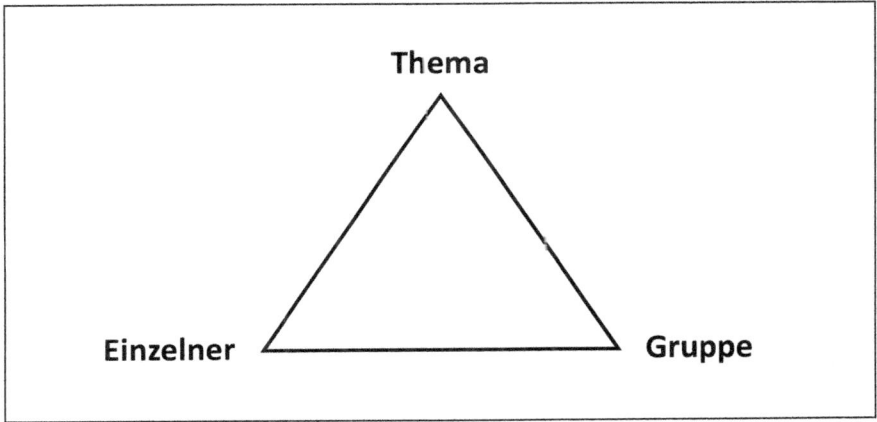

Abbildung 1:   Das Teamdreieck

In einem optimalen Team (Gremium) sind diese drei Pole einigermaßen im Gleichgewicht. Doch in der Realität der meisten Gremien sind die Pole unterschiedlich stark besetzt: So gibt es Gremien mit einer relativ rigiden Gruppenbindung (d. h., der Pol des Einzelnen ist wenig ausgeprägt – es sei denn, ein Mitglied ist ‚Trendsetter' des Gruppengeistes). Manche Gremien beschäftigen sich sehr viel mit ihrer Binnenstruktur und ihren Beziehungen, und der Pol des Themas (Ziele und Aufgaben) bleibt etwas auf der Strecke. Und manche Gremien sind lose Zusammenschlüsse von Solisten bzw. Einzelkämpfern – hoch qualifiziert und vielleicht durchaus effektiv – aber alles andere als eine kohärente Gruppe.

Der Körper soll auch nicht zu kurz kommen.

Zwischen den einzelnen Arbeitsschritten gibt es nicht nur die obligatorische Kaffee- und/oder Raucherpause, sondern von Zeit zu Zeit auch eine kleine Kör-

perübung, um die ‚eingerosteten Knochen' mal wieder in Bewegung zu bringen.
Dies ist etwas, was sowohl dem Gruppenklima wie auch dem anschließenden
Weiterarbeiten sehr zuträglich ist. Die Übungen selbst sind eher einfach und
‚harmlos' – sie gehen von gymnastischen Lockerungsübungen, über Geh- oder
Bewegungsübungen im Raum bis hin zu spiel- und theaterpädagogischen Übungen.

Rollenanalyse – Mehr Klarheit in der eigenen Rolle

Ein diagnostisches Mittel und zugleich eine wirkungsvolle Interventionsmethode
ist die Rollenanalyse. Sie ist immer dann angesagt, wenn es bei einem Thema
oder in einem Konfliktfall einem Gremienmitglied (oder auch: den Gremienmitgliedern) schwerfällt, den eigenen Ort im Geschehen zu bestimmen. Eine relativ
schlichte aber wirkungsvolle Rollenanalyse[7] geht von der Frage aus: „Auf welchen Stühlen sitze ich?" und der sich anschließenden Frage, welcher ‚Stuhl' bzw.
welche ‚Stühle' (sprich: Rollensegmente) in der betreffenden Situation für die
Ausübung der Interessenvertretung im Vordergrund stehen (sollten).[8] Am Beispiel eines Ausbildungskonfliktes in einer Krankenpflegeschule wurde mit dem
betroffenen Krankenpfleger/Lehrer/Betriebsrat ermittelt, in welcher Rollenviel-
falt er in diesen Konflikt verwickelt war. Für jedes Rollensegment wurde ein
Stuhl im Raum aufgestellt und eine Karte mit dem betreffenden Rollensegment
angebracht. Nach und nach standen die in *Abbildung 2* festgehaltenen ‚Stühle'
im Halbkreis im Raum. Strenggenommen sind nicht all diese Punkte ‚Rollen'-
Aspekte. Die Fragen jedoch, wie er sich selbst im Haus – „von den Anderen
gesehen" sieht, wie er sich selbst „als Person" sieht (hier speziell: seine Konfliktfähigkeit) oder aber seine „Identifizierung mit dem Haus" und dessen Kultur,
gehen durchaus in die Art und Weise ein, wie er seine Rolle handhabt (‚ma-
nagt'). Deshalb – und weil er diese Punkte für sich als wichtig erachtete – beka-
men auch diese Aspekte ein ‚Kärtchen'.

Um es kurz zu machen: Die Analyse der Konfliktsituation und seiner vielfältigen ‚Beteiligung' führten dazu, dass das Gremium beschloss, dass er in dem
von ihm geschilderten Konfliktfall, in dem er nicht nur als Betriebsrat, sondern
vor allem als Mitarbeiter (als Lehrer, aber indirekt auch als Krankenpfleger) und
als Repräsentant der Krankenpflegeschule betroffen ist, sich auf seine berufliche

---

[7] Es gibt sehr unterschiedliche und zum Teil sehr komplexe Rollenanalyse-Ansätze. Siehe hierzu
beispielsweise Beumer und Sievers (2000), Eck (1993), Hantschk (1994) und Lawrence (1998).
[8] In eine ähnliche Richtung weist das von Schulz von Thun entwickelte Konzept des „Inneren
Teams". Siehe hierzu Schulz von Thun (1998).

Rolle konzentrieren sollte und die Rolle des Interessenvertreters („Anwalt des Schülers") einem anderen Gremienmitglied überlässt.

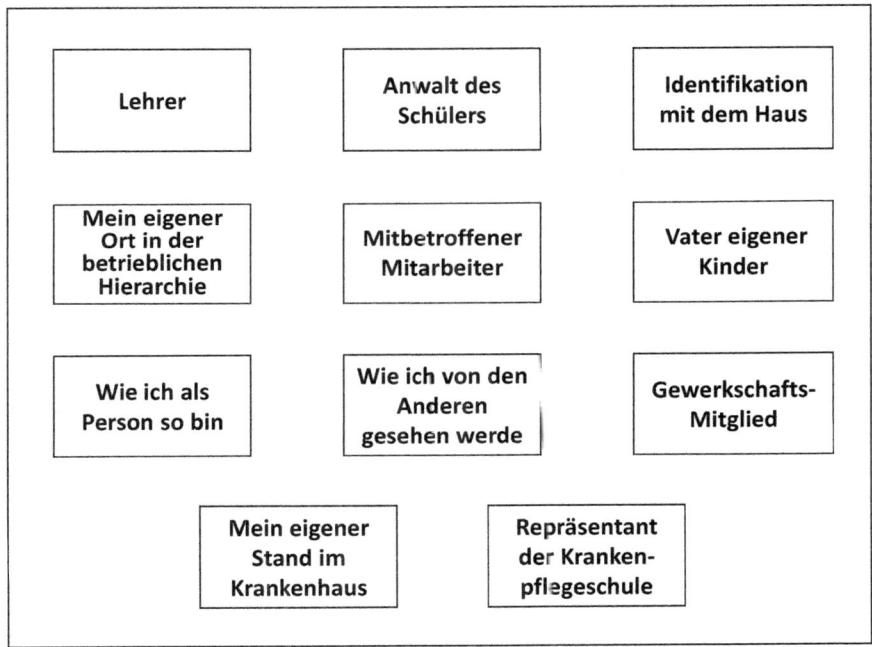

Lehrer	Anwalt des Schülers	Identifikation mit dem Haus
Mein eigener Ort in der betrieblichen Hierarchie	Mitbetroffener Mitarbeiter	Vater eigener Kinder
Wie ich als Person so bin	Wie ich von den Anderen gesehen werde	Gewerkschafts-Mitglied
Mein eigener Stand im Krankenhaus	Repräsentant der Kranken-pflegeschule	

Abbildung 2:   Rollensegmente zum Fallbeispiel

Über die verschiedenen ‚Stühle' nachzudenken, half ihm jedoch auch, sich darüber klar zu werden, wie sich zunächst situationsfremde Aspekte, wie die Tatsache, dass er selbst Vater eines Jugendlichen ist (ein ebenfalls eher konflikthaftes Verhältnis), in seine Beurteilung der Situation einmischen – genauso beispielsweise wie die Frage, was es für seine „Position im Haus" bedeutet, wenn er sich für diesen Schüler starkmacht. Die weitere Arbeit an diesem Beispiel führte schließlich zum Nachdenken darüber, dass man in seiner Rolle als betrieblicher Interessenvertreter letztlich immer strukturell auf mehreren Stühlen sitzt und beispielsweise zwischen dem Verständnis für den Protagonisten eines Konfliktes, dem Verständnis für dessen Kolleginnen und Kollegen, der Frage, was für die betreffende Abteilung und das ‚Haus' insgesamt am besten wäre, und andererseits einer gewerkschaftlichen Schutzhaltung oszilliert.

Soweit einige Hinweise auf Konfliktbearbeitungsformen, die an geeigneter
Stelle in den Ablauf des Teambildungsworkshops – hier: den Nachmittag des
ersten Tages – eingebaut werden können· Der Tag endet mit einer kurzen
Schlussrunde, in der jeder Einzelne zum bisherigen Verlauf Stellung nehmen
kann. Da so ein Tag für die Teilnehmer meist ungewohnt ist und man doch trotz
aller (möglicher) Zufriedenheit die Erschöpfung spüren kann, schlage ich häufig
einfach vor, „einen Satz" zum heutigen Tag zu sagen. Je nach Ort trennen sich
die Gremienmitglieder jetzt und fahren nach Hause oder aber es geht – so das
Teambildungsseminar in einem Tagungshaus stattfindet – gemeinsam zum Essen
und zu einem anschließenden gemütlichen Abend (für dessen Organisation und
Ablauf ich mich nicht zuständig fühle!).

3.6   Wie sind wir als Gremium – wie werden wir zum Team?

Steht der erste Tag unter der Überschrift „Um uns herum", so der zweite Tag
unter dem Motto „Wir". Dieses „Wir" kann auf verschiedene Weisen betrachtet
werden. Meist kombiniere ich eine eher kreativ-projektive mit einer eher sachlichen Methode. Ausgehend von der Annahme, dass es in der Geschichte eines
jedes Gremiums Themen gibt, die auf der emotionalen ‚Unterbühne' angesiedelt
sind und sowohl für das ‚Klima' als auch für die Produktivität und Effektivität
des Teams eine große Wirkung entfalten, stellt sich die Frage, wie zumindest das
eine oder andere die Teambildung blockierende Thema angeguckt und integriert
bzw. die eine oder andere ‚Leiche' aus der Geschichte des Gremiums ordentlich
‚beerdigt' werden kann. Bevor ich auf die einzelnen Methoden und Arbeitsschritte dieses Workshop-Schwerpunkts eingehe, möchte ich das im Begriff der
„Unterbühne" bereits anklingende Konzept der „Arbeit auf den drei Bühnen"
kurz erläutern.

Arbeit auf den drei Bühnen

Mit der Metapher der „drei Bühnen" einer Organisation (siehe Neuberger 1995)
wird die organisationswissenschaftliche Erkenntnis begrifflich gefasst, dass das
interaktionelle Geschehen in einer Organisation – aber auch in einer organisatorischen Untergliederung – verschiedenen Dimensionen (bzw. eben: verschiedenen Bühnen) zugeordnet werden kann. Auf der *Vorderbühne* des offiziellen und
öffentlichen Geschehens werden die Ziele geklärt, die Arbeitsteilung verabredet,
die Aufgaben verteilt, die Rollen mit ihren Zuständigkeiten und Verantwortlichkeiten verhandelt, eine Geschäftsordnung erstellt und die tagtäglichen Aufgaben

erledigt. Die *Hinterbühne* ist Ort des informellen Geschehens, der Arbeitskultur im Gremium, die Ebene des Klatsches und Tratsches und nicht zuletzt der Ort untergründiger Koalitionsbildungen und Seilschaften. Auf der *Unterbühne* schließlich tummeln sich Affekte und Emotionen, Ängste, Kränkungen, Neid und Rachegefühle, aber auch starke Wünsche, Zuneigungen und zuweilen auch erotische Anziehungen. Und es inszenieren sich hier Abneigung, Ablehnung, Verleumdung, Unterwerfung, die Suche nach Anerkennung, Eitelkeit und idealisierende Überhöhung einzelner Gremienmitglieder. Es erschließt sich leicht, dass vor allem die Unterbühne – auf der nicht selten der ‚Teufel' los ist – Sammelbecken für all das ist, worüber nicht gesprochen und was teilweise noch nicht mal gedacht oder bewusst erlebt werden kann. Die tabuierten Vorstellungen und verpönten Affekte der Unterbühne des Gremiums nimmt man häufig in verkleideten Formen auf den beiden bewusstseinsnäheren Bühnen wahr: So beispielsweise, wenn die Arbeit an einem sachlichen Thema beharrlich durch die Entstehung von Stimmungen und Atmosphären gestört wird, die das Team irritieren und von Vielen als dem Thema nicht angemessen und der Situation nicht adäquat erlebt werden. Typische Themen, die wesentlich auf der Unterbühne von Betriebsratsgremien wurzeln, sind ‚Geschwisterrivalitäten' und Eifersüchteleien zwischen Gremienmitgliedern, der Vorwurf des Verrats, Vorbehalte bzw. Abneigungen gegen Einzelne, Intrigen gegen die Betriebsratsspitze etc.

Im hier skizzierten Teambildungskonzept wird die Auffassung vertreten, dass Teambildung, die nicht zumindest ansatzweise das Geschehen auf der Hinter- und Unterbühne eines Gremiums mit einbezieht, in ihrer nachhaltigen Wirkung beschränkt bleibt. Die untergründigen destruktiven Kräfte dieser Ebenen – vor allem der Unterbühne – wirken beständig und bleiben, so sie nicht zumindest ein Stück weit aufgegriffen und ‚bearbeitet' werden, im Gremienalltag eine beharrliche Kraft, die sich den gefundenen Lösungen und entwickelten Ressourcen (oft erfolgreich) zu bemächtigen sucht. Ein psychodynamisches Verständnis von Prozessen in Gruppen geht davon aus, dass Lösungen nur insoweit eine gewisse Nachhaltigkeit behalten, wie es gelungen ist, das, was der produktiven Selbstorganisation eines Teams im Wege steht, ansatzweise aufzulösen. In der Idee eines Teambildungsworkshops als einem „sozio-emotionalen Behältnis" (der psychodynamische Fachbegriff hierfür ist „Containment"), in dem nicht nur Strategie- und Strukturbildung sowie Aufgabenklärung betrieben wird, sondern auch ein Stück weit „Entgiftung" stattfindet, treffen sich psychodynamische Beratungskonzeptionen und bestimmte Ansätze der Managementberatung.[9] Meine Erfah-

---

[9] Zum psychodynamischen Konzept des Containments und der Entgiftung siehe Tietel (2000), Heltzel (2005) und Lohmer (2005), zum Container-Konzept in der dialogorientierten Organisationsberatung Isaacs (1996) und Schein (1996) und zur Metapher der Entgiftung im Managementdiskurs Frost und Robinson (2000).

rung ist, dass häufig eine starke – mehr oder weniger bewusste – Angst vor dem, was ,aufbrechen' und ,ausbrechen' könnte, die Zuwendung zum konflikthaften Geschehen auf der emotionalen Ebene verhindert (nicht zuletzt bei Beratern), dass es jedoch ungeahnte Ressourcen freisetzen kann, wenn Verbindungen wieder geknüpft werden können, die abgerissen waren oder Dinge kommuniziert werden können, die als unaussprechlich gegolten haben. Nichts, so eine psychodynamische Einsicht, wirkt in einer Gruppe und strukturiert die Verhältnisse in einem Team so sehr, wie das, worüber nicht gesprochen werden kann. Ich sage das mit der Zuversicht der Erfahrung, dass sich nicht selten das bedrohliche Unaussprechliche am Ende wie „Herr Tur Tur" in Michael Endes Kinderbuch „Jim Knopf" erweist: Je weiter man weg ist, desto größer, ja riesenhafter erscheint die Gestalt (Gefahr), und je näher man sich hinwagt, desto eher nimmt sie menschliche – sprich: bewältigbare – Größe an (Ende 1960). In Michael Endes modernem Märchen bekommt das, was Herrn Tur Tur sein Leben lang quälte und Andere zu ihm auf Abstand hält, eine produktive Wendung: Er wird Leuchtturm auf Lummerland und verhindert durch seine ungewöhnliche Eigenart forthin Katastrophen. So weist auch in schwierigen Gruppenprozessen zuweilen genau das den Weg, was zunächst einmal nicht beleuchtet werden sollte.[10]

Mit dieser theoretisierend-konzeptionellen Vorrede wende ich mich nun den methodischen Arbeitsschritten zu, die auf spielerische und damit in aller Regel handhabbare und aushaltbare Weise versuchen, sozio-emotionale Dynamiken und Beziehungsaspekte in die Teambildung zu integrieren. In gruppendynamischen, psychodramatischen, psychodynamischen und systemischen Beratungsansätzen – um nur einige wesentliche zu nennen – gibt es natürlich eine Vielzahl von Methoden zur Arbeit an der emotionalen Verfasstheit von Gruppen. In meiner Arbeit mit Teams aus dem Bereich der betrieblichen Interessenvertretung arbeite ich bevorzugt mit zwei Verfahren, die sich in der Praxis bewährt haben und die mir – was gerade im Umgang mit einem derart sensiblen ,Gegenstand' nicht zu unterschätzen ist – persönlich auch liegen: die „Insel des Teams" und die „Skulptur des Teams".

Die „Insel des Teams"

Der Grundgedanke bezüglich der „Insel des Teams" ist es, dass sich die Beziehungsstrukturen eines Gremiums/Teams in einem Bild sichtbar machen lassen, bei dem sich die Teammitglieder als Bewohner (als Volksstamm) einer Insel imaginieren. Hierzu bilden sich zwei ungefähr gleich große und möglichst hete-

---

[10] Siehe zur Arbeit mit latenten und affektiven Prozessen in der Organisationsberatung den Sammelband von Haubl, Heltzel und Bartel-Rösing (2005).

rogen zusammengesetzte Untergruppen, deren Aufgabe es ist, auf einem großen Bogen Papier eine Insel zu malen, auf der alle Teammitglieder sichtbar vorhanden sind. Die Gruppen machen sich in getrennten Räumen zunächst darüber Gedanken „Wer ist was auf unserer Insel?" (funktionelle Differenzierung in Positionen, Rollen und Aufgaben) und „Wer ist wo auf der Insel?" (Nähe und Ferne-Verhältnisse). Sie bekommen hierfür eine große Palette farbiger Filzstifte und Wachskreiden. Wichtig ist, den Gruppen mitzuteilen, dass jeder von ihnen zwar sichtbar dargestellt werden soll, dies jedoch, ohne die Einzelnen namentlich zu kennzeichnen. Die Arbeit in den Gruppen verläuft meist – zuweilen nach einem gewissen Zögern – ziemlich angeregt und lustvoll und es entstehen in der Regel witzige, bunte und ästhetisch durchaus anspruchsvolle Insel-Gemälde.

Abbildung 3:　Insel-Gemälde

Der Clou besteht nun darin, dass die Gruppen ihr Gemälde den Mitgliedern der anderen Gruppe nicht gleich erläutern, sondern ihr Bild zunächst einmal von der anderen Gruppe betrachtet und besprochen, d. h. interpretiert wird. Für die ‚Maler' ist es interessant, was den Bildbetrachtern zu ihrem Gemälde einfällt und für die Arbeit im Workshop erhält man dadurch die Wahrnehmungen, Einfälle und Phantasien beider Gruppen zu beiden Bildern – ein reichhaltiges und zugleich erlebnisträchtiges Phantasie- und Stimmungsbild über die Beziehungsverhältnisse im Gremium. Die Bildbesprechung wird jeweils von mir moderiert, wobei ich darauf achte, dass alle mir wichtig erscheinenden Aspekte der Bildbetrachtung auch zu ihrem Recht kommen.

Natürlich ist erst mal jeder daran interessiert, herauszufinden, wo er selbst abgebildet ist. Nach und nach erschließt die Interpretation aber auch die Positionen, Rollen, Zuständigkeiten, Untergruppen, Nähe und Ferne-Verhältnisse im ‚Volksstamm', mögliche Ingroups und Outsider, Hinbewegungen zum Gremium oder auch Wegbewegungen und nicht zuletzt die Stimmung auf dem Bild, die sich in den verwendeten Farben ausdrückt. Die Gruppe, die das Bild gemalt hat, hört so lange schweigend zu, bis die Interpretation einen Punkt erreicht hat, an dem der Moderator den Eindruck hat, dass die relevanten Details und Zusammenhänge des Bildes wahrgenommen und besprochen sind und es an der Zeit erscheint, die ‚Künstler' nun selbst zu ihren Ideen zu befragen sowie dazu, wie es ihnen mit dem gegangen ist, was von der anderen Gruppe zu ihrem Bild geäußert wurde. Die von den Intentionen der Maler abweichenden Wahrnehmungen, Einfälle und Interpretationen der anderen Gruppe werden hierbei nicht als ‚falsch' verworfen, sondern als Teil der ‚Aussage' des Bildes verstanden – so wie Aussage und Sinn einer Erzählung nicht nur in den Intentionen des Schriftstellers zu suchen sind, sondern in der Aufnahme der Erzählung durch die Leser und die literarische Öffentlichkeit Gestalt annehmen.

Nach einer Pause wird mit dem zweiten Bild ebenso verfahren. Entscheidend an diesem Verfahren ist, dass über die Beziehungsverhältnisse im Gremium anhand von etwas „Drittem", anhand eines in der Regel ‚witzigen' Bildes gesprochen werden kann, was den Ernst und die potentielle Dramatik der dargestellten betrieblichen Verhältnisse ein Stück weit in einem spielerischen Kontext belässt – stärker jedenfalls als dies bei direkten Feedback-Verfahren der Fall ist. Doch natürlich geht es auch hierbei durchaus „zur Sache". So war beispielsweise eine junge Betriebsrätin, die den Vorsatz hatte, sich stärker im Betriebsrat zu engagieren und eine wichtigere Funktion in der Kerngruppe des Gremiums einzunehmen, äußerst irritiert darüber, dass sich auf dem Bild der anderen Gruppe (zu der die Vorsitzende gehörte) zwischen ihrem Ort und der deutlich sichtbaren Betriebsratsspitze eine Art von Mauer befand. Um präzise zu sein: Sie war davon ziemlich ‚angefasst'. Im Gespräch stellte sich dann heraus, dass die gegenwärtige Kerngruppe des Betriebsrats das Gefühl hatte, dass die betreffende junge Betriebsrätin ihnen gegenüber eine ziemliche Zwiespältigkeit an den Tag legte. Sie waren vor allem von den ständigen Vorhaltungen genervt, dass sie zu sehr mit der Geschäftsleitung kooperieren und sich zu wenig um die Beschäftigten vor Ort kümmern würden. Sie empfanden die Kollegin dem Gremium gegenüber wenig zugewandt und nicht selten aggressiv vorwurfsvoll, was sie dieser bisher jedoch – zumindest so deutlich – nicht mitgeteilt hatten. Die betreffende Kollegin war zunächst einmal ziemlich ‚von den Socken‘, da sie sich ganz im Gegensatz zu diesen Eindrücken als sehr engagiert und bemüht ansah und die „Mauer", die die Anderen ihr gegenüber erlebten, nicht so wahrgenommen hatte. Die Mauer symbolisierte die in vielen Gremien virulente Auseinandersetzung zwischen Vertretern einer sog. konsequenten gewerkschaftlichen Position (die manchmal ziemlich fundamentalistisch vorgetragen wird) und Vertretern einer Art von Co-Management aufseiten der Betriebsratsspitze, die (im Unterschied zu ihren meist nicht-freigestellten Kritikern) im tagtäglichen Umgang mit Vertretern der Firmenleitung ein ganzes Stück weit in die permanenten Reorganisations- und Überlebensstrategien des Unternehmens involviert ist. Das heißt auch, dass sich der Interessengegensatz zwischen Arbeit und Kapital – zumindest ideologisch – nicht selten stärker innerhalb des Gremiums als zwischen Betriebsrat und Geschäftsleitung inszeniert (siehe hierzu ausführlicher Tietel 2009b). Die Betriebsratsspitze konnte nun zum Ausdruck bringen, dass sie von der betreffenden Kollegin, nähmen sie diese in den inneren Kreis auf (was aus der ‚Generationenperspektive' überaus wünschenswert erschien), erwarten würden, von ihrer ‚Verschanzung' hinter der reinen Lehre der konsequenten Interessenvertretung hervorzukommen und sich im Alltagsgeschäft mit der Geschäftsleitung mit ‚die Finger schmutzig zu machen'. Also auszuhalten, dass man als Teil der Betriebsratsspitze zu einer betrieblichen Führungskraft und zu einer Art Grenzgänger zwischen den betriebspolitischen Sphären wird (Tietel 2007). Es gelang umgekehrt aber auch, der Betriebsratsspitze, die sich gegenüber von ihrer Haltung abweichenden Positionen (und damit auch Personen) im Gremium etwas abgeschottet hatte, klarzumachen, dass die betreffende Kollegin einen Aspekt der Betriebsratsarbeit repräsentiert, der im Zuge der permanenten Reorganisation des Konzerns in den vergangenen Jahren vielleicht doch zu sehr auf der Strecke geblieben war: die Nähe zur Belegschaft und zu den Ängsten und Widerständen vor Ort, die in der Abgeschiedenheit des Betriebsratsbüros und der Verhandlungsräume etwas aus dem Blick geriet. Die Mauer markierte also präzise die ‚Arbeitsaufgabe', die sich auf der sozio-emotionalen und betriebspolitischen Ebene für das Gremium stellte: Als Sinnbild einer gefühlsmäßigen Distanz zwischen der Betriebsratsspitze und einer jungen engagierten Kollegin, die sich gerne stärker beteiligten würde, und als Sinnbild innerer Vorbehalte in den Einzelnen, die es auf beiden Seiten abzutragen galt, um auch *in sich* für eine Stärkung der Zusammenarbeit offen zu sein. Etwas, was sich die Vorsitzende durchaus wünschte, da sie sich häufig als Einzelkämpferin erlebte und der Wunsch nach einem Teambildungsseminar sich genau auch daraus gespeist hatte, mehr Gremienmitglieder als bisher – und vor allem auch Jüngere – an der aktiven Arbeit der Interessenvertretung zu beteiligen.

Zur weiteren Veranschaulichung dieses Verfahrens möchte ich nun noch kurz auf einen Bildausschnitt zurückgreifen, bei dem es nicht um einen Konflikt zwischen den Mitgliedern des Gremiums geht, sondern um die Frage des eigenen Ortes und der eigenen Macht in der betriebspolitischen Arena:

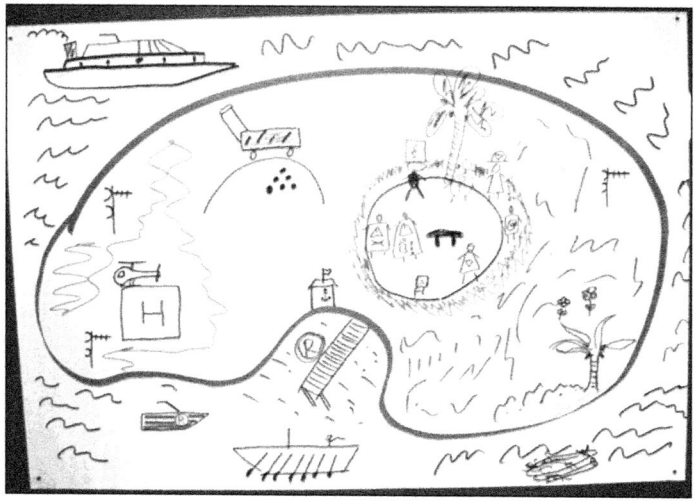

Abbildung 4:   Eigener Ort und eigene Macht

Die Gruppe, die dieses Bild ihrer Kollegen/innen interpretierte, war sich ziemlich schnell darüber einig, dass die Jacht, die die Insel umrundet, ihre Geschäftsleitung symbolisiert. Doch was soll dieses eigentümliche Gefährt auf Rädern darstellen, das sich der Geschäftsleitung gegenüber auf der Insel befindet? Hierzu gab es verschiedene Ideen, die sich in einer Spannbreite zwischen „ein Kinderwagen" und „eine Kanone" bewegten. Zum Kinderwagen wurden die schwarzen Punkte als eine Art von „Köttel" assoziiert, zur Vorstellung der Kanone als Kanonenkugeln. Dies führte zum Nachdenken über die eigene Position die Stärke der Geschäftsleitung gegenüber. Paraphrasiert: ‚Besitzen wir als Betriebsrat eine Kanone, mit der wir die Geschäftsleitung bedrohen und notfalls auch attackieren könnten' oder ‚Schieben wir als Betriebsrat nur einen harmlosen ‚Kinderwagen' durch den Betrieb – als Sinnbild der ‚mütterlichen' Funktion des Betriebsrats (Tietel 2007) – und die Köttel sind Ausdruck von wenig Schlagkraft und symbolisieren zudem die ‚Scheiße', mit der wir es ständig zu tun haben'? Diese Ambiguität zwischen eigener Macht (sowohl realer Macht als auch eige-

nen Machtwünschen) und eigener Machtlosigkeit (erlebter Ohnmacht und Nicht-
anerkennung) ist auf der gefühlsmäßigen Ebene in Betriebsratsgremien nicht
selten anzutreffen und markiert eines der Dilemmas der Betriebsratsrolle, die es
im Team gemeinsam auszuhalten und zu balancieren gilt.[11]

Die „Skulptur des Teams"

Das aus dem Soziodrama stammende Verfahren der „Skulptur" verfährt letztlich
sehr ähnlich, nur dass das Medium hier kein gemaltes Bild ist, sondern zwei –
ebenfalls in Kleingruppen erstellte bzw. genauer: ‚gestellte' – Skulpturen sind,
bei denen die Seminarteilnehmer die Aufgabe haben, ein Standbild zu entwickeln und darzustellen, das die Verhältnisse in ihrem Gremium zum Ausdruck
bringt. Man kann die Aufgabe auch so modifizieren, dass eine Gruppe aus ihrer
Sicht den ‚Ist-Zustand' ihres Gremiums darstellt, während die andere Gruppe
den gewünschten ‚Soll-Zustand' ihres Teams modelliert. Bei kleinen Teams ist
es sinnvoller, alle zusammen zuerst die eine und dann die andere Skulptur mo-
dellieren zu lassen.
    Auch die Arbeit an den Skulpturen ist der mit den Bildern zunächst einmal
ähnlich: Erst äußert sich die jeweils andere Gruppe darüber, was sie sieht. Dann
werden die einzelnen Personen befragt, wie es ihnen an ihrem jeweiligen Platz in
der Skulptur (auch in der Haltung, die sie einnehmen) geht und vor allem auch
dazu, wie sie ihren Ort, ihre Position, Blickrichtung, ihre Haltung etc. gerne
verändern möchten. Es kann für einen Vorsitzenden, der vorne steht und die
Fahne des Teams hochhält sehr ‚lehrreich' sein, zu spüren, wie wenig er diejenigen wahrnimmt, die ganz hinten stehen. Eindrücklich ist es auch, wenn einzelne
Teammitglieder probeweise die Position eines anderen Teammitglieds einnehmen und schauen, wie sich das Team aus dieser Position ‚anfühlt'. Oft führt es
zu erhellenden Erlebnissen, wenn sich jeder ganz langsam von seinem Ort im
‚Ist-Zustand' zu dem im ‚Soll-, bzw. ‚Wunsch'-Zustand hinbewegt und dabei
wahrnimmt, wie sich Beziehungskonstellationen verändern und vor allem auch,
was *er* oder *sie bei sich selbst* verändern müsste, damit dieser gemeinsame Prozess stattfinden kann.

---

[11] Siehe hierzu den Beitrag von Elge Wörner im vorliegenden Band.

3.7 Förderliche und hinderliche Bedingungen im Team

An diese kreative, projektive und spielerische gemeinsame Teamdiagnose
schließt sich eine stärker strukturierte kommunikative Teamdiagnose an: die
Ermittlung von förderlichen und hinderlichen Bedingungen im Team. Hierzu
setzen sich jeweils zwei Teammitglieder zusammen, möglichst solche, die im
betriebsrätlichen Alltag eher wenig Berührung miteinander haben. Jedes Paar
bekommt eine bestimmte Anzahl von grünen und orangen Kärtchen mit der
Aufgabe, auf die grünen Kärtchen jeweils einen Aspekt zu schreiben, der aus
ihrer Sicht im Team „gut läuft" und auf die orangen Kärtchen jeweils einen Aspekt, von dem sie der Ansicht sind, dass er „verbessert werden sollte". Eine eher
knappe Anzahl von Kärtchen führt dazu, dass die Paare sich darüber verständi-
gen müssen, welche Aspekte ihres Teamgeschehens ihnen am wichtigsten sind.
Und es führt dazu, dass die Gesamtanzahl der genannten Punkte überschaubar
und bewältigbar bleibt. Nach und nach tritt dann jedes Paar im Plenum nach
vorne, heftet ein Kärtchen nach dem anderen an die Metaplanwand und erläutert,
was sie sich zu dem jeweiligen Stichwort gedacht haben. Diese Punkte werden
noch nicht diskutiert, die Runde hat jedoch die Möglichkeit, Nachfragen zu stellen, wenn sie noch Erläuterungs- oder Präzisionsbedarf hat.

In einem zweiten Schritt werden die Kärtchen ‚geclustert' und es entstehen
thematische Einheiten, die meist eine bunte Mischung aus grünen und orangen
Kärtchen sind. In der Regel zeichnen sich dadurch grüne und ‚orange Schwerpunkte' ab, Bereiche des Teamgeschehens also, bei denen es nach Ansicht der
Teilnehmer insgesamt gut läuft bzw. solche, wo es einen großen Veränderungsbedarf gibt. So gibt es Teams, bei denen das Vertrauen stimmt, die Kommunikation klappt, Verständnis füreinander besteht etc., deren Zielorientierung und
Arbeitsteiligkeit jedoch sehr zu wünschen übrig lässt. Oder Teams, deren interner Informationsfluss zwar als äußerst gut eingeschätzt wird, die Kommunikation mit den Beschäftigten und die Öffentlichkeitsarbeit jedoch eine wesentlich
‚orange' Fläche bilden. Ausgehend von der Frage, wie es ihnen damit geht, wenn
sie das Ergebnis ihrer Selbsteinschätzung nun so vor sich auf der Tafel sehen,
kommt es meist zu einer regen Diskussion über das Gremium und den von ihnen
diagnostizierten Veränderungsbedarf. Die Verständigung darüber, an welche der
so ermittelten ‚Problembereiche' sie vorrangig herangehen wollen, schließt diesen Arbeitsschritt ab – und leitet zum letzten Hauptteil des zweitägigen Workshops über: die Frage, wie das Gremium/Team seine Arbeit künftig (um)struktu-
rieren will.

Doch bevor ich mich diesem Arbeitsschritt zuwende, will ich noch kurz ein
Thema aufgreifen, das in Gremien der betrieblichen Interessenvertretung zuneh-

mend virulent zu werden scheint und insofern auch in Teambildungsworkshops einer verstärkten Zuwendung bedarf: die Rolle der bzw. des Vorsitzenden.

Der/die Vorsitzende als paradoxe Führungskraft

Die paradoxe Stellung der/s Betriebsratsvorsitzenden ergibt sich daraus, sowohl Vorsitzende/r des Betriebsratsgremiums und damit ‚Führungskraft', zugleich jedoch innerhalb dieses Gremiums formal Gleiche/r unter Gleichen zu sein. Nach dem Betriebsverfassungsgesetz (§ 26, Abs. 2 BetrVG) vertritt die/der Vorsitzende den Betriebsrat „im Rahmen der von ihm gefassten Beschlüsse", womit die ‚Geführten' (das Gremium, in dem jedes Mitglied gleiches Stimmrecht hat) und nicht die ‚Führungskraft' (die/der Vorsitzende) ‚Souverän' der Betriebsratsarbeit sind. Gleichzeitig hat die/der Vorsitzende jedoch aufgrund ihrer/seiner Stellung auf der Grenze des Betriebsratsgremiums eine deutlich hervorgehobene Position. Sie/Er vertritt laut Gesetz zum einen den Betriebsrat nach außen, ist Ansprechpartner/in und Verhandlungsgegenüber für die Geschäftsleitung und verantwortet die Beschlüsse des Betriebsrats nach außen – und sie/er organisiert und verantwortet zum anderen auch die Arbeit innerhalb des Gremiums. Dies stellt an die Person der/s Betriebsratsvorsitzenden ausgesprochen vielfältige und widersprüchliche Anforderungen (Tietel 2007), deren jeweils situationsgerechte und rollenadäquate Bewältigung ein hohes Maß an „triadischer Kompetenz" (siehe unten) erfordert. Der wachsende Anspruch von Gremien, ein „Team" zu sein, erhöht in gewisser Weise die Widersprüchlichkeit der Vorsitzenden-Rolle. Während die Vorsitzendenrolle in der Vergangenheit häufig ziemlich autokratisch und patriarchalisch ausgeübt wurde (und in der Tat vor allem von Männern) und dies von den Gremienmitgliedern mehr oder weniger geduldet, wenn nicht gar so gewünscht war, gerät durch die Vorstellung, als Team arbeitsteilig zu funktionieren und die Ziele, Aufgaben und Arbeitsverteilung diskursiv zu regeln, auch die Position und Rolle des/der Vorsitzenden auf eine neue Weise in den Fokus der Aufmerksamkeit. Nicht zuletzt vonseiten der Vorsitzenden selbst, die in ganz anderer Weise, als dies früher üblich war, von ihren Teammitgliedern gerne ein Feedback über ihre Leitungsrolle möchten. Vielleicht begegnet mir dies bei den Teambildungsseminaren häufiger, als dies allgemein der Fall ist, da vermutlich vor allem die Vorsitzenden um Teambildung nachfragen, die eine Infragestellung ihrer Rolle nicht fürchten bzw. – positiv gewendet – an einer umfassenden Klärung der Beziehungen, Rollen und Aufgaben im Gremium interessiert sind.

Auch das Feedback für den/die Vorsitzende/r sowie die Rollenklärung zwischen Vorsitzenden und Gremium kann auf sehr unterschiedliche Weise gesche-

hen.[12] Gute Erfahrung habe ich in Gremien mittlerer Größe mit einem/r freigestellten Vorsitzenden damit, dass ich behaupte, dass man am besten über seine/n
Vorsitzenden sprechen kann, wenn man diese/n aus dem Raum schickt. In Wirklichkeit – vielleicht ist dies eine Art von ‚paradoxer Intervention'? – führe ich
den/die Vorsitzende/n aber hinter eine Stellwand, wo er/sie für die Gruppe sowohl anwesend als auch abwesend ist. Die anderen Gremienmitglieder sitzen in
einem Stuhlkreis und führen ein von mir angeleitetes Gruppengespräch zu den
folgenden drei Fragen:

- Was soll er/sie beibehalten, weil wir es als sinnvoll und hilfreich empfin-
  den?
- Was soll er/sie mehr oder bessermachen?
- Was soll er/sie weniger oder gar nicht machen?

Die Gesprächsführung achtet – wie bei einer gut geführten Gruppendiskussion –
darauf, dass jeder etwas zu diesen Punkten sagt, dass persönlich, konkret und
erfahrungsnah gesprochen wird, dass sowohl würdigende als auch kritische Aspekte genannt werden und soweit es nötig ist, auch darauf, dass der bzw. die
hinter der ‚Wand' sitzende Vorsitzende ausreichend geschützt wird. Das Erstaun-
liche ist: Diese Methode funktioniert. Wenn die Gruppenmitglieder erst mal so
richtig miteinander ins Gespräch gekommen sind, habe ich nicht selten den Eindruck, als sei der/die Vorsitzende tatsächlich aus dem Raum: nicht als Ange-
blickter und Angesprochener präsent, mit all der Zurückhaltung, die häufig in der
direkten Anrede waltet, sondern als Referenzpunkt der eigenen Erfahrung, als
jemand ‚über' den/die gesprochen wird. Diese spielerische Mischung aus zugleich ‚*über*' und doch auch ‚*mit*' jemandem zu sprechen ermöglicht der Gruppe
ein relativ offenes Gespräch und gibt umgekehrt auch dem/r an-/abwesenden
Vorsitzenden die Möglichkeit, erst einmal in Ruhe zuzuhören, sich Notizen zu
machen und nicht gleich reagieren zu müssen. In den bisherigen Fällen überwog
die positive Rückmeldung und die Würdigung die kritischen Punkte, die vor
diesem Hintergrund leichter angenommen und bedacht werden konnten. Hier
verlasse ich mich einfach auf mein Gefühl. Wenn ich den Eindruck hätte, dass
im Gremium eine Art von ‚Palastrevolte' droht, würde ich dieses Verfahren nicht
wählen. Hier gilt – wie bei anderen Arbeitsschritten auch –, dass die hier ge-

---

[12] Letztlich ist die Klärung der Leitungsfrage natürlich komplexer, sie umfasst auch das Verhältnis
von Vorsitz zu Stellvertretung (es existieren sehr unterschiedliche Arten von ‚Paarbildungen' an der
Gremienspitze), die Gestaltung der Beziehungen im zentralen Leitungsgremium (meist der Betriebsausschuss), die Frage, wie die Vorsitzenden von Ausschüssen oder die Sprecher von Arbeits-
/Projektgruppen ihre ‚Führungsrolle' wahrnehmen sowie die Frage des Verhältnisses zwischen
freigestellten und nichtfreigestellten Gremienmitgliedern.

schilderten Methoden nicht mechanisch angewendet werden können, sondern voraussetzen, dass der Seminarleiter Erfahrungen in der Arbeit mit emotionalen Prozessen in Gruppen hat und ein Gespür dafür, was situativ angemessen ist und von ihm ,gehalten' (,contained') werden kann. Man ist natürlich trotzdem vor Überraschungen nicht gefeit!

Wenn ich den Eindruck habe, dass alles, was gesagt werden ,will', gesagt ist, auf auffordernde Nachfragen keine neuen Punkte mehr genannt werden und mehr und mehr Wiederholungen kommen, beende ich das Gruppengespräch und lade die/den Vorsitzenden ein, wieder ,in den Raum' zu kommen und zu dem Gehörten Stellung zu nehmen. Je nach Zeit und verabredetem Setting kann der/die Vorsitzende in einem zweiten Schritt ihrer-/seinerseits – nun allerdings direkt und offen – formulieren, was sie/er sich von den Einzelnen hinsichtlich der gemeinsamen Arbeit im Gremium wünschen würde. Mit dem Vorlauf des Gruppengesprächs geschah dies in den Fällen, in denen dies so stattgefunden hat, in einer sehr persönlichen und für die Beteiligten annehmbaren Weise. Das Feedback an den/die Vorsitzenden geht damit in eine Form von Rollenklärung über.

3.8   Wie wollen wir künftig unsere BR-/PR-/MAV-Arbeit strukturieren?

Hinter dieser Überschrift verbergen sich sehr unterschiedliche Dinge. Der Work-shop geht auf das Ende zu, die relevanten Entwicklungen in der Firma und die Außenanforderungen an die betriebliche Interessenvertretung sind analysiert, die eigenen Visionen, Ziele und Prioritäten geklärt, die Binnenstruktur des Gremiums besprochen – nun steht es an, den Blick auf die Zeit nach dem Seminar und damit auf die praktischen Konsequenzen aus dem bisher Erarbeiteten zu richten. Es gilt nun, mit den Teilnehmern zu überlegen, welche Themen sie in der zur Verfügung stehenden restlichen Zeit noch gerne aufgreifen und angehen wollen – sei es gemeinsam im Plenum, sei es (was ich für sinnvoll halte, denn es man-gelt in der Tat Betriebsratsteams an praktizierter Arbeitsteilung) in kleinen pro-jektorientierten Gruppen. Themen, die sinnvoll im Plenum bearbeitet werden, sind beispielsweise die Frage, ob die bisherigen Strukturen und Zuständigkeiten noch zu den neuen Zielsetzungen und Prioritäten passen oder ob das ,Organi-gramm' des Gremiums nicht den neuen Perspektiven angepasst werden müsste. Manche Teams nutzen die verbleibende Zeit dazu, die Aufgabenverteilung neu zu regeln, wozu sie die Namen aller Teammitglieder an eine Pinnwand heften, die einzelnen Aufgaben auf Kärtchen schreiben und sich über die Zuordnung von Projekten, Aufgaben und Zuständigkeiten an die einzelnen Personen verständi-gen. Ein ,Dauerbrenner' ist die Frage, wie sie ihre „Sitzung" – sozusagen das

Zentrum des gemeinsamen Austausches und der Zusammenarbeit im Gremium – effektiver und zufriedenstellender gestalten können. Ein Gremium rückte die Frage in den Mittelpunkt, wie sie mit dem Antrag des Arbeitgebers auf Einführung einer prinzipiellen Samstagsschicht umgehen wollen. Hierzu sammelten sie – nach einer kurzen Verständigung über die bisherigen Schichtmodelle – Argumente, die aus Sicht der Geschäftsleitung und aus Sicht des Betriebsrats für und gegen die Samstagsschicht sprechen – eine lange Liste, bei der Gemeinsamkeiten und Unterschiede klar zutage traten. Nach einer Verständigung über die Prioritäten: „Was ist für uns erhaltenswert?" „Was sind unsere Prioritäten?" schritt das Team – angeleitet durch den Moderator – zu einer Art Probeabstimmung, bei der jeder Einzelne auf einer Achse zwischen dem Pol „Ja" und „Nein" seine persönliche Position zur möglichen Zustimmung oder Ablehnung kenntlich machte. Zur Überraschung aller war die tendenzielle Zustimmung zum Antrag des Arbeitgebers insgesamt deutlich größer als das jeder Einzelne von ihnen vorher gedacht hatte. Es zeigte sich, dass die Klärung bisher darunter gelitten hatte, dass viele dachten, dass die Mehrheit eher dagegen sein würde, und sie sich nicht so recht trauten, vor diesem (phantasierten bzw. unterstellten) Hintergrund ihre potentielle Zustimmung zu signalisieren. Nachdem dies geklärt war, konnten sie deutlich freier und bestimmter die Essentials klären, mit denen sie dem Arbeitgeber gegenüberzutreten gedachten. Ein Gremium ging daran, die Kooperation zwischen den verschiedenen dezentralen und räumlich weit auseinanderliegenden Einheiten ihres Gremiums neu zu überdenken und praktische Ideen für eine bessere Verzahnung zu entwickeln. Ein Team schließlich bereitete sich auf eine zweitägige Klausurtagung vor, die es in Kürze mit seiner Geschäftsleitung (vom Vorstandsvorsitzenden über die Hauptabteilungsleiter bis zur Personalchefin) haben würde. Vor der Klärung der Themen, die die Betriebsräte von ihrer Seite aus in diese Klausur einbringen wollten, sammelte der Moderator erst einmal auf einer Tafel die Ängste und Besorgnisse, die in der Runde vorhanden waren bezüglich der Vorstellung, in Bälde für zwei lange Tage mit der gesamten Geschäftsleitung in einem Hotel zu residieren – eine für nicht wenige Mitglieder des elfköpfigen Gremiums nicht nur spannende, sondern auch einschüchternde Vorstellung. Nachdem dies auf dem Tisch – und damit ein Stück weit auch vom Tisch – war, floss die Energie des Teams viel ungebremster in die Aufstellung der Themen, die sie dort vorbringen wollten.

Ein letztes Beispiel: Ein Gremium plante den Ablauf seiner nächsten Betriebsversammlung, die spannender, ‚peppiger', informativer und kommunikativer sein sollte, als das Ritual, das in der Vergangenheit diese Veranstaltung bestimmte: Bericht des Betriebsrats, Bericht der Geschäftsleitung, Fragen? Nein? Danke und Auf Wiedersehen. Auch dies begann ich – zunächst zum Schrecken der Vorsitzenden, die sowieso schon Angst hatte, dass die meisten um diese

Veranstaltung am liebsten einen Bogen machen würden – mit einer ‚Zurufrunde‘ zu der Frage, warum man zu dieser Veranstaltung eigentlich überhaupt keine Lust habe. Am Ende dieser Runde stand eine lange Liste von Unlust-Topoi an der Tafel, angefangen mit dem Gefühl, „Mülleimer" der Firma zu sein, über Äußerungen, dass man „das Schönste eh nicht sagen darf" oder „auf dem Präsentierteller stehen", die „Geschäftsleitung sagt eh nicht die Wahrheit", dass man oft nur „in leere Gesichter schaut" – bis hin zur Äußerung von Ängsten, vor der versammelten Mannschaft da vorne zu stehen und etwas sagen zu müssen. Die anschließende Sammlung von Ideen (hier war ich nicht nur Moderator, sondern vor dem Hintergrund meiner Erfahrung in der Weiterbildung von Betriebsräten auch Mitproduzent von Vorschlägen) führte zu einer Betriebsversammlung, bei der jedes Teammitglied eine Aufgabe hatte (und sei es die des Zeitwächters). Bereits vor der Betriebsversammlung wurden mittels eines Fragebogens Themen aus der Belegschaft gesammelt und in die Gestaltung der Veranstaltung einbezogen, die einzelnen Punkte waren per Powerpoint-Präsentation gut sichtbar und ansprechend gestaltet auf einer Leinwand mitzuverfolgen, der Tätigkeitsbericht wurde von zwei Personen abwechselnd in Nachrichtenform verlesen, die Geschäftsleitung sowie weitere Verantwortungsträger aus dem Haus wurden an einem Stehtisch von der BR-Vorsitzenden und ihrer Stellvertreterin interviewt usw. usw. – und die Betriebsversammlung wurde so nicht nur aus Sicht des Gremiums, sondern auch der Beschäftigten und gar der Geschäftsleitung ein voller Erfolg. Es stellte sich nämlich heraus, dass auch Letztere den ritualisierten und eher ermüdenden Ablauf dieser Versammlung in der Vergangenheit für nicht sehr produktiv hielt.

Neben diesen Beispielen, die die gemeinsame Besprechung im Plenum nahe legen, gibt es viele Beispiele für eine dezentrale Bearbeitung in parallelen Arbeitsgruppen. Häufig geht es hier um den Einstieg in die Diskussion und Planung bestimmter Aktivitäten, die sie sich für die Zeit nach dem Seminar vorgenommen haben. Diese Themen sind meist sehr betriebsspezifisch und situativ, sodass ich es bei einigen Stichpunkten belasse: Umgang mit bestimmten Reorganisationsmaßnahmen und anstehenden Ausgründungen, Strategie im Hinblick auf zunehmende Arbeitsbelastungen, Dienstplanfragen, Erarbeitung von Betriebs- oder Dienstvereinbarungen, Zeitarbeit, Ein-Euro-Jobs, Öffentlichkeitsarbeit des Betriebsrats, Datenschutz, Gesundheitsschutz – sprich: die ganze Palette der Themen, mit denen sich betriebliche Interessenvertreter im Alltag ‚herumzuschlagen‘ haben.

3.9   Am Ende ist noch lange nicht Schluss.

Der Workshop geht nun auf das Ende zu. Die Teilnehmer/innen haben in den beiden Tagen in der großen Runde, im Zweiergespräch und in unterschiedlich großen Kleingruppen gearbeitet. Nun steht an, dass jeder Einzelne noch einmal zu sich Stellung nimmt. Es ist einfach, als Teil eines Teams sich für das Team etwas vorzunehmen. Aber wie ist es mit ‚sich selbst' und seinen persönlichen Perspektiven? Hierzu schneide ich ‚Schuhsohlen' aus, verteile diese an die Teilnehmer und fordere sie auf, auf ihren „Schuh" zu schreiben, was bezogen auf all das, was die Gruppe zwei Tage lang zusammen erlebt und besprochen hat, ihr ganz persönlicher nächster Schritt nach dem Seminar sein wird. „Was will *ich* angehen?" Jeder behält seinen ‚Schuh' und kann diesen – so er/sie will – mit nach Hause nehmen, sich am Arbeitsplatz an die Wand pinnen oder unter die Schreibtischunterlage legen. Jede/r soll ihren/seinen nächsten Schritt aber zumindest in der Gruppe nennen. Es werden sehr unterschiedliche persönliche Schritte genannt, die von konkreten Vorhaben wie: „Die Intranet-Seite des Betriebsrats laufend zu aktualisieren" über „Den Arbeitsschutzausschuss wieder regelmäßig einzuberufen" bis hin zu „Auf der Betriebsversammlung einen kleinen Beitrag zu übernehmen" oder „weniger Angst haben" gehen. So sehr dies auch ein je eigener nächster Schritt ist, hat er – vor den Augen und Ohren der gespannten Anderen genannt – doch auch ein Stück weit einen öffentlichen und damit selbstverpflichtenden Charakter.

Da Gremien oder Teams der betrieblichen Interessenvertretung in aller Regel bezüglich der Anerkennung ihrer Arbeit alles andere als verwöhnt sind, beende ich das Seminar mit gegenseitigen Würdigungen. Irgendwann habe ich aufgehört, eine Rückmeldung für mich zu erfragen. Eine Gruppe zwei Tage zu erleben, wahrzunehmen, wie sich Blockaden auflösen, Energien frei und Perspektiven entwickelt werden, ist Rückmeldung genug. Wichtiger ist es mir, dass sich die Teammitglieder am Ende selbst noch einmal eine positive Würdigung geben. So fordere ich zum Beispiel die Teilnehmer auf, in einer Art Abschlussrunde nacheinander ihrem jeweils rechten (oder linken) Nachbarn zu sagen, was sie an ihm in den beiden Tagen schätzen gelernt haben. Sie sollen dabei nicht mich, sondern ihren Nachbarn anblicken und einen Satz formulieren, der mit den Worten beginnt: „Was mir an Dir hier gut gefallen hat, ist ...". Dies fällt manchen gar nicht leicht und man spürt, wie selten man jemand eine direkte positive Rückmeldung gibt. Der Workshop endet dann meist mit einer abschließenden „Würdigungsschlange". Alle Teilnehmer stellen sich hintereinander auf, legen ihre Hand auf die Schultern des Vordermannes (der Vorderfrau) und sagen, während sie diese Schulter massieren (oder den Rücken abstreichen oder ausklopfen ...) im Chor drei Mal laut den Namen des/der Vornestehenden. Das beginnt zuweilen eher zögerlich und mit einer gewissen Peinlichkeit, endet jedoch meist in viel Freude und Gelächter. Und einfach mal zwei Tage abseits von der Mühsal des betriebsrätlichen Alltags sich ein wenig anders zu begegnen, ist nicht zuletzt ein wesentliches Anliegen dieser Workshopkonzeption.

4   Ausblick: Stärkung der „triadischen Kompetenz" von Arbeitnehmervertretern

Meines Erachtens steigen gegenwärtig die Anforderungen an Arbeitnehmervertreter, die turbulente ‚Umwelt' und den ökonomischen, sozialen und lebensweltlichen Gesamtzusammenhang ihres Betriebes ins Auge zu fassen, ohne hierbei die arbeitnehmerorientierte Perspektive aufzugeben. Es ist dies – wie ich an anderer Stelle ausführlich beschrieben habe (Tietel 2006) – die Aufgabe, um einen eigenen, um einen ‚dritten' Ort zu ringen: gegenüber der Geschäftsleitung, mit der man sowohl vertrauensvoll zusammenarbeiten kann als auch zuweilen heftig um differente Interessen ringen muss; gegenüber den Beschäftigten, zu denen die Beziehungen immer schon vielschichtiger und ambivalenter waren, als dies das Stellvertretungsverhältnis unterstellt hat; gegenüber den Gewerkschaften, wo es darum gehen wird, im Zuge der eigenen Professionalisierung das Kind, sprich die Traditionen der Arbeiterbewegung als gesellschaftlichem Ordnungsfaktor und kollektive Gegenmacht nicht mit dem Bade auszuschütten – und nicht zuletzt auch gegenüber den eigenen Grundannahmen und dem eigenen Selbstverständnis.

Dieser eigene ‚dritte' Ort ist nun kein vorgegebener Ort mehr, den Arbeitnehmervertreter einfach einnehmen können. Er lässt sich genauso wenig aus dem Betriebsverfassungsgesetz ableiten wie aus gewerkschaftlichen Beschlüssen, er besteht ebenso wenig im bloßen Vertreten von Beschäftigtenansprüchen wie in der Anpassung an den rasanten Wandel des Marktes oder die Anforderungen der Shareholder in Gestalt eines die Reorganisationsmaßnahmen bloß mittragenden Co-Managements. Dieser eigene, ‚dritte' Ort der Arbeitnehmervertretung kann nur immer wieder neu gewonnen, vertreten und behauptet werden durch die Beobachtung und beständige Reflexion der ‚Außenanforderungen' und die Besinnung darauf, was einem betriebspolitisch wichtig ist sowie durch die Klärung dessen, was unter den jeweiligen Gegebenheiten die eigenen Ziele und Prioritäten sind. Dies schließt die Frage nach dem eigenen Selbstverständnis mit ein, also die Frage darüber, was für ein Betriebsrat man angesichts der sich stellenden Aufgaben für seine relevanten Gegenüber sein möchte. Hierzu bedarf es neben erheblichen sachlichen Qualifikationen, guten Beratern und einer gewissen betriebspolitischen Klugheit eines gehörigen Maßes an „triadischer Kompetenz".

„Triadische Kompetenz" von Arbeitnehmervertretern/innen bedeutet die
Fähigkeit, sich in den für die betriebliche Interessenvertretung bedeutsamen
Beziehungsdreiecken

- zwischen Betriebsrat, Geschäftsleitung und Beschäftigten (wobei der Betriebsrat nicht selten mit der Geschäftsleitung um die Gunst der Beschäftigten rivalisieren muss),
- zwischen Betriebsrat und verschiedenen Beschäftigtengruppen (deren Interessen und Erwartungen heterogener geworden sind),
- zwischen Betriebsrat, Beschäftigten und Gewerkschaft (wobei die Beziehungen beider betrieblicher Akteure zur Gewerkschaft loser und ambivalenter geworden sind) und schließlich
- zwischen Betriebsrat, Geschäftsleitung und Gewerkschaft (was, wie die
Praxis zeigt, durchaus zu wechselnden Koalitionsbildungen führen kann),

auch triadisch verhalten zu können.

Damit ist die Fähigkeit gemeint, die in diesen Beziehungsdreiecken auftretenden Widersprüche und Konflikte auszuhalten und zu balancieren, ohne in eine
Richtung zu vereinfachen oder den Kontakt nach einer Seite hin abreißen zu
lassen. Triadische Kompetenz bedeutet, dass Menschen in der Lage sind, in ihren
Beziehungsdreiecken gleichzeitig zu mehreren relevanten Akteuren eine Beziehung zu haben, ein zeitweiliges eigenes Ausgeschlossensein ohne Verlustängste
oder das zeitweilige Ausschließen eines der Partner ohne Loyalitätskonflikte
ertragen zu können. In dem Maße, in dem es Arbeitnehmervertretern gelingt, die
Spannung, die durch die widerstreiten Perspektiven und Interessen aufgespannt
ist, aufzunehmen und ein Stück weit auszuhalten, können sie zumindest *in sich*
die bestehenden Spaltungs- und Ausschließungstendenzen in eine produktive
Spannung, in eine prozessierende Ambivalenz verwandeln, die ihnen eine gewisse Beweglichkeit nach allen Seiten erhält.

Hier nun kommt das Gremium ins Spiel, als kleinere oder größere soziale
Gruppe, als ein sehr spezifisch verfasster sozialer Kosmos, dem es mehr oder
weniger gut gelingt, der Heterogenität der betrieblichen ‚Stimmen' auf eine zuträgliche und produktive Weise in sich ‚Gehör' zu verschaffen und die anstehenden Themen sowohl arbeitsteilig zu bearbeiten als auch einvernehmlichen Entscheidungen und Lösungen zuzuführen. Gremien der betrieblichen Interessenvertretung sind Gruppen, in denen sich die Dynamik der betriebspolitischen Triaden
und damit die Komplexität, Heterogenität und Widersprüchlichkeit der betriebspolitischen Arena auf vielfältige Weise widerspiegelt. Gruppen, in denen trotz
aller Gemeinsamkeiten und Einheitswünsche Vertreter verschiedener Anschauungen und Partialinteressen aufeinandertreffen, wobei eine ganze Anzahl von

Differenzierungen eine große Rolle spielen: Betriebsratsspitze und Betriebsrats-
basis, Freigestellte und Nichtfreigestellte, Angehörige verschiedener Listen,
aktive und weniger aktive Gremienmitglieder, ‚alte Hasen' und ‚junge Hüpfer',
Männer und Frauen, Arbeiter und Angestellte, Angehörige verschiedener betrieblicher Abteilungen und Statusgruppen, Gewerkschafter und Nichtgewerk-
schafter, ‚konsequente Interessenvertreter' und ‚Co-Management'-Orientierte
und so weiter. All diese Differenzierungen bergen den Keim von Spaltungslinien
im Gremium in sich. Anliegen des hier geschilderten Ansatzes der Teambildung
ist es nicht zuletzt, Mitgliedern solcher Gremien dabei beizustehen, mit der Dynamik und den Konfliktlinien im Gremium umgehen zu lernen und immer wieder um gemeinsame Handlungsfähigkeit zu ringen. Letztlich geht es um die
Förderung nicht nur der „triadischen Kompetenz" der einzelnen Gremienmitglieder, sondern darum, immer wieder gemeinsam um die Entwicklung und die Sta-
bilisierung einer triangulären Kultur im Gremium (Tietel 2003) zu ringen.

Literatur

Akademie für Arbeit und Politik (2006): Wenn die Rolle ins Rollen kommt. Interessen-
    vertretung im Wandel der betrieblichen Arbeitsbeziehungen. Mitteilungsheft Nr.
    31/32, Universität Bremen
Antons, Klaus (1992): Praxis der Gruppendynamik. Göttingen u. a.: Hogrefe, 5. Auflage
Beumer, Ulrich/Sievers, Burkard (2000): Einzelsupervision als Rollenberatung. In: Zeit-
    schrift Supervision, Heft 3, S. 10-17
Cohn, Ruth (1976): Von der Psychoanalyse zur Themenzentrierten Interaktion. Stuttgart:
    Klett
Drott, Michael (2010): FAIR – Erfahrungen mit dem partizipativen Projekt zur Sanierung
    der HSK - Dr. Horst Schmidt Kliniken, Wiesbaden, aus Sicht des Betriebsrats. In:
    Zeitschrift Supervision, Heft 1, S. 26-30
Eck, Claus D. (1993): Rollencoaching als Supervision – Arbeit an und mit Rollen in
    Organisationen. In: Gerhard Fatzer (Hrsg.): Supervision und Beratung. Köln: Editi-
    on Humanistische Psychologie, S. 209-247
Ende, Michael (1960): Jim Knopf und Lukas der Lokomotivführer. Stuttgart: Karl Thie-
    nemanns Verlag
Frost, Peter/Robinson, Sandra (2000): Das Betriebsklima ist vergiftet – wer hilft? In: Har-
    vard Business Manager, 22. Jg., Heft 1, S. 9-21
Hantschk, Ilse (1994): Rollenberatung. In: Harald Pühl (Hrsg.): Handbuch der Supervisi-
    on 2, Berlin: Edition Marhold, S. 162-172
Haubl, Rolf/Heltzel, Rudolf/Barthel-Rösing, Marita (Hrsg.) (2005): Gruppenanalytische
    Supervision und Organisationsberatung. Gießen: Psychosozial-Verlag
Haubl, Rolf/Voß, Günter G. (2009): Psychosoziale Kosten turbulenter Veränderungen. In:
    Haubl, R./Möller, H./Schiersmann, Ch. (Hrsg.): Positionen. Heft 1. Kassel: Univer-
    sity Press

Heltzel, Rudolf (2005): Gruppenanalytische Beratung in Non-Profit-Organisationen. In: Haubl, R./Heltzel, R./Bartel-Rösing, M. (Hrsg.): Gruppenanalytische Supervision und Organisationsberatung. Gießen: Psychosozial-Verlag, S. 11-52

Heintel, Peter (1995): Teamentwicklung. In: Bärbel Voß (Hrsg.): Kommunikations- und Verhaltenstrainings. Göttingen: Verlag für Angewandte Psychologie, S. 193-205

Lawrence, Gordon W. (1998): Selbstmanagement-in-Rollen. In: Freie Assoziation, 1. Jg., Heft 1/2, S. 37-57

Lohmer, Mathias (2005): Der Berater zwischen den Fronten: Die Dynamik von Vertrauen, Misstrauen und Containment in Organisationen. In: Gruppenpsychotherapie und Gruppendynamik, Jg. 41, S. 335-355

Minssen, Heiner/Riese, Christian (2007): Professionalität der Interessenvertretung. Berlin: Edition Sigma

Neuberger, Oswald (1995): Von sich reden machen. Geschichtsschreibung in einer organisierten Anarchie. In: Volmerg, B./Leithäuser, Th./Neuberger, O./Ortmann, G./Sievers, B.: Nach allen Regeln der Kunst. Freiburg: Kore, S. 25-72

Isaacs, William N. (1996): Dialog, kollektives Denken und Organisationslernen. In: Gerhard Fatzer (Hrsg.): Organisationsentwicklung und Supervision: Erfolgsfaktoren bei Veränderungsprozessen. Köln: Edition Humanistische Psychologie, S. 181-207

Pühl, Harald (2010): Konfliktklärung in Teams und Organisationen. Berlin: Leutner

Rudolph, Wolfgang/Wassermann, Wolfram (2002): Betriebsrätewahlen 2002: Erosionstendenz gestoppt. In: Personalführung, Heft 11, S. 56-63

Schein, Edgar H. (1996): Über Dialog, Kultur und Organisationslernen. In: Gerhard Fatzer (Hrsg.): Organisationsentwicklung und Supervision: Erfolgsfaktoren bei Veränderungsprozessen. Köln: Edition Humanistische Psychologie, S. 209-228

Tietel, Erhard (2003): Emotion und Anerkennung in Organisationen. Münster: Lit-Verlag (2. Aufl. 2008)

Tietel, Erhard (2006): Konfrontation – Kooperation – Solidarität. Betriebsräte in der sozialen und emotionalen Zwickmühle. Berlin: Edition Sigma (2. Aufl. 2008)

Tietel, Erhard (2007): Betriebsratsvorsitzende als paradoxe Führungskräfte. In: Haubl, R./Daser, B. (Hrsg.): Macht und Psyche in Organisationen. Göttingen und Zürich: Vandenhoeck & Ruprecht, S. 279-319

Tietel, Erhard. (2008): Betriebspolitik im Wandel. Betriebsräte als Grenzgänger. In: Zeitschrift Supervision. Heft 1, S. 6-13

Tietel, Erhard (2009a): Ökonomisierung und Subjektivierung von Arbeit – Ambivalenzen und Paradoxien. In: Triangel-Institut (Hrsg.): Beratung im Wandel. Berlin: Leutner-Verlag, S. 13-33

Tietel, Erhard (2009b): Der Betriebsrat als Partner des Beraters in Reorganisationsprozessen. In: Leithäuser/Th./Meyerhuber, S. /Schottmeyer, M. (Hrsg.): Sozialpsychologisches Organisationsverstehen. Wiesbaden: VS Verlag für Sozialwissenschaften, S. 265-298

Coaching-Gruppen für Betriebsratsmitglieder – Zu Anlässen und Arbeitsweisen in der aktuellen Situation von Betriebsräten

Bernhard Pöter

Der Autor des nachfolgenden Artikels arbeitet seit Ende der neunziger Jahre konstant mit heterogen zusammengesetzten Gruppen von Betriebsratsmitgliedern, die aus der regulären Schulungsarbeit verschiedener Gewerkschaften heraus aufgebaut wurden und werden. Die Betriebe umfassen nach Größe und Betriebsart das breite Spektrum der gängigen Produktions- und Dienstleistungsunternehmen. Der Begriff Coaching wurde für diese Arbeit gewählt, weil es nicht nur um Reflexion, sondern programmatisch auch um Handlungsorientierung und Begleitung der Praxis in und zwischen den Gruppensitzungen geht.

Die traditionelle Bildungsarbeit für Betriebsräte stößt wie alle klassischen Bildungsveranstaltungen immer dann an ihre Grenzen, wenn die Verbindung von „Theorie" und „Praxis" inhaltlich, räumlich und zeitlich letztlich den Lernenden überlassen bleibt. Das bedeutet, dass sich der Lehrbetrieb bei der Verabschiedung der Teilnehmer zum Seminarende selbst entlässt und es Aufgabe der Teilnehmer bleibt, den „Transfer", also das Hinübertragen der Inhalte in ihr Praxisfeld, vor allem aber die Anpassung des Wissens an die praktischen Erfordernisse zu leisten. Die Erwachsenenbildung hat im letzten Jahrhundert auf vielfältige Weise versucht, dieses Problem konzeptionell und methodisch zu lösen oder doch zumindest abzumildern. Ausdruck des Bemühens, in der gewerkschaftlichen Bildungsarbeit Theorie und Praxis enger zusammenzuführen, sind die Selbstbezeichnungen der Bildungseinrichtungen bei ver.di und IG Metall als „Bildung und Beratung". Vor diesem Hintergrund haben wir in den letzten Jahren neue Verfahren erprobt, die Interessenvertreter besser, das heißt praxisnäher und nachhaltiger für ihre tägliche Arbeit vorzubereiten und sie dabei zu begleiten. Im Folgenden werden nun Herausforderungen an die Betriebsräte benannt, und es soll gezeigt werden, wie Betriebsratsmitglieder in praxisnahen Weiterbildungsgruppen unterstützt werden können, und welche Rolle die Gruppe dabei spielen kann.

Beim *Coaching in Gruppen* geht es darum, die eigenständige Position und Kompetenz der Betriebsratsmitglieder gegenüber dem Management gerade in

Zeiten zunehmender Vereinzelung, der Verbetrieblichung von Tarifpolitik und der Abwehrkämpfe in Krisenzeiten zu stärken. Immer häufiger sind sie mit tariflichen Öffnungsklauseln konfrontiert und sollen über spezielle Betriebsvereinbarungen Arbeitszeiten, Entlohnung und betriebliche Veränderungsprozesse regeln. Neben dem Umgang mit den vorliegenden Mitbestimmungs- und Mitwirkungsrechten werden nun neue Schlüsselqualifikationen für die Betriebsratsmitglieder wichtig, die über Rhetorik und Verhandlungsführung hinausgehen. Diese erweiterten Kompetenzen sind aber in Seminaren alleine nicht vermittelbar.

Der Umgang mit Belegschaftsinteressen in komplexen betrieblichen Situationen will gelernt und geübt sein, vor allem auch, um sowohl Größenphantasien als auch Resignation und Rückzug zu vermeiden. Zwischen Erpressbarkeit (Betriebsverlagerung) einerseits und neuen Gestaltungsmöglichkeiten auf der anderen Seite gilt es, realitätstaugliche Werkzeuge für die Gremien, vor allem aber für die einzelnen Mitglieder zu erarbeiten, um sich nicht im Gestrüpp von Ohnmacht und Shareholder Value-Politik zu verlieren.

Vor allem Betriebsratsmitglieder mit besonderer Verantwortung sehen sich heute zunehmend dem Problem ausgesetzt, ihre Strategien dem Tempo des Unternehmenswandels anpassen zu müssen. Sie geraten unter Druck, besonders schnell und nachhaltig ihre Kenntnisse und Fähigkeiten zur Krisenbewältigung zu erweitern. Dabei sind sie gefordert, auseinanderdriftende Interessen in der alltäglichen Interessenvertretungsarbeit ausgleichen zu sollen. Darüber hinaus haben sie sich noch mit der Tendenz auseinanderzusetzen, von gewerkschaftlicher Rückendeckung abgetrennt und überhaupt aus kollektiven Zusammenhängen herausgelöst zu werden. Dafür steht die Tendenz der Verbetrieblichung von Tarifpolitik. Von der Managementseite (und von Teilen der Belegschaft) werden sie zunehmend als individuell handelnde und für Sonderinteressen verpflichtete Interessenvertreter in die Pflicht genommen. Sie sollen sozusagen als Anwälte von Einzelinteressen ihre Rolle ausfüllen. Dabei wird erwartet, dass sie fit, flexibel, stark und nicht ausgebrannt wirken und auftreten. Soweit der Zeitgeist, nicht nur auf der Gegenseite.

1   Funktion des Coaching und die Bedeutung der Gruppe

Das Rollen-Coaching in Gruppen für Betriebsratsmitglieder stellt sich diesen Herausforderungen. Es verbindet Beratung, Training und die Förderung von mittel- bis längerfristigen Lernprozessen, wobei es besonders die Potentiale von Gruppenprozessen nutzt. In stabilen Kleingruppen mit Teilnehmern unterschiedlicher Betriebe und auch verschiedener Branchen wird ein durch Diskretion geschützter Raum geschaffen, in dem das Lernen der einzelnen Interessenvertreter durch aktive Beteiligung der Gruppe vervielfältigt wird. Im Mittelpunkt steht die situations- und personengerechte Gestaltung und Ausführung der Rolle als Betriebsratsmitglied, was auch eine Weiterentwicklung der Persönlichkeit der Interessenvertreter beinhaltet.

Die in den letzten Jahren mit diesen Angeboten gemachten Erfahrungen zeigen, dass hier einem wachsenden Bedürfnis von aktiven Betriebsratsmitgliedern Rechnung getragen wird. Das Training im Rahmen professionell gesteuerten Erfahrungsaustauschs, integrierter Weiterbildung und praktischer Problemlösungsarbeit dient dabei auch der Überwindung von Vereinzelung.

Im Mittelpunkt steht der Beitrag, den das einzelne Gruppenmitglied an seinem jeweiligen Praxisort in seiner Betriebsrats-Rolle leisten kann und leisten möchte. Die hierfür notwendigen Klärungen und Hilfestellungen können realitätsnäher erarbeitet werden, wenn ähnlich oder gleich gestellte und tätige Kollegen/innen sich darüber vertrauensvoll austauschen und aussprechen können. Wenn die Gruppenmitglieder aus unterschiedlichen Betrieben und Gremien kommen, kann gerade diese Unterschiedlichkeit genutzt werden, um sich von festgefahrenen Vorstellungen zu lösen und neue Vorgehensweisen kennenzulernen und sich anzueignen. Die Vielfalt der Erfahrungen, Stärken und Charaktereigenschaften in einer heterogenen Gruppe sehen wir als entscheidendes Potential für die Ausweitung des eigenen Wahrnehmungsspektrums, des Verhaltensrepertoires und nicht zuletzt für die Überwindung von Isolation. Die Kontinuität der Gruppe bietet einen strategischen Vorteil, eine nach der Auflösung der traditionellen Arbeitermilieus selten gewordene Ressource im Kampf gegen Vereinzelung, zunehmende Unsicherheit und bei der Abwehr der mit der Isolation einhergehenden depressiven Tendenzen.

Auch wenn im Laufe der Zeit Einzelne eine Gruppe verlassen möchten oder müssen und Andere hinzustoßen, bleibt die Gruppe funktionsfähig und bildet eine Kultur aus, die allen zur Verfügung steht. Diese Kultur entsteht nicht nur im Erfahrungsaustausch der Beteiligten, sondern auch durch die Bearbeitung der jeweils anstehenden Aufgabenstellungen, an denen alle Gruppenmitglieder teilnehmen, wobei jeweils eine Person das Thema stellt. Neben dem Lernen am Fall werden wahlweise Informationsblöcke eingeschoben zu Themen, die für viele Kollegen eine aktuelle oder grundsätzliche praktische Bedeutung haben und zu denen sie Informationsbedarf anmelden (vgl. Busse 2009).

Der direkte Erfahrungsschatz der Einzelnen wird durch die Aufarbeitung in der Gruppe und die Rückkopplung mit der Praxis zwischen den Sitzungen auch als „soziale Kompetenz" ‚gesichert'. Die Teilnehmer schärfen dabei ihr Wahrnehmungs- und Urteilsvermögen für betriebliche Prozesse und die eigenen Reaktionen darauf. Im Kern geht es darum, die Handlungsfähigkeiten der Betriebsratsmitglieder zu fördern und zu erweitern. Gelingt dies, so hat das auch Auswirkungen auf die Funktionstüchtigkeit ihrer ,heimischen' Betriebsratsgremien.

2   Mehrdimensionale Vorgehensweise im Betriebsräte-Coaching

Unsere Gruppen arbeiten auf mehreren Ebenen und mit regelmäßigen Perspektiven- und Methodenwechseln, um die Strecke vom einzelnen Betriebsratsmitglied zum Betriebsganzen und zurück als Kernthema der Betriebsratsrolle abschreiten zu können. Die Annäherung an die Wirklichkeit kann nur auf unterschiedlichen Kanälen erfolgen. Das ist schon deshalb notwendig, weil die vorgetragenen Probleme und ,Baustellen' häufig als Dilemmasituationen erlebt werden und die Betriebsratsmitglieder sich mit widersprüchlichen Impulsen auseinandersetzen müssen, sich in der Zwickmühle oder zwischen den Stühlen erleben (Tietel 2006). Thematisch bewegen wir uns in folgendem Rahmen:

- Das Praxisfeld und die Rahmenbedingungen der Betriebsratsrolle (Betrieb, Branche, Arbeitgeber und Belegschaften)
- Die Ebene der sozialen Beziehungen, der Auseinandersetzungen, der Artikulation von Interessen, der Verhandlungen und der ,Betriebspolitik' des Betriebsratgremiums
- Die Ebene des persönlichen Erlebens, der Emotionen und Absichten, der eigenen Gestaltung der Betriebsratsrolle und ihrer Vereinbarkeit mit der beruflichen Weiterentwicklung und dem persönlichen Lebenskonzept[1]

Anhand einiger aktueller Themenstellungen soll nun verdeutlicht werden, wie sich das Coaching im Rahmen der Gruppe entwickeln kann.

3   Wandel der Herrschaftsformen in den Betrieben und „Subjektivierung" der Arbeit

Mit der ,Verschlankung' der Belegschaften und Strukturen ändern sich auch die Leitungsverhältnisse in vielen Betrieben. Ehemalige Leitungspersonen des mittleren Managements werden häufig ganz durch ,unpersönliche' Steuerungsmechanismen ersetzt oder verlieren ihre Entscheidungskompetenz in der Regulierung alltäglicher Verfahren. Hinter den scheinbar ,objektiven' Rahmenbedin-

---

[1] Die Ebene des Rechts wird nicht ausdrücklich behandelt, Rat muss hier fallweise hinzugezogen werden.
Vgl. zu Themen und Methoden im Coaching mit Betriebsratsmitgliedern auch Pöter (2005).

gungen (Kennziffern-Management) stehen fraglos weiterhin Personen und deren
Entscheidungen, aber diese sind nun weiter entfernt, entweder an der Unterneh-
mensspitze in Zentralen oder gar im Ausland zu suchen. Die Aushandlungswege
werden weiter und schwieriger. Während man über gewachsene Beziehungen
direkt vor Ort als Betriebsrat einzuschätzen gelernt hatte, wie man mit einer
Leitungsperson umgehen konnte, wie sich das Spiel von Geben und Nehmen
üblicherweise gestaltete, was man ins Spiel bringen konnte und was man in Kauf
zu nehmen hatte, werden die ‚Beziehungen' zu den Entscheidungsträgern nunmehr unpersönlicher und somit unkalkulierbarer, sofern überhaupt noch eine
Einflussmöglichkeit besteht auf Vorgaben, die „ganz von oben" eine Wirklichkeit schaffen, in der kaum noch Bewegungsspielraum für die Akteure „unten"
verbleibt. Allein dies führt zu einer tiefen Verunsicherung vieler Betriebsrats-
Kollegen.

Diese Verunsicherung muss im Coaching bearbeitet werden. Sie stellt sich
gewöhnlich dar als Konflikt zwischen Allmachtserwartungen und Ohnmachtsgefühlen. In der Regel geht es um *Einfluss, Vertrauen* und vor allem um *Macht*.
Macht äußert sich nicht nur im Direktionsverhalten einzelner Leitungspersonen
und Gremien, sondern wird zunehmend ausgeübt durch die Organisationsform
der betrieblichen Arbeitsprozesse, bei denen die direkte, personengebundene
Weisung ersetzt wird durch Vorgaben, welche die Einzelnen zwingen, die Herrschaft in sich selbst hereinzunehmen als innere Antreiber, gerade auch dann,
wenn der unmittelbare Spielraum im Umgang mit Zeit oder bei der Gestaltung
der Arbeitsabfolge zunimmt (Glißmann 2003).

Diese ‚objektive' Wirklichkeit ist aber eine von Menschen gemachte, in In-
teressenauseinandersetzungen ausgehandelte oder von oben nach unten durchge-
setzte und durch Traditionen und handfeste Organisationskulturen verfestigte
Wirklichkeit. Dabei ‚mischen' die Betriebsräte mit. Sie wollen und müssen auch
Macht ausüben, genauso wie sie Macht hinnehmen (passiv erleiden) müssen.[2]

So stellt sich immer wieder die Frage, wie man sich diesen neuen Entwicklungen gegenüber „aufstellt" (im plastischen Sinne des Wortes). Es zeigt sich,
dass bei hoher Fluktuation des Leitungspersonals und/oder bei der zunehmenden
Entfernung der Leitungsentscheidungen aus den Betrieben der Betriebsrat oftmals als einzige Institution verbleibt, die über einen längeren Zeitraum (mehrere
Wahlperioden) die Bodenhaftung mit der betrieblichen sozialen Wirklichkeit

---

[2] Wer es dabei als Betriebsratsmitglied in zunehmend kürzeren Abständen mit einem neuen Management zu tun bekommt, erntet ohne sein Zutun zunächst das Ergebnis von an anderer Stelle
getroffenen Interessenentscheidungen und Karrierekämpfen und erlebt sich, ohne dass dies schon
klar und begriffen wäre, mit einem neuen Kulturphänomen konfrontiert, in dem alte Werte plötzlich
keine Gültigkeit mehr haben und unsichtbare neue Gesetze gelten, an deren Zustandekommen man
keinen Anteil hatte. Soweit zunächst zur Ohnmacht.

behält. Entsprechend steigen die Anforderungen an die ‚soziale Kompetenz' der Gremien und deren Vorsitzenden. Dies birgt aber auch die Chance, Einfluss zu nehmen auf die Definition und Gestaltung von Vorgängen, die das Arbeitnehmerinteresse direkt berühren. Wer sich als stabiler Ansprechpartner erweist, kann auch Vertrauen aufbauen und vertrauenswürdig werden für diejenigen, denen die Orientierung zunehmend verloren geht.

Betriebsratsgremien, die es gewohnt waren, direkten Kontakt zu Produktionsarbeitern und einfachen Verwaltungsangestellten ohne nennenswerte Probleme herstellen und erhalten zu können, müssen nunmehr erleben, wie sich das technische und kaufmännische höherqualifizierte Personal, traditionell bereits eine eigene Welt, immer mehr von ihnen entfernt. Sie werden über Zielvorgaben und „Vertrauensarbeitszeit" eingebunden. Aber auch die unteren Ebenen werden zunehmend über Vorgaben und Verfahren gesteuert, sodass die lokale Auseinandersetzung in den Abteilungen um Arbeitsgestaltung, Zeiten, Leistungsdichte zunehmend sich auflöst zugunsten eines ‚stummen' Zwangs zentral gesteuerter Prozessnotwendigkeiten. Somit verlieren die Arbeitnehmervertreter immer mehr direkte Einflussmöglichkeiten, an denen sie sich auch profilieren könnten.

4   Polarisierung der Belegschaften

Die genannten Prozesse haben aber auch polarisierende Auswirkungen auf große Teile der Belegschaften selbst. Wenn höher qualifizierte Fachkräfte in den Stamm-Belegschaften eine wachsende und bestimmende Gruppe bilden – und die gering qualifizierten Tätigkeiten stärker durch betriebsfern abhängige Leiharbeiter ersetzt werden – dann ändert sich auch an der Zusammensetzung der Wähler Wesentliches. Die Betriebsräte haben es zunehmend mit Belegschaftsmitgliedern zu tun, für welche die Kunde vom „Entrepreneurship", also der Verinnerlichung von Unternehmer-Tugenden zutrifft. Diese Haltung hat insofern in den Arbeitsabläufen ihre reale Grundlage, als die dezentrale Steuerung zunehmend eine „Selbststeuerung" wird. Die so Beschäftigten müssen innerhalb ergebnisbezogener Vorgaben in vielerlei Hinsicht (Vorgehensweise, Umgang mit Zeit, Informationsbeschaffung) selbst entscheiden, was sie wann wie tun. Wer so arbeitet, der/die erlebt sich nicht mehr als Untergebener im herkömmlichen Sinne, sondern als aktiver Gestalter, auch wenn er/sie die körperlichen und seelischen Kosten auf sich nehmen muss, welche unweigerlich im gängigen Termindruck entstehen. Vielen erscheinen diese dann auch noch als ‚selbstverschuldet' oder zumindest als durch sie selbst veränderbar, wenn sie nur cleverer vorgingen. Betriebsräte, die an dieser Stelle Einfluss nehmen wollen, werden schnell als

Störenfriede verdächtigt. Für die aktiven Betriebsräte stellt dies eine Zurückweisung dar, mit der sie zurechtkommen müssen.

Am unteren Ende der sozialen Schichtung steht eine wachsende Schicht prekär Beschäftigter (Leiharbeiter und befristete Verträge), die ebenso fern von den örtlichen Interessenvertretungen zusehen müssen, wie sie ihre Interessen behaupten, deren Vertretung durch die örtlichen Betriebsräte zudem nur eingeschränkt möglich ist. Es liegt auf der Hand, dass die Betriebsräte hier zwischen zwei auseinanderdriftenden Beschäftigtengruppen ihre Linie finden müssen, oftmals in die Zwickmühle unvereinbarer Anforderungen und Erwartungen dieser Gruppen geraten. Es geht daher für die Einzelperson, aber auch für ganze Gremien darum, mit diesen neuen Grenzen umgehen zu lernen, ohne sich dabei in Reaktionen der Resignation oder aber realitätsfern in Show-Business zu verlieren.

Im Coaching stellen sich diese Entwicklungen als unmittelbare Entscheidungsdilemmata der Teilnehmer dar, die sich als hin- und hergerissen erleben zwischen gleichzeitig auftretenden, kaum zu vereinbarenden Ansprüchen. Auf der sozialen (und betriebspolitischen) Ebene stellt sich die Frage, wen die Betriebsräte vorrangig bedienen wollen, wenn das Management eine „Entweder-Oder"-Position/Taktik verfolgt. An sich selbst (in ihrer Person) erleben sie die Situation als Entscheidungs- und Wertekonflikt. Im Betriebsratsgremium spitzt sich die Situation häufig zu zwischen verschiedenen Fraktionen, die unterschiedliche Wählerschichten repräsentieren, bisweilen als Spaltung zwischen deutschen qualifizierten Stammarbeitnehmergruppen und ausländischen gering qualifizierten und tendenziell prekär beschäftigten Arbeitnehmern.

Die Coaching-Gruppe kann die Betroffenen bei der Bewältigung dieser widersprüchlichen Anforderungen und der damit einhergehenden Belastungen bis hin zu Kränkungen unterstützen, insofern sie einerseits als Resonanzkasten für die Erlebnisschilderungen von Ohnmacht und Zurückweisung zur Verfügung steht, andererseits mit den Beteiligten auslotet hilft, wo sich welche Spielräume auftun, die mit neuen Formen genutzt werden könnten. Nicht zuletzt können in der Gruppe die verschiedenen Schichten der Arbeitnehmer selbst vertreten sein. Dann muss sich die Gruppe den divergierenden Sichtweisen und Interessen direkt stellen und ist gefordert, eine Konfliktkultur auszubilden, die zu Lösungen führt und ihre Arbeitsfähigkeit nicht beschädigt. Es kann sein, dass eine verwickelt erscheinende Situation ein ganzes Bündel unterschiedlicher Konfliktebenen enthält, die im Coaching zunächst aufgedröselt und als unterschiedliche Stränge behandelt werden müssen, bevor sie (über einen längeren Zeitraum mehrerer Sitzungen) zu einer wieder einheitlichen Entscheidungslinie verarbeitet werden können.

Solche Konfliktlagen sind nicht im Schnellverfahren und mit wohlfeilen „Coaching-Tools" zu lösen, sondern erfordern eine sorgfältige Analyse und sind nicht selten mit unbequemen Erkenntnisprozessen aller Beteiligten verbunden. Mit Mitteln wie ‚Skulpturen-Stellen', mit mehreren ‚(Rollen-)Stühlen' arbeiten, Inszenierungen von Vorgehensweisen und Interessen der betrieblichen Handlungsträger usw. können die Gegebenheiten vor Ort symbolisiert werden und somit plastischer werden für die „Erzähler" und die beteiligten Kollegen, die Leitung inbegriffen.[3]

Die methodischen Schritte werden unter Einbeziehung der gesamten Gruppe durchgeführt. Solche Symbolisierungen und Inszenierungen helfen zunächst, den oft diffusen inneren Druck chaotischer Bilder in ein sichtbares Ordnungsbild zu überführen und dabei den emotionalen Druck durch ‚ausagieren' zu entschärfen. Die beteiligten Gruppenmitglieder erleben sich in den unterschiedlichen Rollen wieder aus der Perspektive ihrer (potentiellen) Wähler und können ein besseres Verständnis von deren Lage, Denk- und Empfindungsweise entwickeln. Der Lerngewinn für die Gesamtgruppe besteht dann darin, dass auch die nicht unmittelbar Betroffenen auf den unterschiedlichen Ebenen ihres Betriebsratsdaseins angesprochen und herausgefordert werden. Es zeigt sich, dass ihre Rolle ein komplexes Bündel von Anforderungen bereithält, welche sowohl im Gremium als auch in der einzelnen Person ausbalanciert werden müssen. Häufig äußern daher Teilnehmer bei der abschließenden Auswertung, dass im fremden Fall eine Reihe eigener Anliegen gleichsam mitverhandelt worden sind.

Für Vorsitzende und Stellvertreter kommt hinzu, dass von ihnen in aller Regel Leitungsfunktionen im Gremium erwartet werden. Dabei wird häufig davon ausgegangen, dass sie auch in Meinungsbildungsprozessen innerhalb der Belegschaft eine Orientierung- und Führungsfunktion einnehmen. Nicht zuletzt werden Betriebsratsvorsitzende in Veränderungsprozesse seitens des Managements aktiv eingebunden und geraten somit in eine Zwickmühle zwischen ihrem ‚ererbten' Selbstverständnis als Belegschaftsvertreter und der womöglich insgeheim angestrebten Rolle als ‚Führungsagenten' des ‚Fortschritts' und der Zukunftssicherung des Betriebs/Unternehmens, bewegen sich also zwischen Interessenvertretung und Co-Management.

Im Coaching setzen sie sich auch mit den Fragen auseinander, wie sie diese Rollen annehmen und ausgestalten wollen, inwieweit sie den damit einhergehenden ‚Verführungen' nachgeben wollen – Ansehen, Bedeutung, ‚Mitmischen', gleiche ‚Augenhöhe wie das Management' usw. – und welche sozialen, körperlichen und seelischen Risiken sie eingehen können und wollen. Es geht also um

---

[3] Das Methodenarsenal des Soziodramas und der Organisationsaufstellungen kann hierzu produktiv genutzt werden.

die Vereinbarkeit von Selbstbild und den bisweilen sich widersprechenden Anforderungen der Betriebsratsrolle.

Auch wenn das notwendige Eingeständnis von Grenzen der eigenen Macht
und Handlungsfähigkeit zunächst schmerzhaft ist, so besteht der Gewinn doch
auch in einer Erleichterung, wenn die Teilnehmer die Entlastung spüren, die ein
realistisches Selbstbild mit sich bringt. Thema eines sozialen Lernprozesses in
den Gremien und Belegschaften bleibt es, die Betriebsratsrolle nicht als Ret-
ter/Helfer/Allround-Manager-Phantasie misszuverstehen, sondern als zeitlich
und sozialräumlich begrenzte Interessenvertretung anzuerkennen. Inwieweit
dabei traditionelle Rollen der Betriebsratsarbeit infrage gestellt werden und neue
Möglichkeiten gesehen und wahrgenommen werden können, steht nicht vorab
fest. Dies ist im Coaching selbst Ergebnis der Analyse von betrieblichen und
persönlichen Entscheidungsprozessen.

Die analytische Arbeit gelingt immer dann besser, wenn die Betriebsräte
(Gremien und Einzelpersonen) sich als *Handelnde in einem Feld* begreifen lernen, in dem sowohl aktive als auch passive Anteile der eigenen Person oder der
Gruppe ihren Platz haben. Das wird deutlich, wenn man sich über die Beweggründe und Ziele der anderen Handelnden größere Klarheit verschafft hat.

5 Gesundheit und Handlungsfähigkeit

In der Coaching-Gruppe gewinnt das Thema der sozialen Rundumbelastung vor
allem der Vorsitzenden zunehmend an Bedeutung. Es ist daher nicht verwunder-
lich, dass Fragen und praktische Probleme der Rollengestaltung in Verbindung
mit der gleichzeitigen Erhaltung körperlicher und seelischer Gesundheit von
Teilnehmern in den Coachingsitzungen immer wieder auf die Tagesordnung
gesetzt werden. Dies ist mittlerweile weniger tabuisiert, da die Förderung der
Gesundheit auch über betriebliche Programme im Sinne der Work-Life-Balance
sowie im öffentlichen Diskurs breitere Anerkennung erfährt.[4]

Wir sind dann herausgefordert, gesundheitliche Auswirkungen zur Kenntnis
zu nehmen und deren Bedeutung für die Arbeits- und Lebensgestaltung der Betroffenen zu besprechen. Hier gilt es eine Grenze zu ziehen zu therapeutischen
und anderen Einzelhilfe-Maßnahmen. Dennoch bedeutet es für die betroffenen
Teilnehmer – das können mehr sein als nur diejenigen, die das zum Thema machen – eine spürbare Erleichterung, wenn sie in der Gruppe eine Entkrampfung
und vor allem Enttabuisierung dieser Belastungen erleben. Für Viele ist dies eine
notwendige Voraussetzung, um dann leichter den Schritt zu ‚wagen', weitere

---

[4] Siehe Cassens (2003) sowie die diversen Programme der Krankenkassen, der Gesundheitsbehörden
auf Bundes- und Länderebene, die Kampagne „Gute Arbeit" des DGB usw.

Hilfe von außen in Anspruch zu nehmen. Wir konnten dabei immer wieder erleben, dass die Inanspruchnahme von Hilfe außerhalb der Gruppe durch einzelne Teilnehmer der Gruppe wiederum zugutekam, wenn diese es gelernt hatten, unverstellter ihre realen Belastungen, aber auch ihre erfolgreichen Schritte zu deren Bearbeitung und Überwindung in die Gruppe einzubringen. Darüber hinaus hat es für viele Teilnehmer eine befreiende Wirkung, wenn gerade ‚starke Personen', in der Lage sind, ‚Schwächen' an- und auszusprechen. Sie trauen sich dann eher, auch eigene Themen einzubringen, die ansonten mit Hemmungen oder gar Scham versperrt blieben. Es gehört hierbei auch zur Aufgabe der Leitung, dafür zu sorgen, dass in und mit der Gruppe der Bezug solcher Themen zur Rolle Betriebsratsmitglied als Leitaspekt im Auge behalten und herausgearbeitet wird.

Die Gruppe wird dann selbst zu einem Erfahrungsort, an dem das Ansprechen belastender Einschränkungen angstfreier und vor allem ohne existentielles Risiko ‚probehalber' geübt werden kann. Wer in der Gruppe die Erfahrung macht, daraus Gewinn zu ziehen für die Selbstannahme, bewegt sich in seinem Arbeitsfeld bald sicherer. So wird es uns häufig zurückgespiegelt.

6   Die Gruppe als Ort von Legitimation / Sicherheit – Unsicherheit / Konflikt und Erkenntnis

In jeder Gruppe, so auch beim Coaching, müssen wir mit Impulsen (unbewussten Zielen) rechnen, die sich in der Gruppenmentalität ausprägen, von allen geteilt werden (unbewusst), aber in Gegensatz stehen können zu anderen Zielen, die der Einzelne mitbringt und die seine ursprüngliche Motivation für die Teilnahme ausmachen, beispielsweise: „Wir tun uns hier gegenseitig nicht weh – wir haben doch alle den gleichen Gegner." versus: „Ich möchte hier meine Praxis besser verstehen lernen und auch unangenehme Wahrheiten mitbekommen, um nicht zuhause böse Überraschungen zu erleben." Es können also die Bedürfnisse nach Geborgenheit und Schutz in Spannung geraten mit den Ansprüchen nach Aufklärung und Erkenntniszugewinn.[5]

Das wird besonders deutlich, wenn es um Fragen der Legitimation von Entscheidungen geht, wenn die moralische Rechtfertigung des eigenen Handelns in den Vordergrund rückt. Häufig ist das der Fall bei Entlassungen und Kürzungen von Leistungen durch den Arbeitgeber, wenn der Betriebsrat zu Kompromisslösungen mit der Gegenseite findet, die auch Härten für Teile der Belegschaft mit sich bringen. Die Schilderung dieser Kompromisslösungen Betriebsrat/Arbeitge-

---

[5] Siehe das Konzept der „Grundannahmen" bei W. R. Bion (1990).

ber lösen in der Gruppendiskussion oftmals Rituale von Angriff – Verteidigung – Schlichtung aus (Drama-Dreieck). Wer wen angreift, in Schutz nimmt, sich zu verteidigen sucht, Schiedsrichter spielt, kann aufschlussreich sein nicht nur für die momentane Gruppendynamik, sondern verweist auch auf etwas außerhalb der Gruppe. Es melden sich in diesen ‚Spielen' zugleich die verschiedenen Positionen und inneren Stimmen, die in der betrieblichen Wirklichkeit wirksam sind. Sie stehen auch bei der Realitätsverarbeitung im Innern des Fallgebers im Konflikt miteinander. Die Fallschilderung kann die inneren Zwiespälte, Zweifel und Schuldgefühle vergleichbarer Erfahrungen beim einzelnen Gruppenmitglied wieder aktivieren.

Die Gruppe kann dann die Gefahr spüren, bei diesem ‚Einbruch der bösen Wirklichkeit' in das (oberflächlich) harmonische Gruppenzusammensein während des Coachings womöglich aus ihren Gemeinsamkeits- und Sicherheitsträumen gerissen zu werden. Denn die Auseinander-Setzung in der Sache kann auch ein Auseinander-Rücken in der Gruppe mit sich bringen. Die Konflikte in der Betriebswirklichkeit übertragen sich auf die Gruppe und lösen vergleichbare Ängste aus. Was den Einzelnen verunsichern kann, gefährdet dann womöglich den so begehrten Zusammenhalt der Gruppe, in der Phantasie der Beteiligten zumindest, und setzt Unsicherheit, eventuell Ängste frei.

Ein häufig zu beobachtender Abwehrversuch dieser Gefährdung zeigt sich in Reaktionen wie „Das ist doch überall das Gleiche!", „Da kann man nichts machen, da muss man durch!", heißt: „Da musst Du durch!" Emotionaler Sofort-Gewinn dabei: Aufrechterhaltung des gefährdeten Gleichgewichts, Beschwörung von Gemeinsamkeit, vordergründiger Rückhalt, Beruhigung aller Zweifel. Der Nachteil: Ablenkung von der individuellen Betroffenheit und den in der Sache gegebenen Unklarheiten und Stolpersteinen, die den Einzelnen in der Praxis wieder einholen. Aber auch die Gruppe wird beim nächsten vergleichbaren Fall von diesen ungelösten Spannungen erneut heimgesucht. Es kommt dann darauf an, aus dem Geflecht widerstreitender Tendenzen und Optionen im eingebrachten Fall eine begründete und im Betrieb begründbare Position herauszuarbeiten, mit welcher der jeweilige Fallgeber in seinem Feld weiterarbeiten kann. Darüber hinaus ist es für die weitere Arbeitsfähigkeit der Gruppe aber von großer Bedeutung, diesen (ritualisierten) Vorgang spätestens bei der abschließenden Auswertung mit zu reflektieren, gerade auch die Wirkungen zu verdeutlichen, welche der Fall für den Gruppenprozess mit sich gebracht hatte. Auch hier bieten sich ‚Transfer'- Vergleiche mit Auseinandersetzungen im heimischen Betriebsratsgremium an, denn was sich in der Gruppe während der Fallbearbeitung ereignete, zeigt Parallelen zu den Spannungen und Konflikten in der heimischen Betriebswelt. Es kann auch vorkommen, dass die zutage tretenden Spannungen in der Gruppe diese ‚heimischen' Spannungen in den Phantasien und Gefühlen der

Teilnehmer aktivieren, sodass die Abwehr der Auseinandersetzung im Coaching auch der Abwehr, der Flucht vor den heimischen Verhältnissen im Innern der Teilnehmer dient.

Wenn es jedoch in der Arbeit der Gruppe gelingt, sich diesen Herausforderungen im geschützten Raum des Coachings zu stellen und zu neuen Einsichten zu kommen, dann hinterlässt dieser Vorgang auch Spuren bei der emotionalen Verarbeitung heimischer Realität in den Gruppenmitgliedern. Sie können sich nicht nur mehr Realitätsnähe in ihren Phantasien leisten, sie gehen vor allem mit mehr innerer Sicherheit auf die gestellten Problemlagen zu. Wenn sich diese Erfahrung beim Einzelnen stabilisiert, trägt dies auch zur Stabilität der Gruppe und ihrer Arbeit bei.

7   Die Gruppe als Ort der Erfahrungsvielfalt – Ergebnisoffenheit und Produktivität

In der Fallbesprechung bringt jeder Teilnehmer seine spezifische Sichtweise ein, einen Blickwinkel, der aus der bisherigen Verarbeitung seiner eigenen Feldkenntnisse und Erfahrungen herrührt. Damit wird nicht nur das Spektrum der Sichtweisen erweitert, es können auch Aspekte zur Sprache gebracht werden, die dem Fallgeber womöglich unbewusst schon zur Verfügung standen, er/sie aber nicht ausdrücken konnte oder mochte, die aber wichtige Ideen liefern, um im Verständnis der eigenen Situation und dann in der weiteren Handlungsweise voranzukommen. Die Einfälle, Fragen und Vorschläge der Beteiligten führen oft zu Sichtweisen, auf die weder Fallgeber noch die Gruppenleitung gekommen wären, und die eigentliche Arbeit in der Gruppe besteht nun darin, das herauszufiltern, was praxistauglich weiterführen könnte, sich auch dem zu stellen, was als riskant empfunden wird und sogar ängstigt, und den Verführungen durch schnelle (Pseudo-)Lösungen zu widerstehen. Es sind die klassischen Eigenschaften der prüfenden, erwachsenen Persönlichkeit, welche bei gelingender Gruppenentwicklung von der Gruppe garantiert werden. Funktionen, die unter dem Druck der Verhältnisse beim Einzelnen eingeschränkt, behindert oder gar beschädigt werden können, die aber auch in einer Gruppe eingeschränkt und behindert werden können, sofern diese selbst in infantilen Entwicklungsstadien stecken bleibt oder darauf zurückfällt.

Im umgekehrten Falle wird die Gruppe für alle Einzelnen zu einer Quelle neuen Wissens und bisher unbekannter Erfahrungen, sie verhilft durch das Probehandeln im Durchsprechen und Durchspielen (Aufstellungen, Skulpturen, Stegreifinszenierungen) zu erweitertem Verhaltensrepertoire und vor allem zu erweiterter Wahrnehmung sozialer Wirklichkeit im Betrieb. Eine unabdingbare

Voraussetzung solch produktiver Erfahrung ist die grundsätzliche *Ergebnisof-fenheit der Arbeitsweise* in der Gruppe. Sie ist auch eine notwendige Voraussetzung, um überhaupt zu tragfähigen Entscheidungen zu kommen.

Diese Offenheit ist anfänglich über die Leitung zu befördern, mit zunehmender Erfahrung der Gruppenmitglieder in dieser Art des Verarbeitens wird sie zu einem Gemeingut der Gruppe, zu einem Haltungsmuster, das sich gegen häufige Widerstände behaupten muss. Die Widerstände können in Sicherheitsbedürfnissen, aber auch in festen mitgebrachten Zielvorstellungen zur Betriebsratsarbeit und eben in den jeweils spezifischen Vorerfahrungen der Teilnehmer begründet sein.

8   Die Bedeutung der Gruppenkultur – Normen und Tabus bei der Behandlung schwieriger Entscheidungssituationen

Die Arbeit mit der Multiperspektive in der Gruppe hat vor allem auch die Funktion, unbewusste Widerstände gegen ‚störende' Erkenntnisse deutlich werden zu lassen, um sie einer Bearbeitung zugänglich zu machen. Ziel ist die Erweiterung des Blickfelds. Es sollen aber auch die verinnerlichten Werte deutlich werden, welche die Teilnehmer zu einer dauerhaften und tragfähigen Arbeit befähigen.

Einerseits führen unbewusste, unausgesprochene oder als ‚selbstverständlich' im Gruppendruck gesetzte Normen immer wieder dazu, wichtige Fragestellungen und Blickwinkel gar nicht erst aufkommen und sich auszusprechen zu lassen. Eine solche Norm kann sowohl eine rigide Konfliktstrategie gegenüber dem Arbeitgeber wie auch ihr Gegenstück, die absolut gesetzte Co-Management-Strategie darstellen. Im Gruppenprozess ist daher auch herauszuarbeiten, inwieweit solche Tabuisierungen nur die Funktion haben, bestimmte Praktiken zu rechtfertigen, welche einzelne Gruppenmitglieder in ihrem Bereich mit womöglich guten Gründen gewählt haben und fortsetzen, an deren Richtigkeit sie Zweifel jedoch nicht zulassen wollen, weil innere und äußere Widerstände sie daran hindern, solche Zweifel kritisch zu prüfen. Dann wird man sich mit diesen Widerständen zu beschäftigen haben, was erfahrungsgemäß für alle Beteiligten einen hohen Erkenntniszugewinn bringt, weil die Widerstände sehr verbreitet sind. Das ist vor allem dann der Fall, wenn Leistungskürzungen ohne gesicherte Gegenleistung des Managements hingenommen werden, und wenn sie Entlassungen ohne verlässliche Sicherung der Arbeitsplätze zustimmen (müssen).

Manche persönlichen Entscheidungssituationen, wenn es z. B. um die Fortführung der Betriebsratsarbeit oder aber das Aufhören (zumeist in der Vorsitzendenrolle) geht, können für einzelne Gruppenmitglieder sehr bedrängend und schmerzhaft sein. Dann bedeutet es eine Verschärfung ihrer inneren Konfliktlage, wenn sie annehmen, in der Gruppe sei *nur eine Antwort* erlaubt, die Fortsetzung der Arbeit nämlich, koste es, was es wolle. Die Vorstellung vom Aufgeben, „Hinschmeißen" der Betriebsratsarbeit hat etwas Traumatisches für sehr viele Coaching-Teilnehmer, bedeutet sie doch „Kapitulation" vor den eigenen, oft sehr hohen Ansprüchen, ein Eingeständnis von Schwäche. In ihren Phantasien bedeutet dies dann oft auch persönliches Versagen. Nicht unrealistisch ist es auch, sich vor einem gewissen Ansehensverlust in der sozialen Umgebung zu fürchten. Hier bekommt die Gruppenreaktion eine sehr wichtige Bedeutung für die emotionale Stabilität der Betroffenen. Sofern die Gruppe (psychologisch gesehen) eine nährende Elternfunktion für Teilnehmer gewonnen hat, ist das Verständnis für die Aufgabe der Betriebsratstätigkeit zum Schutz der eigenen Gesundheit eine wichtige Gegenerfahrung gegen selbstabwertende Impulse des eigenen Moralgebäudes (Über-Ich, Ideal-Ich in psychoanalytischer Sprache). Der Gruppe kommt eine stabilisierende Funktion zu, von der aber auch jedes andere Gruppenmitglied profitieren kann, als eigene Ängste und Schamgefühle hier probehalber am ‚fremden Fall' abgemildert werden.

Ähnliches gilt für Entscheidungslagen, bei denen ein Betriebsratsmitglied gleichzeitig Vorgesetztenfunktionen innehat, und geprüft werden muss, welche Optionen aus welcher Rolle die Linie bestimmen sollen. Hier wird es besonders wichtig, im Arbeitsklima der Gruppe für eine nüchterne Vorgehensweise zu sorgen, da es ansonsten zu keinen tragfähigen, ‚realitätsstresstauglichen' Lösungen kommen kann.

Man erkennt aus diesen nur angedeuteten Herausforderungen, wie bedeutsam für die Entwicklung der Gruppe die Herausbildung einer ‚*erwachsenen*', das heißt Widerstände, Zweifel, Ambivalenzen und Mehrdeutigkeiten aushaltenden Gruppenkultur ist. Unsere unbewussten Voraussetzungen sprechen dabei eine ganz andere Sprache, sie sind eher von den Bedürfnisimpulsen zu Kampf, Flucht, Schutz und Versorgtsein geprägt. Umso erleichterter zeigen sich dann Teilnehmer, wenn sie erleben, dass ihre Zweifel und Zwickmühlen nicht nur ihr persönliches Problem sind, sondern Ausdruck verbreiteter Konfliktlagen darstellen, für die es noch keine Patentrezepte gibt, durchaus aber Erfahrungen, mit denen sich leben und arbeiten lässt. Wenn diese Hinweise aus einer Gruppe Gleichbetroffener und Gleichgestellter herausgearbeitet werden, besitzen sie eine wesentlich stärkere Glaubwürdigkeit (Autorität), als wenn sie lediglich als Ratschlag betriebsferner Spezialisten sich mitteilen würden.

Hier schließt sich eine weitere bedeutsame Funktion der über längere Zeiträume arbeitenden Gruppe an: die Begleitung, Überprüfung und Fortentwicklung, gegebenenfalls Revision eingeschlagener Pfade, getroffener Entscheidungen. Alles dies setzt Vertrauen der Einzelnen in die Gruppe und umgekehrt der

Gruppenmitglieder in die einzelnen Fallgeber voraus. Das gibt es nicht gratis und ist ebenfalls erst Ergebnis gelingender Gruppenentwicklung.

Mir scheint vor allem eine Grundhaltung der Leitung hierfür ausschlaggebend, welche den Arbeitsprozess selbst betrifft: Es muss von Anfang an durch die Vorgehensweise klar gemacht werden, dass jede Person, welchen Standes, Erfahrungshintergrunds oder welcher sonstigen Besonderheiten Vertreter auch immer sie sein mag, den gleichen Raum und die gleiche Aufmerksamkeit für die Behandlung ihrer Anliegen erhält, und dass zweitens die Regel gilt, auch unerwartete und vielleicht unerwünschte Äußerungen in einer sachlichen, wertschätzenden Art zu beantworten. Das ist zunächst eine Anforderung an die Leitung selbst, welche dieses vorzuleben hat.[6]

9   Fortschritte in der Gruppe und beim einzelnen Betriebsratsmitglied – produktives Bearbeiten von Wertekonflikten

Ein deutliches Zeichen für den Reifegrad der Gruppe und einzelner Mitglieder zeigt sich bei der Fallarbeit selbst: Die Kollegen sind zunehmend in der Lage, sich bei der Wahrnehmung des fremden Falls von ihren eigenen Erfahrungen und vorgefassten Schemata zu lösen. Die Interpretation und auch Lösungsvorschläge werden dem fremden Fall nicht mehr umstandslos übergestülpt als einfache Ableitung dessen, was man/frau ohnehin schon weiß und erlebt hat, der fremden Geschichte sozusagen aufgepfropft. Stattdessen können Teilnehmer es aushalten, mit Umständen und Verhaltensweisen, auch mit Reaktionen des vortragenden Kollegen konfrontiert zu werden, die sie nicht sofort nachvollziehen, verstehen und somit ‚lösen' können. Dieser Vorgang der Fallbearbeitung aktiviert ja die eigene Verunsicherung in ähnlichen Situationen der eigenen Praxis, man wird am anderen Fall häufig zurückgeworfen auf das Erlebnis eigener Grenzen und evtl. auf Gefühle der Hilflosigkeit, von denen man/frau auch in der eigenen Praxis immer wieder herausgefordert bzw. heimgesucht wird.

Hierzu sei im Folgenden eine Fallbearbeitung skizziert, bei der es zu Enttäuschungen und Unmut in der Coaching-Gruppe kam, weil ein Mitglied die in der Gruppe vorherrschende Handlungsnorm in seiner betrieblichen Praxis nicht einhalten bzw. einlösen wollte/konnte. Ein Teilnehmer berichtete über vom Arbeitgeber geplante Massenkündigungen, wobei es zu einer Anhörung des Betriebsrats kommt. Bei der Erörterung des Themas in der Coaching-Gruppe wird ohne spürbaren Widerstand die Position vertreten und geteilt, der lokale Betriebsrat solle jeder Kündigung widersprechen, um die Ausgangsbasis zu erwar-

---

[6] Siehe hierzu die aus dem TZI bekannten Empfehlungen für die Gruppengestaltung (Cohn 1991).

tender Kündigungsschutzklagen der einzelnen Beschäftigten beim Arbeitsgericht zu verbessern. Der betroffene Betriebsratsvorsitzende stimmt dem in der Gruppe zunächst zu und äußert, dies sei auch seine Überzeugung. Der Gruppe kaum bekannt war allerdings zu diesem Zeitpunkt, dass der Vorsitzende seine Akzeptanz im Gremium und im Betrieb als durchaus noch nicht gesichert ansieht und angesichts der bald bevorstehenden Betriebsratswahlen es sich mit wichtigen Belegschaftsteilen und einer sich bildenden Fraktion im Gremium nicht verscherzen will. Daher neigte er in der folgenden Entscheidungssituation vor Ort zu einer taktierenden, von Fall zu Fall unterschiedlichen Vorgehensweise, die auch Zustimmungen zu Kündigungen einschloss. Damit entsprach er einerseits der sozialpartnerschaftlich konfliktscheuen Praxis des Gremiums gegenüber dem Arbeitgeber. Dieser hatte bislang eher finanzielle Beteiligungen der Arbeitnehmer am Gewinn favorisiert und kaum Einschnitte in Leistungen für die Belegschaft gefordert. Andererseits bedeutete die Verweigerung der Zustimmung zu Kündigungen eine deutlich eigenständigere Vorgehensweise des Betriebsrates. Das Management hatte schon Anzeichen einer sich ändernden ‚Politik' gegeben, die mit unüberhörbaren Aufforderungen an das Gremium und den Vorsitzenden verbunden wurden, mit der sanften Regelungspraxis fortzufahren. Dies machte die Situation für den Vorsitzenden nun unübersichtlicher und gab Raum für ambivalente Handlungsimpulse. Damit setzte er sich nun der Ablehnung innerhalb der Coaching-Gruppe aus: Deutliche Signale von Enttäuschung und Ärger über den Kollegen machen sich bei Gruppenmitgliedern bemerkbar, als dieser berichtet, trotz vorheriger gegenteiliger Absichtsbekundungen – offenbar hatte er sich zunächst dem Gruppendruck gebeugt –, in den Beratungsprozessen des Betriebsratsgremiums vor Ort stark von dieser ‚Linie' abgewichen zu sein zugunsten ‚pragmatischer', von Fall zu Fall ganz unterschiedlicher Entscheidungen (von Zustimmung bis Ablehnung der Kündigungen). Dabei zeigte er sich offenbar erleichtert über die nunmehr gewachsene Akzeptanz seiner Person und seiner Funktion im heimischen Gremium.

Der Leiter des Coaching hatte zwischenzeitlich darauf aufmerksam gemacht, dass es sich im konkreten Fall auch um einen Entwicklungsprozess des Kollegen in seiner Vorsitzendenrolle handelte und damit zu rechnen sei, dass dieser in einer für ihn (zumindest subjektiv) bedrohlichen Situation nicht in der Lage sein könnte, das, was in der Coaching-Gruppe als selbstverständliche kompromisslose Handlungsnorm aufgestellt worden war, für sich vor Ort durchzustehen, auch wenn er dieser Norm gruppenöffentlich und in Einzelgesprächen unter Kollegen zugestimmt hatte. Es war nun gleichermaßen von einem anstehenden Entwicklungsschritt in der Gruppe auszugehen, die sich bislang als vor allem unterstützende, nährende Rückzugsbastion für die Mitglieder entwickelt hatte, wobei unterschiedliche Auffassungen durchaus lebhaft diskutiert worden waren. Allerdings hatte bisher nicht unbedingt der unmittelbare Handlungsbezug zu Massenkündigungen bestanden, die gerade in der Krisenzeit als für alle Beteiligten bedrohliches Dauerthema eine außerordentliche Brisanz erhalten hatten. So wurde nicht nur die Sicherheit vieler Gruppenmitglieder in ihrer bisherigen Betriebsratsrolle und in tief verankerten Wertvorstellungen in einem bislang ungekannten Ausmaß auf die Probe gestellt, die neue verbreitete Entlassungspraxis wurde von der Mehrzahl der Gruppenteilnehmer durchaus auch als existentielle Bedrohung für sie selbst erlebt. In einigen der „anwesenden" Betriebe hatte es solche bereits gegeben.

Als Gruppenentwicklungsthema stellte sich mithin die Herausforderung dar, trotz Differenzen in sehr relevanten Entscheidungssituationen ein solidarisches Arbeitsklima aufrechtzuerhalten, das sowohl dem einzelnen Gruppenmitglied ermöglicht, offen seine Gedanken und Gefühle zum Thema zu äußern, als auch der Gesamtgruppe ermöglicht, ein Niveau der ergebnisoffenen Fallbearbeitung durchzuhalten, welches unerlässlich ist für sachorientierte Coachingarbeit. Kurzum, die Konfliktfähigkeit der Gruppe bei ihren internen Reflexions- und Beratungsprozessen wurde auf ganz neue Weise herausgefordert. Die Übertragungsdynamik der Mitglieder hat bei der Fallbearbeitung „Kündigungsbearbeitung des Betriebsrats" eine aktuelle Brisanz erreicht, wo sich entweder die Grenze der weiteren internen Kooperation offenbaren konnte oder ein Zugewinn an konfliktfähigem, ‚erwachsenen' Miteinander in *Distanz neben der Nähe*, oder an *Nähe bei ausgehaltener Differenz* das Arbeitsniveau prägen würde.

Für die Leitung stellte sich die Aufgabe, diese Spannung deutlich anzusprechen und der Reflexion aller Beteiligten zugänglich zu machen, Risiken und Chancen dieser ‚Gefährdung' dabei mit der Gruppe herauszuarbeiten. Nichts weniger als der Verbleib des ‚gegen die Gruppennorm sündigenden' Kollegen in der Coaching-Gruppe stand m. E. auf dem Spiel, wenn dieser zuvor latente, nunmehr offene Konflikt nicht angemessen bearbeitet werden würde. Die Gefahr bestand durchaus, dass der Betroffene der Unterstützung durch die Gruppe verlustig gehen könnte ausgerechnet zu dem Zeitpunkt, wo er diese am nötigsten brauchte, um schwierige Entscheidungsprozesse durchstehen und seine Vorsitzendenfunktion gremientauglich wahrnehmen zu können.

Diese Aspekte waren also in der Nachbesprechung des Falls und der damit verbundenen Gruppenreaktionen deutlich zu machen.[7] Es zeigte sich, dass hinter der scheinbaren Eindeutigkeit der „Gruppenposition" durchaus noch nicht geäußerte Zweifel bestanden hatten, die sich anmeldeten. Dieser Effekt diente nun auch der Relativierung des Ärgers über den Kollegen, der ja solchen Zweifeln

---

[7] Der Vorgang scheint mir gut interpretierbar als Spiegelphänomen, bei dem ein Geschehen in der Lebenswelt des Fallgebers und die damit verbundenen Praktiken und Emotionen (Problemlösemuster, Ängste, Hoffnungen) sich in die Dynamik der Gruppe überträgt (siehe Kutter 1992).

weitaus folgenreicher ausgesetzt war als die zum gleichen Zeitpunkt in ihrer Praxis nicht betroffenen übrigen Mitglieder. Es war für diese dann nicht mehr sehr schwer sich vorzustellen, wie es ihnen wohl in einer vergleichbaren Situation ergehen könnte. Das wiederum entschärfte die emotionale Spannung, und das Arbeitsbündnis in der Gruppe konnte fortgesetzt werden. Offen blieb zunächst, ob diese Erfahrung auch die allgemeine Fähigkeit in der Gruppe anhob, spürbare Differenzen auszuhalten, ohne dabei die kollegiale Arbeitsatmosphäre zu gefährden.

Fazit

Die Betriebsratsarbeit ist in erster Linie Arbeit in sozialen Zusammenhängen. Ihre Analyse und Weiterentwicklung hat sich dieser Tatsache zu stellen. Wenn diese Aufgabe in stabilen Gruppen bewältigt werden kann, bieten sich mehrere Vorteile: Das Lerngeschehen kann die Vielfältigkeit und Komplexität der betrieblichen Wirklichkeit in der Gruppe plastischer nachbilden, als dies in Einzelarrangements möglich wäre. Auch die Arbeit mit der dazugehörigen inneren Wirklichkeit der Betriebsratsmitglieder, die Dynamik von Eindrücken, Wahrnehmungen, Erlebnissen und widerstreitenden Gefühlsimpulsen kann in einer Gruppe anschaulicher gestaltet und nacherlebt werden. Schließlich bietet das breite Erfahrungsspektrum der Gruppenteilnehmer eine reiche Quelle für die Entwicklung neuer Handlungsmöglichkeiten. Somit können alle Einzelnen in und durch die Gruppe sich helfen, ihren je individuellen Horizont und ihr Handlungsrepertoire zu erweitern. Auf dieser Grundlage lässt ein Raum sich aufschließen für neu belebte Solidarität.

Literatur

Bion, Wilfred R. (1990): Erfahrungen in Gruppen, Frankfurt am Main: Klett-Cotta
Busse, Stefan (2009): Lernen am Fall – Erkenntnisse in der Beratung. In: Zeitschrift Supervision, Heft 1, S. 5-16
Cassens, Manfred (2003): Work-Life-Balance, München
Cohn, Ruth C. (1991): Von der Psychoanalyse zur themenzentrierten Interaktion, Stuttgart, (10. Auflage)
Glißmann, Wilfried (2003): Der Zugriff auf das ganze Individuum. Wie kann ich mein Interesse behaupten? In: Moldaschl, Manfred/Voss, Günter G. (Hrsg.): Subjektivierung von Arbeit, München und Mering, S. 255-273
Kutter, Peter (1992): Das direkte und indirekte Spiegelphänomen. In: Pühl, Harald (Hrsg.): Handbuch der Supervision, Berlin 1992, S. 291-301

Pöter, Bernhard, (2005) Coaching – Eine Möglichkeit, die Arbeit von Betriebsräten nachhaltig zu stärken. In: Arbeitsrecht im Betrieb, Heft 5, S. 291-295

Pöter, Bernhard (2010) Die Schatten der „Helden" – ihr Licht. In: Andreas Drinkuth, Eine soziale Elite – Die Betriebsräte. 20 Porträts, Marburg: Schüren Verlag, S. 132-139

Tietel, Erhard (2006): Konfrontation – Kooperation – Solidarität. Betriebsräte in der sozialen und emotionalen Zwickmühle. Berlin: Edition Sigma

Sach- und Beziehungsebene sicher steuern – Die Entwicklung von Selbstkompetenz in Coaching und Fortbildung mit Betriebsräten

Elge Wörner

1 Ausgangslage und Intention

„Die sachliche und strategische Kompetenz alleine reicht nicht aus, um den Konflikt zwischen den eigenen hohen Ansprüchen, den unendlich großen und sehr unterschiedlichen Erwartungen der Belegschaft und den zeitlich und seelisch begrenzten persönlichen Möglichkeiten auf Dauer zu bewältigen." So beschreibt ein Betriebsrat das Erleben seiner täglichen Praxis. Ähnliches formulieren viele andere Betriebsrätinnen und Betriebsräte.

Diese Aussagen, wie die anderen im Text angeführten, sind entstanden im Coaching und in Fortbildungen mit Betriebsräten. Ziel dieser Qualifikationen ist es, die Entwicklung der Organisation des Betriebsrats, eine lebendige Teamarbeit sowie die Entwicklung der Einzelpersonen zu fördern. Ausgangspunkt hierfür war Mitte der neunziger Jahre die Klarheit darüber, dass sich mit den veränderten Rahmenbedingungen die Anforderungen an Betriebsräte gewandelt haben. Neben der fachlichen und strategischen Kompetenz ist nun ein hohes Maß an Selbstkompetenz notwendig.

In diesem Text wird versucht, den Entwicklungsprozess der Einzelperson zu beschreiben, wie sie ihre Selbststeuerung ‚in die Hand' nehmen kann. Zentral hierfür ist immer wieder die Analyse der Wirkung der äußeren Realitäten auf die innere Welt sowie deren wechselseitige Beeinflussung. Wie zeigen sich die gesellschaftlichen Umwälzungen und der Umbau der Unternehmen in den Betriebsratsgremien? Welche Spuren davon sind in den Arbeitsbeziehungen zu finden, und wie wirken diese Veränderungen auf die Gefühlswelt der Einzelnen?

Besonders die Reflexionsfähigkeit für Prozesse auf den unterschiedlichen Ebenen wird weiterentwickelt oder auch erstmals in den Blick genommen. Als Modell dient der Prozess der Fortbildungsgruppe, der immer wieder reflektiert wird und von den Einzelnen für ihre individuelle Entwicklung genutzt werden kann.[1]

Damit zurück zum Ausgangszitat: Als Betriebsrat fachlich qualifiziert, spricht er auch von strategischen Kompetenzen, er arbeitet in einem Gremium, in dem der Wandel von einer Gegnerschaft hin zu einem ‚Profi-Betriebsrat' eingeleitet und erarbeitet wurde und wird. Das bedeutet für die Arbeitsorganisation im Ganzen und die Arbeitshaltung der Einzelnen grundlegende Veränderungen. Auf beiden Ebenen ist der Einzelne gefordert. Teamarbeit als ein Instrument der Neuorganisation von Betriebsräten, um den gegebenen Anforderungen von außen und den eigenen Wünschen nach (Mit)Gestaltung bei betrieblichen Veränderungsprojekten gerecht zu werden, verlangt von allen ein hohes Maß an Verantwortung für eigene Projekte und Bereiche. Gleichzeitig erfordert dies auch die Bereitschaft, sich in ‚die Karten schauen' zu lassen. Das heißt, die Betriebsratsarbeit wird im Dialog mit allen Gremiumsmitgliedern hergestellt und bewertet. Das ist die Entscheidungsgrundlage dafür, an welchen Stellen ob und wie Einfluss auf Managemententscheidungen genommen werden soll. Teamarbeit bietet allen die Möglichkeit, die komplexen Zusammenhänge zu durchschauen und realistische Einschätzungen von dem zu bekommen, was tatsächlich existiert.

Die „eigenen hohen Ansprüche", die hier angesprochen werden, fokussieren zunächst den Blick auf die Person. Auf ihre Haltungen und Einstellungen zu sich selbst, zur Rolle als Betriebsrat, zu Einstellungen zu Leistung und Erfolg. Das ‚Ich' unterwirft sich einer kritischen Betrachtung und bewertet die eigenen Chancen angesichts des Konflikts zwischen den „eigenen hohen Ansprüchen" und den „unendlich großen Erwartungen der Belegschaft" als dauerhaft ‚seelisch' nicht zu bewältigen. Die eigenen hohen Ansprüche stehen der befriedigenden Aufgabenerfüllung entgegen. Was sind die hohen Ansprüche? Wozu dienen sie? Wofür stehen sie? Was wird dadurch verhindert? Hohe Ansprüche an die eigene Arbeit als Schutzwall aufgebaut, werden nicht helfen können, den seelischen Konflikt zu bewältigen. Der innere Konflikt bewegt sich zwischen der Phantasie, alles erreichen zu können (mehr als die Anderen, besser zu sein als der Arbeitgeber) und den eigenen Ohnmachtsgefühlen (gefühlte Überforderung sowie reale Grenzen). Diesen Zusammenhang und seine Hintergründe als eigenes Konzept verstehen zu können, gibt „Boden unter die Füße" bei der täglichen Arbeit als Betriebsrat.

Die Wahrnehmung der Erwartungen der Belegschaft als „unendlich groß" lassen eine Hilflosigkeit erahnen. Es scheint, als würden die eigenen Aktivitäten und Bemühungen nie ausreichen, da die Bedürfnisse der Belegschaft nicht zu ‚sättigen' sind. Die Gefühle des einzelnen Betriebsrats und seine persönlichen

---

[1] Die reflektierten Erfahrungen werden hier gebündelt und verdichtet. Zitate sind als wörtliche Rede gekennzeichnet.

Muster, mit den Erwartungen Anderer umzugehen, stehen einer realistischen Einschätzung der Situation entgegen. Geklärt werden sollte, wer für was zuständig und verantwortlich ist, wo die persönliche (emotionale) Grenze und wo die Grenze der Betriebsratsrolle ist.

Wenn die Erwartungen der Belegschaft als „unendlich groß" und „nie erfüllbar" wahrgenommen werden, wie wirkt sich dies auf den Kontakt zur Belegschaft aus? Wie kann sich der Einzelne unter diesen Bedingungen auf die Belegschaft einlassen? Wie gelingt es, den Kontakt mit der Belegschaft so zu gestalten, dass die eigenen Aktivitäten und die des Gremiums ankommen und Rückmeldungen erfahren?

Zugegeben, der Kollege hat diesen Zusammenhang drastisch und zugespitzt formuliert. Jedoch steht jedes Gremium heute vor der Aufgabe, sich den vielfältigen und differenzierten Interessen der Arbeitnehmerinnen und Arbeitnehmer zuzuwenden und diese aufzunehmen. Der gesellschaftliche Wandel wirkt in die Betriebe hinein und zeigt sich auch dort in veränderten Erlebnisweisen und Gefühlslagen.

Betriebsräten ist traditionell die Haltung ‚Gemeinsam sind wir stark' vertraut. Diese Haltung ist in verschiedenen Belegschaftsteilen und in neuen Belegschaftsgruppen brüchig geworden. Damit gerät auch ein Gefühl von Sicherheit, das aus der Verbindung mit Anderen entstehen kann, ins Wanken. Bei allen Schwierigkeiten, die das Gemeinsame auch beinhaltet (und die Vergangenheit war nicht immer rosig), war dies aber eine klare Basis für die Arbeit als Arbeitnehmervertreter. Heute setzen betriebliche Beschäftigtengruppen mehr auf die eigenen Kräfte oder auf den Einfluss wichtiger Einzelner als auf Gemeinschaftsaktionen. Mit der Auflösung gesellschaftlich vorgegebener Zugehörigkeiten und Lebenswege wurden individuelle Freiheiten gewonnen, aber auch orientierende ‚Geländer' und sichernde Zugehörigkeiten verloren. Sich selbst zu sortieren, neue Orientierungen zu suchen und die gewonnene Freiheit neu zu füllen, ist eine der Anforderungen. Und damit zurechtzukommen, dass es in der Summe keine Beständigkeit mehr gibt.

Das gilt in doppelter Hinsicht für Betriebsräte: Auf der einen Seite für sich selbst als Person: Auch für die Einzelnen geraten ehemals klare Lebensentwürfe durcheinander. Auf der anderen Seite in der Rolle als Betriebsrat: Die Lust am Gestalten und an der Einflussnahme auf betriebliche Veränderungen bringt Betriebsräte raus aus dem klaren ‚Gegnerbezug' und sie bleiben doch weiterhin im Spannungsfeld zwischen Konflikt und Kooperation. Kooperation ist emotionale Hinwendung. Die Anliegen der Anderen aufnehmen, sich in deren Position zu versetzen und gleichzeitig die eigenen Interessen nicht zu vergessen. Im Gegensatz zu starren Positionierungen sind hier immer wieder Positionen und Klarheiten darüber zu erringen. Und das ist emotional belastend.

Der ‚Betriebsrat von heute' braucht somit vielfältige Kompetenzen, um sich selbst im Geflecht der (neuen) Erwartungen an die Rolle positionieren zu können – im Gremium als auch zur Belegschaft und zum Management hin. Betriebsräte stehen heute im Prozess der Neudefinition ihrer Rolle. Und sie sind mehr denn je als Einzelpersonen gefragt. Dies ist schon ein Ausdruck eines neuen Konzepts, denn das traditionelle politische Konzept setzte (mehr oder weniger ausschließlich) auf das Kollektiv. Sich im Spannungsfeld Individuum – Gemeinschaft selbst-bewusst-zu-sein, sich ernstzunehmen und den emotionalen Kontakt zu den Anderen (in der Gruppe, im Team, zu Einzelnen) halten zu können, ist eine Herausforderung in der persönlichen Entwicklung. Der Kopf wird frei von Verwicklungen und Verstrickungen, indem die ‚Ent-wicklung' der individuellen Geschichte den Zugang zu den eigenen Gefühlen freigibt. Die oben benannten „seelisch begrenzten persönlichen Möglichkeiten" bestimmen die innere Haltung und führen zur Schwächung der Person. Die Stärkung der Selbstkompetenz lässt Machtdynamiken und eigene Abhängigkeiten erkennen sowie die Wirkung der eigenen Person auf Andere erfassen. Dies alles dient nicht dem Selbstzweck, vielmehr führt die Stärkung der Einzelnen letztlich auch zur Stärkung der Gremien, denn Selbstbewusstsein und Glaubwürdigkeit bieten die emotionale Basis für Verbindung und Solidarität. Selbstanerkennung stärkt die Achtung der Personen bei Belegschaft und Management.

2 Entwicklung der Selbstkompetenz: Sach- und Beziehungsebene sicher steuern

Die fachliche Kompetenz ist das Rüstzeug für den Einstieg in die Betriebsratsarbeit. Betriebsräte können sich als Fachexpertinnen und Experten bewähren und profilieren: Sie argumentieren, erklären, diskutieren und hinterfragen Positionen. Sie bewegen sich auf der Erklärungsebene (Sachlogik) kompetent und (meist) sicher. Die sachliche und fachliche Weiterentwicklung ist ein unhinterfragtes ‚Muss' und notwendig. Die kognitive Entwicklung wird dann mit Leichtigkeit und Ruhe voranschreiten, wenn auch die persönliche emotionale Entwicklung Anerkennung findet. Im Allgemeinen erfährt die Sachebene Aufwertung (Lob für sachliche Ausführungen), sie bestimmt auch die Ausrichtung politischen Handelns, die emotionale Seite (Psychologik) erfährt eine Abwertung und wird als ‚Psycho-Gedönse' abgetan. Darin unterscheiden sich Betriebsräte nicht von Führungskräften oder den Mitarbeitern und Mitarbeiterinnen. Das sind allgemein gesellschaftliche Regeln und Normen, die sich hier ausdrücken, in den Individuen und in den Beziehungen untereinander.

Kompetenzebenen

- *Fach- und Strategiekompetenz*
  Kenntnisse verschiedener Erklärungsmodelle für die betriebliche
  und gesellschaftliche Praxis
- *Methodenkompetenz*
  Fähigkeiten des systematischen Erarbeitens und Durcharbeitens
  Methoden der Moderation und Leitung
- *Sozialkompetenz*
  Teamfähigkeit / Beziehungsfähigkeit
  Lebendige Verständigung / Kommunikationsvermögen
  Konfliktfähigkeit / Führungskompetenz
- *Selbstkompetenz*
  Situationsangemessene Selbststeuerung
  Fähigkeit zur Selbstreflexion
  Autonomie und Empathie
  Rollenklarheit und Rollenentwicklung

Emotionalität wird als störend empfunden und als Schwäche ausgelegt. Watzlawick zufolge sind immer beide Ebenen präsent. Mit der Anerkennung beider Dimensionen, und das heißt letztendlich, der emotionalen Ebene, erfahren die Einzelnen eine Dimensionserweiterung, die sie facettenreicher agieren lässt.
 „Wenn ich jedoch sowohl die eigenen Eigenschaften erkenne, mir bewusst werde und mich zu steuern verstehe, damit ich mich persönlich, privat und beruflich entwickle. Davon verspreche ich mir in unterschiedlichsten Lebenslagen erfolgreicher zu sein, da ich meine Mitmenschen und mich besser verstehe und entsprechend reagieren und handeln kann". Das ist der Wunsch eines Teilnehmers auf die im Workshop gestellte Frage: Wo sind die besonderen Herausforderungen in meiner Entwicklung und was erhoffe ich mir davon?
 Betriebsräte für reflexive Fragestellungen und Arbeit an der eigenen Person zu gewinnen, ist ein eigener Prozess. Gerade im politischen Feld wird an der Sachebene manchmal sehr angestrengt und verzweifelt festgehalten und die persönliche Ebene hintangestellt. In Gremien mit einem hohen Anspruch an Selbstverantwortung der einzelnen Mitglieder gilt im Allgemeinen, dass die Entwicklung der Einzelnen auf der Ebene der Person (Selbstkompetenz) aufgenommen wird. Die Betriebsratsarbeit wird auf den verschiedenen Kompetenzebenen professionalisiert. Für andere Gremien gilt nicht selten, dass in Situationen, in denen diffuse Gefühle von Unsicherheit darüber entstehen, warum die Sache (das Projekt usw.) nicht vorwärtsgeht, der Vorsitzende ‚alles richten' soll. Gremien, die sich öffnen wollen für Teamarbeit, bleiben manchmal in einem

‚Zwischenstadium' verhaftet. In bester Absicht werden in Klausuren die Planungen und Vorhaben visualisiert und vereinbart. Ein an sich bewährtes Verfahren, wenn auch tatsächlich an der Realisierung der Projekte gearbeitet wird, was in der Praxis nicht immer gelingt. Die Sachebene ist klar, das Wollen der Einzelnen ebenso, aber die reale Verantwortungsübernahme scheint sich nicht zu entfalten. Dies schwächt das Team. Wenn es gelingt, hier die eigentlichen ‚Schwachpunkte' zu besprechen, kommen das Team und die Einzelnen voran. Dazu braucht es eine offene Kommunikation und ein Mindestmaß an Vertrauen, welches bekanntlich auch erarbeitet werden muss. Die Erfahrung zeigt, dass es keine ‚reine Lehre' gibt: Hier die entwickelten Gremien mit den eigenständigen und verantwortungsvollen Mitgliedern, da die Gremien, in denen der Vorsitzende alles steuert. Die Gemengelage ist häufig ein ‚sowohl als auch'. Denn Betriebsratsstrukturen sind ebenfalls hierarchische Strukturen, die Anpassung hervorrufen.

Das Reflektieren über sich und die Veröffentlichung der eigenen Gedanken und Gefühle über die Sache und die Kooperation untereinander wird auch beschrieben als ‚sich preisgeben' oder ‚die Hosen runterlassen'. Die Angst vor Gefühlsausbrüchen und der Versuch, die Gefühle ‚in den Griff zu bekommen', weil sie ‚beherrscht' werden wollen, bindet große Energie, die der sachlichen Arbeit nicht zur Verfügung steht. Ein Betriebsrat ist keine Selbsterfahrungsgruppe, hier geht es um Sacharbeit, aber auch um Solidarität und Verbundenheit, und das ist Emotionalität. Die Gefühle der Einzelnen sind ein großes Reservoir der Stärke. Ambivalenzen als Chance für gemeinsame Positionen zu nutzen, das gelingt, wenn die damit einhergehenden Gefühle ausgehalten und veröffentlicht werden können. Schwierig wird es, wenn Gefühle unterschwellig ihr Eigenleben entfalten und destruktiv wirken. Authentizität wird emotional erlebt. Sie ist nicht sichtbar, sondern spürbar. Von daher ist in der politischen Arbeit Kommunikation über Gefühle notwendige Voraussetzung für inhaltliche und menschliche Entwicklung.

Anerkannt ist, sich sprachliche Eloquenz anzutrainieren, um gegenüber dem Arbeitgeber zu bestehen und zur Belegschaft hin zu brillieren. Eine Ausbildung hinsichtlich der öffentlichen Rede ist für Betriebsräte durchaus notwendig und kann dem eigenen Stressabbau dienen. Wer in einer Betriebsversammlung spricht und ganz einfach sachliche Informationen ‚rüberbringen' will, braucht die emotionale Verbindung zu den Anwesenden, damit diese die Informationen aufnehmen können. Der Redner, die Rednerin hält den emotionalen Raum in diesem Augenblick zusammen. Für alle wird hier Persönlichkeit spürbar. Besonders in schwierigen Zeiten sind Betriebsräte hier gefordert, sich für Auseinandersetzung zur Verfügung zu stellen und gleichzeitig emotional die Gruppe, das Team, die Belegschaft zusammenzuhalten. Für die öffentliche Rede, für die Leitung von Gruppen und Gremien, für die Beratung von einzelnen Belegschaftsmitgliedern, für Verhandlungen mit dem Arbeitgeber usw. – für all diese Situationen ist wichtig, wie der unsichtbare emotionale Raum gestaltet wird. Wie bewegen sich die Einzelnen? Für was stehen sie zur Verfügung? Sind sie sicher, unsicher, ängstlich, vorsichtig?

Es geht nicht hier darum, beide Ebenen gegeneinanderzustellen, sondern sich auch den emotionalen Raum erschließen zu können, um in der Sache vorwärtszukommen. Die Entwicklung der Selbstkompetenz ist ein Prozess, für den ich weiter unten ein ‚Phasenmodell' beschreiben werde.

3 Die Person als Mittelpunkt der Gruppe

Der Prozess der Selbstreflexion und Selbstaufklärung ist nicht isoliert zu betrachten, sondern im Kontext gesellschaftlicher Verhältnisse. „Der Mensch als ein auf Gemeinschaft angelegtes und Gemeinschaft bildendes Wesen", ist „im wörtlichsten Sinne ein Zoon politikon, nicht nur ein geselliges Tier, sondern ein Tier, das nur in der Gesellschaft sich vereinzeln kann" (Karl Marx).

Diese Grundsituation ist die Basis für die Entwicklung der Selbstkompetenz. Einerseits besteht die Abhängigkeit des Individuums von Anderen, andererseits wird durch die Einzelnen erst Gemeinschaft gebildet. Wir sprechen hier von dem, was Menschen miteinander emotional verbindet und was sie trennt. Ich spreche hier nicht vom Staatswesen und Aufbau von Organisationen, sondern davon, welche emotionalen Strömungen die Subjekte innerhalb dieser Strukturen entwickeln. Wie bildet sich Gesellschaft und Betrieb in der Erlebniswelt der Einzelnen ab? Was bedeutet dies für den Umgang mit sich selbst? Was bedeutet dies für den Umgang mit Anderen? Wie reagieren sie darauf und wie verhalten sie sich?

„Aufklärung" heißt hier, sich als geschichtliches Wesen betrachten zu können, Einblick zu nehmen in eigene Prägungen und diese entwickeln zu können. Ein höchst politischer Akt, da aufgeklärte Individuen zu einer realistischen Einschätzung von sich und ihrer Situation kommen können. Sie lassen sich nicht (nur) von ihren Emotionen treiben, die berühmten ‚Knöpfe', auf die Andere drücken können, sondern können sich reflektieren.

„Jeden für sich ernst nehmen, das ist meine Stärke", so wird es in einem Seminar formuliert. Sich selbst in den Blick zu nehmen, erscheint zunächst fremd und ist doch die Voraussetzung dafür, Andere ernst zu nehmen. „Ich sehe das Ganze und denke in größeren Zusammenhängen". Ohne jeden Zweifel ist hier strategisches Denken notwendig. Doch, wenn die Einzelnen im großen Ganzen nicht sichtbar werden, wirkt das große Ganze gleichfalls undeutlich. In ihren Besonderheiten erkennbare Einzelpersonen ergeben ein deutliches und starkes

Ganzes. Ein Betriebsratsgremium, in dem die Einzelinteressen nicht aufgenommen werden, in dem sich nicht bemüht wird um Integration und Entwicklung,
wird als Ganzes eher blass wirken.

Sich selbst in den Blick zu nehmen auf verschiedenen Ebenen und die Gefühle, die damit verbunden sind, zu betrachten, wird häufig als Egozentrik miss-
verstanden. Besonders die verdrängten Interessen und Wünsche erscheinen als
Profilierungs- und/oder Opferhaltung auf der Bühne der inhaltlichen Auseinandersetzungen. Diese Verdrängung bindet Energie. Das bloße Wissen um seeli-
sche Prozesse verändert die Person noch nicht. Um „frei zu sein im eigenen
Haus" (frei nach Sigmund Freud), braucht es offene assoziative Formen, die das
Aussprechen auch unangenehmer Gedanken und widersprüchlicher Gefühle
ermöglichen. Wer sich aber auf den Weg macht, sich den eigenen Verstrickungen und Widersprüchen zu stellen, wird nicht mehr dahinter zurückgehen können. Persönliche Sicherheit, gespeist durch Selbstaufklärung und Anteilnahme
(ich sehe mich und werde gesehen) ermöglichen (stärkere/authentische) Verbindungen und Empathie zu Anderen. Das grundsätzliche Spannungsverhältnis
zwischen ICH und WIR wird nicht aufgehoben werden und stellt immer wieder
neue Herausforderungen.

Betriebsratsmitglieder beklagen, dass sie ja gerne mehr machen wollten, die
Vorsitzenden bzw. Freigestellten sie aber nicht ließen. Gleichzeitig klagen jene
über ihre hohe Belastung und darüber, dass sie alles alleine machen müssten.
Dies ließe sich ganz logisch als Widerspruch erkennen, was sich jedoch im Se-
minarverlauf nicht so einfach darstellte. Zunächst gelang es auszuprobieren, wie
ein Gespräch so zu gestalten wäre, dass die unterschiedlichen Interessen und
Bedürfnisse sichtbar werden. Das führte zu Selbsterkenntnissen und zu Erkenntnissen in Bezug auf die anderen beteiligten Personen. Im weiteren Gruppenver-
lauf wird jedoch klar, dass sich an den Kernfragen der Einzelnen und dem gemeinsamen unbewussten Rollenspiel nichts verändert hat. Die Strukturen im
Gremium evozieren familiäre Gefühle, die Einzelnen stellen sich innerlich auf
gewohnte Positionen und wiederholen vertraute Muster aus ihren Herkunftsfami-
lien. Die Erfahrung zeigt, dass mit reflexivem Coaching Bewegung in die Situation kommt: Dysfunktionale Verhaltensweisen werden bearbeitet, festgefahrene
Beziehungen können entkrampft und eingefahrene Rollenspiele verändert werden. Der Kopf wird frei und die Energie ist wieder für die Sacharbeit da.

4   Im Reifungsprozess einer Gruppe sich selbst entwickeln

Die Entwicklung der Selbstkompetenz ist zunächst an das Selbst gebunden, aber
wie oben bereits ausgeführt, „ist der Mensch nicht nur ein geselliges Tier, son-

dern ein Tier, das nur in der Gesellschaft sich vereinzeln kann." Entwicklung von Selbstkompetenz ist von daher ohne die Anderen nicht möglich. Um eine Persönlichkeit zu werden und sich als solche weiterzuentwickeln, braucht das Selbst ein soziales Umfeld. Für unsere Arbeit in Coaching und Fortbildung heißt das: Einzelne veröffentlichen in der Gruppe ihre Selbstbefunde über das Eigene. Die Anderen beschreiben, was sie fühlen, assoziieren und denken. Sie unterstützen die einzelne Person in dem Prozess der Selbstklärung. Sie stellen der Person das zur Verfügung, was diese bei sich selbst nicht wahrnehmen kann und erweitern damit auch das Wissen um sich selbst. Das ist gegenseitige Unterstützung oder auch gelebte Solidarität.

Der integrierende Arbeitsansatz setzt auf eine Gruppenentwicklung, in der die individuellen Geschichten zu einer ‚Gruppenperson' zusammengefügt werden, an der dann das Erlebte bearbeitet wird. Wie die Einzelnen sich vor dem Hintergrund ihrer persönlichen Geschichte in die Gruppe integrieren, wie sie sich im Gruppenunbewussten wiederfinden und im Schutz der Gruppe ihre Themen durcharbeiten können, ist für das Gelingen des gemeinsamen Entwicklungsprozesses von hoher Bedeutung. Und da soziale Prozesse die Eigenart haben, nicht stabil zu sein und nicht nach einfachen mechanischen Regeln zu funktionieren, sondern dynamisch und interaktiv, erleben alle einen exemplarischen ‚Gärungsprozess'.

5   Ein Phasenmodell

1. Die Sicherheit auf der Sachebene ist vertraut.
2. ‚Sich bewegen auf der Beziehungsebene' wird entwickelt: Erkennen, worum geht es eigentlich, wenn die Sache nicht vorwärtsgeht
3. Auch Situationen ‚gären' lassen können
4. Die ‚richtigen' Formulierungen im sachlich orientierten Umfeld finden
5. Steuerung der emotionalen Ebene

Die Idee für dieses Modell der Entwicklung von Selbstkompetenzen ist in der Arbeit mit Betriebsräten entstanden, in verschiedenen Settings von Coaching und Fortbildungen. Vorab sei gesagt, dass für die Teilnehmerinnen und Teilnehmer die Entdeckung, dass Rationalität und Emotionalität eine Einheit sind und die Entwicklung von Selbstkompetenz ein permanenter Prozess ist, als ein großer Gewinn erfahren wird.

5.1 Die Sicherheit auf der Sachebene ist vertraut.

Wir sprechen hier von Fortbildungen, in denen die Entwicklung der Selbstkompetenz im Vordergrund steht und Selbstreflexion hierfür das Instrument ist. Sich selbst in den Blick zu nehmen ist nicht nur hinsichtlich der fachlichen Kompetenz, sondern auch als Person in der Rolle, zunächst befremdlich. Die Beschäftigung mit Fragen zur eigenen Identität und die Möglichkeit, dies zur Sprache zu bringen und zu veröffentlichen, zeigt auch ein großes Bedürfnis nach der Einheit von Rationalität und Emotionalität – sprich das Bedürfnis nach Lebendigkeit. Gerne wird dies in der Gruppe vorgestellt.

Wer bin ich? Wie beschreibe ich mich?

Stärken werden häufig so beschrieben: „Ich bin fachlich kompetent und kann gut verhandeln", „Ich bin verbindlich, zuverlässig und eine gute Zuhörerin", „Ich habe einen ausgeprägten Gerechtigkeitssinn und beziehe Menschen gerne frühzeitig in Entscheidungsprozesse ein". Hier wird auch schon klar, dass die fachliche Kompetenz eine Seite ist, die ohne Emotionalität nicht zu denken ist. Ein Ausschnitt aus der persönlichen Bilanz von Schwächen: „Ich fühle mich häufig unsicher", „Unangenehme Dinge verdränge ich", „Ich bin leicht gestresst", „Ich habe Angst, zu versagen", „Ich bin misstrauisch", „Ich schätze die Bedürfnisse von Menschen manchmal falsch ein".

Wie oben bereits beschrieben, ist das Zeigen von Emotionalität im politischen Raum eher machtpolitischen Zielen untergeordnet. Das gilt in jeder Hinsicht. Über die eigenen gefühlten Schwächen zu reflektieren, erscheint geradezu als gefährlich. Vertrauen in der Gruppe und zur Leitung sowie das starke Bedürfnis nach Lebendigkeit stärken Sicherheit im Umgang mit Gefühlen. Wenn das Fremde in den Anderen nicht als Bedrohung erlebt wird, sondern Neugier und Interesse im Vordergrund stehen, liegen in der Unterschiedlichkeit Anregungen für die eigene Entwicklung. Die beschriebenen Gefühlslagen werden eingebettet in gesellschaftliche Zusammenhänge: Einwirkung der Außenwelt auf die Innenwelt.

„Ich kann gut verhandeln und bin mir manchmal auch unsicher." Beides gilt. Das ‚Entweder-Oder-Prinzip' (Entweder bist Du stark oder schwach.) wird hinterfragt, Festlegungen von Einzelnen auf Ausschnitte ihrer Persönlichkeit betrachtet und in Bezug zur eigenen Vorurteilsbildung gestellt. Die Vielfalt und Vielschichtigkeit von Personen wird deutlich.

Auch hier erleben wir, wie die persönlich als unangenehm empfundenen Verhaltensweisen weggewischt werden und auf sachliche Argumentationsfelder umgestiegen wird. Als Abwehr eigener Unsicherheitsgefühle sind Entwertungen von Anderen bewährt, sie stützen die eigene Person: Andere werden auf der sachlichen Ebene angegriffen und entwertet, das eigene Unsicherheitsgefühl dem Gegenüber (Einzelne, Team) auf der sachlichen Ebene zugeschoben. Deutlich wird, dass durch diese Verschiebung ein hohes Maß an innerer Energie gebunden wird. Auf Dauer gesehen ist es ein richtiger Kraftakt, die eigenen Unsicherheiten (Irritationen, vermeintliche Schwächen, Abneigungen) zuzudecken oder zu verdrängen und Anderen zuzuschieben. Der Rettungsanker Sachebene wird wirkungslos beziehungsweise erschwert die Kooperation und wirkt sich auf dieser Ebene fatal aus. Geantwortet wird auf unbewusste Entwertungstendenzen beispielsweise mit Verweigerung oder Angriff.

An dieser Stelle des Prozesses liegt der Fokus auf der Inblicknahme der eigenen Person, auf der Wahrnehmung der Gefühlsebene und dem eigenen Umgang damit. Verweilen bei den unangenehmen Gefühlen von Unsicherheit, Machtlosigkeit und Überforderung heißt, diese auch anzuerkennen und dann Ideen entwickeln zu können, wie die Situation zu verändern wäre und damit auch die Gefühle.

5.2 Das ‚Bewegen auf der Beziehungsebene' wird entwickelt: Erkennen, worum geht es eigentlich, wenn die Sache nicht vorwärtsgeht

„Manchmal bin ich in Sitzungen und Besprechungen gedanklich abwesend. Gehe quasi im Kopf spazieren. Neu ist für mich, dass ich das spüre und mir übersetzen kann. Denn im Allgemeinen bin nicht nur ich nicht bei der Sache, sondern Andere auch. Ich merke, dass etwas mit der Sache schief läuft, weiß aber noch nicht genau, worum es überhaupt geht." Hier ist Selbstaufklärung gelungen. Vorangegangen ist die Klärung von biografischen Prägungen und Mustern. Was hat dazu geführt, sich aus Situationen und aus welchen, herauszunehmen? „Im Kopf spazieren gehen". Was ist das Unangenehme in der Situation und welches persönliche Muster wird hier angesprochen?

In dem Bearbeitungsprozess biografischer Prägungen wird der Boden geklärt für aktuelles Verhalten. Individuelle Verstrickungen werden gesehen und in den originären Zusammenhang, aus dem sie herauskommen, gestellt. Wenn dies gelingt, kann in der aktuellen Situation den ‚alten' Gefühlen der Einfluss entzogen werden, der Blick auf die Jetzt-Situation ist frei. Im genannten Beispiel hieße das, sich wieder in die Situation herein holen und agieren können.

5.2.1   Delegieren

„Ich möchte mehr delegieren, wenn ich etwas Neues übernehme, Anderes abgeben", „Nein sagen können" – häufig formulierte Wünsche von Betriebsrätinnen
und Betriebsräten. Als ein Merkmal von Betriebsratsarbeit wird die Rundum-
Verfügbarkeit beschrieben. Der Belegschaft zur Verfügung stehen, und zwar am
besten immer. Wie das eingangs erwähnte Zitat verdeutlicht, scheint ein ‚STOP',
ein ‚NEIN', zunächst nicht denkbar. Einerseits schmeichelt das Gefühl „Ich
werde gebraucht" und andererseits belastet das Gefühl „Über mich wird ver-
fügt". Aufgespalten in Lust und Last. Lust auch an der Macht, Last, dies alles zu
tragen und die eigenen Grenzen gesetzt zu bekommen. Wie gelingt es nun, sich
in diesem Geflecht zu den eigenen Macht- und Abgrenzungswünschen zu stellen? Muss ein Teil der Machtwünsche aufgeben werden, wenn ich mich abgren-
ze? Es wäre ja einfach, ‚NEIN' zu sagen, wenn rational argumentiert wird. Wenn
aber diese Fragen den Untergrund der Situation und der Einzelnen bestimmen,
dies aber nicht aufgenommen wurde, wird das anstehende Thema sachlich nicht
wirklich geklärt werden. Selbstaufklärung stärkt die Selbststeuerung und unterstützt die Selbstsicherheit. Wie fühlt sich die Person bei der Vorstellung, ‚NEIN'
zu sagen? Wo liegen die inneren Verpflichtungen und die Gebundenheit? Sich
auf neues Terrain zu wagen und an den eigenen ‚Ecken' und ‚Kanten' zu arbeiten, macht auch das persönliche Profil deutlich. Die Person wird als Subjekt
wahrnehmbar. Sie setzt sich ein für die Belange Anderer, lässt sich jedoch nicht
instrumentalisieren und tut dies auch nicht. Denn dies ist die andere Seite der
Medaille.
        Die Umsetzung der Wünsche nach „mehr Sicherheit im Umgang mit den
eigenen Fähigkeiten und Unzulänglichkeiten" und „mehr Leichtigkeit und innerer Ruhe" brauchen Courage zur Unterschiedlichkeit zu den anderen Mitgliedern,
Mut dazu, das eigene Profil zu zeigen. Denn die Wünsche danach, „dass ich
akzeptiert werde mit meinen Vorstellungen und eine wichtige Rolle im Gremium
einnehme", weisen auch hin zur Gruppe und lassen eine Vorstellung davon erahnen, dass Differenz auch Unsicherheit und Abwehr anregen kann. Selbstsicherheit kann eine Garantie dafür sein, die eigenen Bedürfnisse nicht zu vergessen
und die Verbindung zur Gruppe zu halten.

5.2.2   Führen

Hier wird versucht, eine Phase der Entwicklung zu beschreiben, in der die Einzelnen für sich und gemeinsam in der Gruppe erkennen sollten/müssten, woran
es liegt, wenn die Sache nicht vorwärtsgeht. Was ist die eigentliche Frage? Die

Ausführungen zeigen, dass die eigentlichen Themen nicht bearbeitet werden, da die Einzelnen mit anderen Themen beschäftigt sind oder/und die Situation ‚alte' Verhaltensweisen der Beteiligten aktualisiert.

Ein klassisches Thema für die Aktualisierung von alten Verhaltensweisen ist das Thema Führung. Die aktuelle Führungssituation (und im Betriebsrat gibt es nun auch eine Sondersituation von Führung, auf die ich hier nicht eingehen will)[2] und eigene Führungskonzepte treffen aufeinander. Besonders in Krisenzeiten scheinen die Wünsche nach ‚starken Führungsfiguren' groß – auch in Betriebsratsgremien. Wenn es gelingt, zu erkennen, welche der Wünsche an Führung gebunden sind an Erfahrungen mit ehemaligen Führungspersonen und welche sich an die aktuelle Führungsperson wenden, ist ein Schritt in Richtung auf eine sachliche Klärung getan. „Ich will geführt werden" und „fühle mich gleichzeitig klein dabei" – diesen Gefühlen nachzuspüren, ergibt sich im Prozess der Fortbildung meist wie von selbst. Es geht hier darum, dort zu verweilen und dann zu versuchen, die Gefühle danach zu sortieren, welche an Beziehungen zu früheren Führungspersonen erinnern. So wird die Selbstpositionierung zur aktuellen Führung angeregt und eigene Strategien in hierarchischen Zusammenhängen sichtbar und wenn hinderlich, bearbeitbar. Beispielsweise: Können die eigenen Gedanken gedacht und formuliert werden, auch wenn in Krisensituationen eine ‚starke Figur' alles tragen soll oder muss?

5.3   Auch Situationen gären lassen können

Trägheit ist ein weitverbreitetes Phänomen bei Personen in Organisationen. Ohne Handlungsdruck von außen kommt wenig in Bewegung. So auch bei Betriebsräten. „Ich halte oft an meinen Positionen fest, fühle mich träge und will mich nicht bewegen". Feste Positionen waren und sind Betriebsräten vertraut, das gab und gibt Sicherheit und Orientierung. So ist auch die Beschreibung gut zu verstehen, dass permanente Veränderungen auch von Gefühlen der Trägheit und Unlust auf weitere Bewegung begleitet werden. Ist der Zustand erst mal akzeptiert, wird die Trägheit als ‚Warnsystem' genutzt. Dann kann sie auch überwunden werden und zu neuen Erkenntnissen führen. Die Beschäftigung mit den Fragen: „Was ist los? Mit mir – mit der Sache – mit dem Gremium?" können Einblicke in bisher verborgene Bereiche geben, die für den Prozess der Veränderung hilfreich sein können. Wenn Veränderung per se ein hoher Wert ist, werden die oben zitierten Haltungen als negativ definiert. Jedoch ist das Subjekt auch

---

[2] Siehe hierzu Erhard Tietel (2007): Betriebsratsvorsitzende als paradoxe Führungskräfte. In: Rolf Haubl und Bettina Daser (Hrsg.): Macht und Psyche in Organisationen. Göttingen und Zürich: Vandenhoeck & Ruprecht, S. 279-319

hier gespalten in den Wünschen nach Dauer und dem Bedürfnis nach Bewegung. Daher werden diese Gefühle häufig nicht formuliert (wenn überhaupt auf der Ebene gesprochen wird) und zeigen sich dann im Prozess der Veränderung auf anderen Ebenen.

„Ich stelle in den letzten Jahren mehr mein Denken und Handeln infrage und halte es nicht für DAS EINZIG Richtige". Gemeinsam Positionen zu tragen und sich im nächsten Moment abzugrenzen und auf die eigene Position zurückziehen zu können, braucht Gelassenheit und Selbstsicherheit, keinen inneren Druck. Dann entsteht die Sicherheit, dass das WIR wieder gelebt werden kann. Dies gelingt in vertrauensvollen und lebendigen Arbeitsbeziehungen. Kooperation gelingt, wenn die Einzelnen sich emotional aneinander zuwenden können, aber ihre Identität bewahren sie durch Abgrenzung, und sie – die Identität der Einzelnen – ist der Kern der Gruppe. Der Umgang mit dieser Situation will gelernt sein.

Sich einlassen zu können auf einen Prozess mit offenem Ausgang, sich und Andere dabei beobachten und sich gleichzeitig aber auch einbringen in die Gestaltung der Prozesse, ist ein Schwerpunkt in der Entwicklung von Selbstkompetenz. Wie erlebe ich mich in der Phase des ‚Gärens'? Welche Muster stehen mir zur Verfügung? Das gewohnte Verhalten scheint in einem Übergang: Veränderte Reaktionen auf neue Anforderungen und Wünsche brauchen Zeit. Um sich den Verunsicherungen nicht zu stellen, werden hier unangenehme Gefühle abgespalten von der eigenen Person und auf die Anderen projiziert.

Die Betrachtung von Situationen aus verschiedenen Perspektiven und unterschiedlichen Rollen heraus erweitern das Bild und klären den eigenen Standpunkt. Es braucht Einfühlungsvermögen, um sich auf die Gedanken, Positionen, Gefühlslagen der Anderen einlassen, den anderen Blick durch sich durchlaufen lassen zu können. Perspektivenwechsel heißt auch, sich systematisch verunsichern lassen können, denn die Anderen sind ja auf jeden Fall anders und im Zweifelsfalle (moralisch) schlechter. Hierzu braucht es ein stabiles Selbst, das überhaupt den Prozess des ‚Durch-Mich-Durchlaufenlassens' ertragen kann, denn die eigene Position ist in diesem Moment im Hintergrund. Selbstsichere Personen haben inneren Raum für die Anderen, kommen dann wieder auf ihr Feld zurück und verbinden die eigenen Positionen mit denen der Anderen oder grenzen sich ab. Eine Betriebsrätin beschrieb diesen Vorgang mit den Worten „auch mal Situationen ‚brenzlig' werden lassen können" oder eben ‚in der Schwebe halten' können. Bei Auseinandersetzungen und Positionsklärungen mit dem Arbeitgeber ist diese Fähigkeit von besonderer Bedeutung.

5.4 Die ‚richtigen' Formulierungen in einer sachlich orientierten Kultur finden

„Ich habe jetzt eine bessere Kontrolle, was ich sage und wie ich es formuliere. Mir gelingt es jetzt besser auch in dem sachlich orientierten Umfeld, die richtigen Worte für meine Gefühlslagen zu finden und Gefühle der Anderen aufzunehmen und angemessen anzusprechen." So wird häufig der Entwicklungsprozess und die darin gewonnene Sicherheit beschrieben. In dem Prozess der Selbstklärung wird deutlich, dass die eigene Haltung zur Sache und zu den beteiligten Personen in den Verhaltensweisen und Formulierungen sichtbar wird. Im Mittelpunkt steht die innere Haltung der Personen. Und die ist zu betrachten und zu entwickeln durch Einfühlung (Perspektivenwechsel) in Andere, und im Feedback ist zu erfahren, wie die eigene Wirkung auf Andere ist. Zwei Prozesse, die aus unterschiedlichen Richtungen kommen und doch zusammengehören und sich doch gegenseitig bedingen. „Ich kann mich mehr auf die Anderen einlassen und habe ein größeres Verständnis für sie. Gleichzeitig bekomme ich auch mehr zurück und kann meine Wirkung besser einschätzen". Das kann eine gute Position dafür sein, mit neuen Kooperationsformen zu experimentieren. Beispielsweise den Dialog über emotionale Themen anzuregen: „Wie reden wir hier miteinander?" „Was finde ich anregend, was störend?" „Wie erlebe ich die Kooperation?" Das ist selbstverständlich kein Rezept für alle Situationen. Aber in einem Gremium ein erster Schritt zu mehr Sachlichkeit.

5.5 Steuerung der emotionalen Ebene

„Es gelingt mir immer häufiger, einen Teil meiner Aufmerksamkeit bei mir zu behalten und mich gleichzeitig auf die Anderen zu konzentrieren. Ich bin auch nicht mehr so verbissen an den Dingen dran." Diese Formulierungen stehen am Ende des beschriebenen Entwicklungsprozesses. Individuelle Verstrickungen sind in den Blick genommen und bewusst geworden. Manches konnte geklärt werden („Ich kann mich besser einschätzen.") und so ist es möglich, mit sich im Kontakt zu bleiben, die Aufmerksamkeit der anderen Person geben zu können und die Sache nicht aus dem Auge zu verlieren – also die Energie für das aktuelle Geschehen zu nutzen.

Wer Wasser mag, wird wohl gerne schwimmen lernen. Wer jedoch keine Affinität dazu hat, kann Ähnliches empfinden, wie in dem Prozess der Entwicklung von Selbstkompetenz und der Sicherheit auf der emotionalen Ebene. Vertraut ist die Sachebene, der Beckenrand, der Weg zum Rettungsschwimmen ist offen für

alle. Oder? Im Folgenden übertrage ich das beschriebene Phasenmodell symbo-
lisch auf einen Schwimmkurs:

Sach- und Beziehungsebene sicher steuern ist wie ...	*... einen Schwimmkurs machen.*
Wenn es mir brenzlig wird, gehe ich auf die Sachebene, da kenne ich mich gut aus.	Die Sachebene ist mein Beckenrand, der gibt mir Halt und Sicherheit.
Wenn ich spüre und denken kann: Was ist hier die eigentliche Frage? ...	... dann habe ich schon das Seepferdchen (Schwimmabzeichen).
Wenn ich die Situation brenzlig werden lassen kann, ...	... dann schwimme ich sicher von A nach B.
Im sachlichen Umfeld finde ich die richtige Dosis für emotionale Themen und behalte einen Teil der Aufmerksamkeit bei mir.	Das ist wie Ausflüge ins Meer, und am Meer gefällt mir die Weite.
Ich stelle die Weichen.	Nicht: Ich werde eine Wasserratte.
Bewusst von der Sachebene auf die emotionale Ebene in der passenden Dosierung.	Will ich tauchen???
	Rettungsschwimmen werde ich auf keinen Fall.

Abbildung 1:   Einen Schwimmkurs machen

Ausblick

Die Arbeit in Betriebsratsgremien ist eine Herausforderung im positiven Sinne. Welche Position im Unternehmen hat eine solche Vielfalt an Entwicklungsmöglichkeiten hinsichtlich der Sache und vor allem für die Person?

Sich einlassen können auf offene Prozesse, immer wieder die eigene Rolle klären und weiter zu entwickeln, Anderen Sicherheit geben, ohne diese selbst zu haben, sich eigenen Widersprüchen stellen, zwischen Konflikt und Kooperation wandern können, das sind einige Facetten der Betriebsratsrolle. Hinter all diesem steht die Chance für spannende Entwicklungsprozesse der Einzelnen. Sie zu ergreifen, dafür plädiere ich vehement. Was gesagt werden muss: Der hier vorgestellte Ansatz braucht Lust an der eigenen Entwicklung. Lust daran, die eigenen inneren Realitäten zu analysieren, zu verstehen und Handlungsoptionen zu entwickeln. Lust daran, sich als Individuum mit all seinen gesellschaftlichen Prägungen zu begreifen mit der Perspektive, die eigene Autonomie zu stärken (Die Weite des Meeres im ‚Schwimmkurs'). Was es noch braucht, ist Zeit. In Entwicklungsprozessen werden auch immer mal Schleifen gedreht (Will ich tauchen?). Gewohnheiten lassen sich nicht einfach ablegen wie alte Kleider, wobei das ja auch schwer ist. Manchmal müssen wir uns auch ‚einfach' nur mit den eigenen Mustern aussöhnen. In unseren Fortbildungen und im reflexiven Coaching begleite ich Menschen in ihren persönlichen Entwicklungen. Nicht auf Lebenszeit, aber für einen Lebensabschnitt.

Autorenverzeichnis

Ute Buggeln, Soziologin, ehem. Geschäftsführerin der Forschungsstelle Zeitpolitik an der Universität Hamburg, derzeit in Promotion, Forschungsschwerpunkte: Gewerkschaftsforschung, Organisationsentwicklung und Aktionsforschung, Mediatorin mit den Arbeitsschwerpunkten: Teamentwicklung, Betriebliches Konfliktmanagement, Beteiligungsorientierte Organisationsentwicklung
e-mail: u.buggeln@gmx.de

Jörg Fellermann, M. A., seit 1997 Geschäftsführer der Deutschen Gesellschaft für Supervision e. V. (DGSv), Köln
e-mail: joergfellermann@dgsv.de

Simone Hocke, Diplom-Pädagogin (Schwerpunkt Erwachsenenbildung), Diplom Sozialpädagogin/-arbeiterin (FH), Promotionsprojekt: Konflikte in Betriebsratsgremien als Lernanlass, Lehrbeauftragte an den Universitäten Hamburg und Hannover, Freie Trainerin und (Konflikt-)Moderatorin, Arbeitsschwerpunkt: Soziale Kompetenz
e-mail: hockesimone@hotmail.com

Carla van Kaldenkerken, Diplom Sozialpädagogin, Geschäftsführerin von step, Organisationsberatung, Training, Supervision, Supervisorin und Lehrsupervisorin (DGSv), Mediatorin und Ausbilderin von Mediation (BM e. V.), Arbeitsschwerpunkte Mediation, Kontrollsupervision für Berater/innen
e-mail: vankaldenkerken@stepberlin.de

Roland Kunkel-van Kaldenkerken, Dipl.-Volkswirt, Geschäftsführer von step, Organisationsberatung, Training, Supervision, Supervisor DGSv, Mediator und Ausbilder von Mediation (BM e. V.), Arbeitsschwerpunkte: Betriebliches Konfliktmanagement und Strategieberatung
e-mail: kunkel@stepberlin.de

Susanne Legler, Dipl.-Psychologin, Partnerin im step Netzwerk, Mediatorin und Ausbilderin für Mediation (BM), Supervisorin (DGSv), Systemischer Coach (SG), Organisationsberaterin, Arbeitsschwerpunkte: Mediation, Supervision, Coaching und Teamberatung in Teams und Organisationen, Ausbildung in Mediation und Konfliktmanagement, Organisationsberatung mit dem Fokus auf Prozessberatung und Beteiligung
e-mail: legler@stepberlin.de

Traute Müller, Geschäftsführende Gesellschafterin der relations Gesellschaft für Unternehmensentwicklung mbH in Hamburg, Diplom-Pädagogin und Psychodrama-

Leiterin, Senatorin der Freien und Hansestadt Hamburg a. D., Vorsitzende des Psychodrama-Institut für Europa, Landesverband Deutschland, Arbeitsschwerpunkte: Führungskräfteentwicklung für Führungskräfte und Betriebsräte, Change Management und Coaching
e-mail: mueller@relations-vvv.de

Wolfram Müller, Diplom-Soziologe, verantwortlich für die Aus- und Weiterbildung von Gewerkschaftssekretären/innen und Führungskräften der schweizerischen Gewerkschaften des SGB im Bildungsinstitut Movendo, Bern, freiberuflich tätig in den Bereichen Organisationsentwicklung und Führungskräftequalifizierung, Partner der relations Gesellschaft für Unternehmensentwicklung mgH in Hamburg, Arbeitsschwerpunkte: Führungskräftequalifizierung, Strategieentwicklung, Projektmanagement, Begleitung von Change Prozessen in Organisationen
e-mail: mueller.wolfram@bluewin.ch oder wolfram.mueller@movendo.ch

Sebastian Pieper, Organisationsberater, Supervisor (DGSv), Projektmanagementtrainer, Mitglied in TOPS München-Berlin e. V., Arbeitsschwerpunkte: Teamentwicklung und Supervision mit Gewerkschafter/innen und Betriebsräten/Personalräten
e-mail: info@pieper-serafin.de

Dr. Bernhard Pöter, Diplom-Pädagoge (Schwerpunkt Erwachsenenbildung), Promotion über Wiederaufbau der spanischen Gewerkschaftsbewegung in der Diktatur Francos, Organisations- und Lehrtätigkeit an der Universität Frankfurt und an spanischen Universitäten, Training und Aufbau von Gruppen der Praxisbegleitung und Krisenhilfe für Betriebsratsmitglieder diverser Branchen, Supervision und Coaching von Schulleitern sowie gewerkschaftlichen Funktionsträgern
e-mail: eidon@t-online.de

Prof. Dr. Hans J. Pongratz, Lehrstuhlvertreter am Institut für Soziologie der Ludwig-Maximilians-Universität München und Mitarbeiter am ISF München, Arbeitsschwerpunkte: Arbeits- und Industriesoziologie, Bildungs- und Beratungsforschung, Arbeitsmarkt und Industrielle Beziehungen, Management-und Unternehmerforschung, Theorie der gesellschaftlichen Entwicklung
e-mail: hans.pongratz@lmu.de

Dieter Reinken, Erster Bevollmächtigter der IG Metall Verwaltungsstelle Bremen
e-mail: dieter.reinken@igmetall.de

Eva Serafin, Dipl.-Soziologin, Organisationsentwicklerin, Supervisorin (DGSv), Psycho- und Soziodramaleiterin (Moreno Institut Stuttgart, PIfE), Lehrbeauftragte an der Freien Universität Berlin und der Gesamthochschule Kassel, Arbeitsschwerpunkte: Arbeitsbeziehungen, Change Management und Weiterentwicklung mit Gewerkschafter/innen und Betriebsräten; Supervision, Mediation und Teamentwicklung
e-mail: info@pieper-serafin.de

Dr. Erhard Tietel, Dipl.-Psychologe, Privatdozent an der Akademie für Arbeit und Politik und am Studiengang Psychologie der Universität Bremen, Supervisor (DGSv), Mitglied der Redaktionsleitung der Zeitschrift Supervision, Arbeitsschwerpunkte: Arbeitsbeziehungen, Organisationsforschung, triadisches Denken, Weiterbildung, Supervision, Coaching und Teambildung mit betrieblichen Interessenvertretern
e-mail: etietel@aap.uni-bremen.de

Elge Wörner, Pädagogin M. A., Inhaberin des Instituts für kooperatives Management in Kronberg, Supervisorin (DGSv), Gruppentrainerin (DAGG), Arbeitsschwerpunkte: Klärung und Förderung der kooperativen Beziehungen in Unternehmen, Begleitung bei individuellen Entwicklungs- und Veränderungsprozessen, Teamentwicklung, Training und Fortbildung, Reflexives Coaching und Supervision für Betriebsräte und Management.
e-mail: woerner@ikoma.de

Printed by Printforce, the Netherlands